PODER
PARA DIRIGIR

MIKE AYERS, PH.D.

PODER PARA DIRIGIR

Cinco Elementos Esenciales para
la Práctica del Liderazgo Bíblico

Derechos de autor © 2018 Mike Ayers

Todos los derechos reservados.

RBK Publishing Group

ISBN-13: 978-1732451308
ISBN-10: 1732451303
LCCN: 2018947723

RBK Publishing Group, Spring, TX

Para mi maravillosa familia: Tammy, Ryan, Brandon y Kaley. Por los cuatro años que ellos escucharon mi meta anual de terminar este libro y cada año ellos me animaron a no rendirme.

Para mi familia espiritual, amorosa de la Iglesia The Brook.

Para mis colegas que me apoyaron y los estudiantes del Colegio de Estudios Bíblicos, Houston. Un agradecimiento especial al Dr. Sergio Estrada, Adriana Knight, Dr. Joe Parle y al primer grupo de liderazgo en español de CBS. Ustedes, estudiantes de esta clase que trabajaron en el libro completo ayudando a que la traducción fuera apropiada y me alentaron grandemente en este proceso. ¡Gracias! ¡Ustedes son extraordinarios!

CONTENIDO

Introducción		ix
Modelo Del Poder Para Dirigir		xv
Chapter 1	Hacia Una Teología Del Liderazgo	1
Chapter 2	¿Qué Es El Liderazgo Bíblico?	19
Chapter 3	Carácter: La Persona Del Líder	45
Chapter 4	El Llamado: El Propósito De Un Líder	75
Chapter 5	Competencia: Las Prácticas Del Líder	113
Chapter 6	Comunidad: La Gente Del Líder	187
Chapter 7	Cristo: El Poder Del Líder	223
Notas		255

INTRODUCCIÓN

En 1991, mi vida cambió. Yo estaba trabajando como pastor del ministerio estudiantil en una iglesia de renombre en Orlando, Florida, y disfrutando de un estupendo ambiente de trabajo con gente buena. Con todo y eso, para mí, el ministerio estaba llegando a ser cada vez más vacío. Un convincente encuentro personal con Dios durante una conferencia de pastores de estudiantes me causó reflexionar sobre mi trayectoria en la vida hasta ese punto y hacia donde estaba yendo en el ministerio. Fue entonces que miré diez años atrás al tiempo antes en el que yo estaba en una relación con Jesús. Recordé la falta de significado que sentí en mis años de adolescencia, mis inseguridades al enfrentar las incógnitas de la vida, la fragilidad de mi autoestima y el temor que sentí acerca de la muerte y la eternidad. Entonces recordé el maravilloso cambio que resultó de la decisión que hice al confiar en Cristo como mi Salvador. Después de crecer en una familia caótica, alcohólica y que nunca asistía a la iglesia, a la edad de diecisiete años descubrí el amor, el propósito, la dirección, la esperanza y la seguridad en Jesús. Fue la decisión más importante de mi vida.

El impacto de ese cambio y el deseo por otros de que encontraran la misma transformación fue la razón por la que entré en el ministerio. Aún después de diez años de liderazgo vocacional en ministerios tanto en mega-iglesias como en iglesias más pequeñas, en algún lugar del camino las cosas habían cambiado para mí. Para 1991, yo había olvidado mi propósito y misión. Me di cuenta que me había convertido en más "profesional" en el ministerio en lugar de "llamado". También comencé a mirar más de cerca a la iglesia. Aunque había servido en iglesias maravillosas con gente amorosa y de apoyo, sentí que en conjunto la iglesia cristiana en América tristemente ha llegado a ser ineficaz en alcanzar a aquellos que están lejos de Cristo y en desarrollar a la gente en auténticos discípulos. Leí Hechos 2:42–47 una y otra vez y claramente vi la brecha entre la iglesia contenida en la Palabra de Dios y la actualmente expresada en el mundo.

Supe profundamente que Dios hubo diseñado a la iglesia para mucho más. Era su deseo que fuera el organismo más dinámico del planeta y tan claramente como ninguna otra cosa que había experimentado, supe que mi llamado a partir de ese punto era ser usado por Dios para construir una iglesia como la del Nuevo Testamento:

Una iglesia que sea una comunidad que funciona bíblicamente. Una iglesia consumida por el deseo de agradar a Dios en todo lo que haga. Una iglesia que sabe a dónde se está dirigiendo y porque se dirige ahí. Una iglesia que responde a Dios y a otros con autenticidad. Una iglesia a la que le importa la gente perdida espiritualmente. Una iglesia donde la gente entiende sus dones y con alegría sirve a otros. Una iglesia que es creativa y contemporánea en su expresión del amor de Dios. Una iglesia que tiene un entendimiento de lo que hay en el mundo real y valientemente enfrenta las realidades de nuestro tiempo. Una iglesia que sinceramente adora en temor y reverencia a Dios. Una iglesia donde la Palabra de Dios es la absoluta expresión de la verdad. Una iglesia donde el amor y la aceptación impregna cada aspecto de la vida de la iglesia. Una iglesia donde los pastores y los líderes son modelo de honestidad, vulnerabilidad, liderazgo valiente y servicio. Una iglesia que sea conocida en la comunidad como la iglesia que cuida sin poner ataduras. Una iglesia donde se persigue la excelencia. Una iglesia que detecta que tiene un destino único y una misión dada por Dios.

—EXTRACTO DE LA DECLARACIÓN DE VISIÓN DE 1995
DE LA IGLESIA DE LA COMUNIDAD DE THE BROOK

Yo creí que algún día, esta visión sería realizada en mi vida. Determiné que sería diferente y que mi ministerio sería diferente—que, como familia, nuestro hogar seguiría esta visión con nuestra entera devoción.

Así que con esta visión de corazón, en 1995, mi esposa y yo junto con otras cuatro parejas, plantamos en el Noroeste de Houston lo que llegaría a ser la Iglesia de la Comunidad de The Brook. He pasado los últimos veinte años como su pastor.

Lo que no consideré fue que junto con el nacimiento de una visión, viene la necesidad del desarrollo del líder que la recibe. Coincidiendo con el trabajo que Dios quiso hacer *a través* de mí, estaba el trabajo que Él necesitó hacer *en* mí. El más grande trabajo de Dios involucró un proceso para mí de aprender quien realmente era yo en Cristo, las suposiciones falsas que tuve acerca del "éxito" en el ministerio, los propósitos exactos y los valores a los que la iglesia debe comprometerse a cualquier costo y lo que realmente significa ser un líder auténtico. Junto con las alegrías y los éxitos, ha habido desencantos y algunas lecciones dolorosas aprendidas, pero estoy verdaderamente agradecido por todas las experiencias que me han moldeado, desarrollado profundamente mi relación con el Señor y me han hecho crecer como un pastor – líder. Esta obra de Dios y la gente amada que la compone son las fuentes de gran gozo. Soy bendecido por ser parte de la gente generosa, amorosa, servicial, que honra a Dios de The Brook.

Estoy muy agradecido por la oportunidad que he tenido de compartir estas experiencias y entrenar a otros en el liderazgo. Por los últimos catorce años, he servido como un profesor de liderazgo cristiano en el Colegio de Estudios Bíblicos – Houston. Después de recibir mi doctorado en Liderazgo Organizacional en el 2006, fui nombrado Director del Departamento de Estudios de Liderazgo y se me concedió el privilegio de conformar nuestro programa y su currículo. ¡Qué gozo es invertir en quienes buscan seriamente practicar el liderazgo bíblico!

Como puede ver, el liderazgo cristiano ha sido mi vida—pero también ha sido mi pasión. He tenido el honor de vivirlo, estudiarlo profundamente, e interactuar con otros que buscan expresarlo. He visto de cerca los retos que enfrentan los líderes jóvenes, el vacío que es dejado cuando el liderazgo no es proporcionado y el increíble poder del liderazgo cuando es practicado auténticamente en Cristo. Todo esto me ha guiado a expresar mi corazón y mi mente en este libro que lee ahora.

Poder para Dirigir contribuye al interés creciente de hoy en el estudio del liderazgo desde una perspectiva cristiana, pero también tiene por lo menos tres características distintivas:

- Ofrece teología, teoría y práctica para guiar a otros desde un marco directamente bíblico. Creo que es rico en contenido bíblico y su objetivo es proporcionar un entendimiento único de la Palabra de Dios acerca de este importante tema.

- Proporciona un enfoque académico que es perfecto para el uso en el aula cristiana para capacitación en el ministerio o para cualquier persona interesada en estudiar profundamente acerca del liderazgo en la Escritura.

- Es exhaustivo, da a los lectores un modelo atractivo y la estructura para entender y practicar el liderazgo que emerge de la Biblia.

Cuando hablo del "poder para dirigir", no estoy hablando acerca del poder autoritativo o de un tipo de líder heroico ejerciendo dominio sobre temas leales. Estoy hablando de un poder interior que alimenta la credibilidad y la capacidad para influenciar humildemente como Cristo. Estoy hablando de una fortaleza interior que fluye de la oración, el carácter, la fe y la verdadera valentía arraigados en el llamado de Dios. Estoy hablando de un poder para dirigir que emana de Cristo mismo como es experimentado en el líder y expresado a través de él.

Cada día que pasa, este mundo parece más confuso y al revés. Más que nunca, necesita hombres y mujeres humildes, dispuestos y valientes para expresar el poder para dirigir.

Mi oración es que este libro sea muy alentador y esclarecedor para usted.

MIKE AYERS

MODELO DEL PODER PARA DIRIGIR

Un Modelo para el Liderazgo Bíblico

CAPÍTULO UNO
Hacia Una Teología Del Liderazgo

"Por siglos, los teólogos han estado explicando lo desconocido en términos de lo que no tiene valor para conocer"

–HENRY LOUIS MENCKEN

Es evidente, que tanto en términos de asistencia como de influencia la iglesia en América está en descenso. El número de personas que no se identifican con ninguna religión continua creciendo a un paso veloz. Una quinta parte de la población de los Estados Unidos de hoy en día—y una tercera parte de los adultos menores de treinta años—no están religiosamente afiliados, los porcentajes más altos que nunca en la votación del Centro de Investigación Pew.[1] Los investigadores George Barna y David Kinneman manifiestan que el número de personas sin iglesia (cualquiera que no ha asistido a una iglesia en los últimos seis meses, excluyendo bodas y funerales) ha saltado del 30 por ciento de adultos en EU en 1990 al 43 por ciento en la actualidad.[2] Igualmente, la mayoría de las medidas culturales—estadísticas de divorcios, nacimientos fuera del matrimonio, abortos, abuso de estupefacientes, medio de pornografía, etc.—indican la influencia moral decreciente de la iglesia.

La investigación sobre el deterioro de la efectividad de las iglesias para transformar la cultura y traer nuevos convertidos a la fe demuestra que los líderes de las iglesias están mal equipados para dirigir los problemas que surgen. George Barna afirma que el liderazgo pobre es la razón principal de la pérdida de impacto de la iglesia en América y el mayor problema de las iglesias evangélicas para enfrentar el futuro.[3] La investigación de R.H. Welch dentro de la administración de la iglesia muestra que los graduados de seminarios, enfrentando ahora las realidades del ministerio, lamentan no haber recibido más capacitación sobre el liderazgo.[4] En 1996, C.A. Schwartz estudió mil iglesias a través del mundo y encontró que la capacitación teológica formal de los líderes de la iglesia tuvo una correlación *negativa* para ambos, el crecimiento de la iglesia y la calidad general de las iglesias.[5] Parece que la educación teológica por sí misma no es suficiente para hacer una diferencia.

Las mismas instituciones encargadas de la capacitación de hombres y mujeres para dirigir los desafíos de nuestro mundo a través del ministerio aparentemente subestiman la necesidad del estudio de liderazgo en esa capacitación. Entre los diez principales seminarios evangélicos en los Estados Unidos, en promedio sólo el 12 por ciento de los cursos requeridos para los principales títulos de teología (MDiv, ThM) están relacionados al tema de liderazgo.[6]

En efecto, estas instituciones simplemente comunican el mensaje que lo que saben acerca de la naturaleza de Dios y de las doctrinas de la fe es suficiente para un líder en la iglesia. Esto conduce a que los pastores exclusivamente confíen en la enseñanza, la doctrina y la teología para la madurez de la iglesia y para impactar a su gente. Muchos ministros cuando salen del seminario ven su papel principal como el de "maestro". Sin embargo, enseñar no es la actividad principal que ellos realizan en el trabajo diario. Para la sorpresa de muchos, los pastores y el personal de la iglesia enfrentan problemas que son desafiantes y confusos, problemas que se ven completamente diferentes de los que se les enseñó en la escuela. Como dice Denham Grierson:

La "iglesia" por lo hablado en el seminario es pulcra, ordenada y generalmente civilizada. Una congregación particular nunca es pulcra, a veces apenas cristiana y solo rara vez civilizada.[7]

Aquellos que están en el ministerio terminan descubriendo que las necesidades más grandes de sus congregaciones y las mayores demandas para su tiempo conciernen a funciones de *liderazgo*. Esto incluye cosas tales, como la visión que inspira en la iglesia, alinear y autorizar a los miembros en lugares de servicio, reclutar y equipar a líderes, resolver conflictos, construir la cultura de la iglesia, generar el cambio y estructurar la iglesia para mayor efectividad. Desafortunadamente, muchos en el ministerio no están bien preparados para tales aspectos del trabajo de la iglesia.

Jesús vino con más que un mensaje teológico. Él era más que un maestro comunicando la verdad. El Salvador encarnó su verdad, ofreció experiencias que se tradujeron a la vida real y facultó a sus discípulos con una misión irresistible que acompañó la comunicación del evangelio. El evangelio redentor y restaurador es primero, pero la vida de Jesús muestra que el evangelio no es realizado simplemente por ser enseñado. Jesús influyó en la gente para aceptar la verdad y proporcionó una visión de cómo ellos podrían vivir en ella—en otras palabras, él ofreció liderazgo efectivo.

Jesús vino con más que un método teológico.
Él era más que un maestro comunicando la verdad.

Igualmente, al menos que los pastores capacitados en teología también posean la habilidad de aplicar esa teología y hacerla efectivamente viva en los corazones de la gente, su formación demostrará ser insuficiente. Los líderes de la iglesia de hoy están en la necesidad de equipamiento auténtico y escritural que les provea la información e inspiración por la cual guiar desde una perspectiva bíblica. Este equipamiento comienza primeramente por entender que la teología y el liderazgo no se excluyen mutuamente. Por el contrario, la misma noción de liderazgo está incrustada en la teología desde el principio.

Dios como Líder

El estudio del liderazgo se refiere al carácter y las motivaciones de la persona guiando, así como a las dinámicas entre el líder y los otros que producen alguna forma de influencia. A primera vista, esta descripción parece tener poca relación con la teología. Sin embargo, después de examinar más de cerca, estas dimensiones de la influencia prueban conectarse a la misma naturaleza de Dios.

El bien conocido teólogo y autor Charles C. Ryrie define la teología cristiana como "la interpretación racional de la fe cristiana" y describe los métodos históricos, bíblicos y sistemáticos para la interpretación teológica.[8] Su enfoque práctico para la teología, normal para los evangélicos bíblicos, es donde la fusión de la teología y el liderazgo comienza. Ryrie defiende la idea que la teología no es solo reflexiones intelectuales acerca del carácter de Dios. Más bien, los atributos de Dios son entendidos a la luz de cómo ellos se relacionan directamente al contexto y la condición humana. Dios mismo se ha dado a conocer dentro de este marco, y lo ha hecho con el propósito de glorificarse Él mismo por redimir a la humanidad. Esta orientación—Dios-al-hombre y para un propósito—refleja la esencia misma de la idea del liderazgo. Cuando vemos esto, son muchas las preguntas resultantes: ¿Cómo se relaciona Dios con el hombre? ¿Por qué medios? ¿Qué lo motiva para hacerlo? ¿Qué pretende lograr en y a través de esta relación?

En la comprensión de la manera en la que Dios se relaciona con el hombre, llegamos a entender lo que los líderes deben ser y hacer.

El carácter moral de Dios (indicando su bondad intrínseca), sus obras en la historia humana (por ejemplo, su propia revelación consistente con su carácter), y el propósito por el cual Él mismo se revela al hombre (redención) poseen propiedades inherentes ilustrativas del liderazgo. Como alguien con poder y autoridad sobre los humanos, Dios se comporta de una manera que revela su motivación amorosa hacia ellos; ejerce iniciativa y toma responsabilidad por ellos; Él claramente los instruye en sus responsabilidades hacia Él mismo y hacia otros; Él los habilita con los medios por los cuales alcanzan su potencial humano; y los anima a través de su interminable presencia sustentadora. Dios sirve como alguien que equipa, habilita y anima a sus seguidores. Por último, quien Dios es y lo que hace produce influencia sobre la humanidad. Con intención, Él alcanza a hombres y mujeres para afectarlos de una manera que les cause reconocer su bondad, sus propósitos eternos y su potencial dentro de ellos.

Estas dimensiones del carácter y la obra de Dios ofrecen agudezas profundas en una filosofía bíblica de liderazgo. Ellas informan las motivaciones, conductas y propósitos apropiados por los cuales los líderes deben guiar. Dicho de otra manera, obtenemos entendimiento de lo que los líderes deben ser y hacer al comprender el carácter y las motivaciones de Dios mismo, el tipo de acciones que Él expresa hacia los seres humanos, y las dinámicas entre Dios y el hombre que genera su influencia sobre ellos.

Consecuentemente, una exacta y exhaustiva teología bíblica y sistemática debe incluir algún entendimiento de la naturaleza de Dios como un líder. De hecho, yo planteo que descuidar este aspecto del carácter de Dios limita nuestra perspectiva de él. En cómo vemos la Biblia y la historia, vemos que el liderazgo no es solo algo que Dios *hace*; es por naturaleza una parte de quién *es* Él.

La Biblia y el Liderazgo

En ocasiones, he tenido en mis clases estudiantes de teología quienes vieron el liderazgo como un tema muy poco espiritual. Ellos lo categorizaron como un concepto mundano prestado de la cultura empresarial estadounidense y cualquier conversación sobre el tema en la educación cristiana les pareció fuera de lugar e incluso carnal. Un estudiante propuso que el liderazgo era una necesidad social provocado por la caída y permitido por Dios solamente por la dureza del corazón humano. Sin embargo, aprendemos de la Escritura que el liderazgo y la necesidad para ello no es el resultado del pecado, ni entra en conflicto con la intención de Dios para el hombre. De hecho, todo lo contrario es verdadero.

El liderazgo antes de la caída

Las acciones y los atributos ontológicos de Dios lo revelan como líder en su trato con el hombre desde muy al principio. Su carácter eterno y las manifestaciones consecuentes a través de la historia ejemplifican rasgos que todos los líderes humanos deberían buscar porque fluyen de las intenciones más nobles, obtienen la más alta forma de impacto y reflejan la más grande gloria de Dios.

En Génesis 1, primeramente vemos algunas de estas acciones y atributos:

Dios es bueno. El relato de la creación claramente revela un Creador moral. La frase "Y vio Dios que era bueno" (Génesis 1:10) demuestra no sólo la rectitud moral del orden de la creación sino también la bondad inherente del Creador del cual proviene.

Dios influye en el hombre. El relato de la creación también describe una notable predisposición de este buen Dios Creador: en el mero centro de su corazón es una orientación de Dios hacia el hombre; es decir, Dios alcanzando al hombre y para un propósito. Nuestra creación y la creación del mundo en el cual existimos, demuestra nuestra importancia y valor a los ojos de Dios y que, por alguna razón Él está interesado en nosotros y se mueve hacia nosotros.

Por qué Dios nos crearía, buscaría relacionarse con nosotros y nos amaría es difícil de entender a la luz de su asombroso poder, autoridad, santidad y autosuficiencia. Podemos sentirnos muy parecido al salmista: "Cuando veo tus cielos, obra de tus dedos, la luna y las estrellas que tú formaste, digo: ¿Qué es el hombre, para que tengas de él memoria…" (Salmos 8:3–4). Aún en el texto de Génesis, esta orientación es clara. Ilustra la gran premisa teológica: "Dios hacia el hombre". Este principio de orientación divina es testificado en los hechos de Dios en la historia humana, personificada en la encarnación de Cristo y su muerte en la cruz y sostenido a través de la presencia de su Espíritu Santo.

Una maravillosa premisa teológica: "¡Dios hacia el hombre!"

En Génesis 2, el liderazgo de Dios de un individuo en particular demuestra la orientación de Dios al hombre por primera vez. Aunque en autoridad sobre él, el Creador facultó a Adán con la dirección sobre la creación, le dio instrucciones de cómo existir en armonía con Dios y en el medio ambiente que Dios hubo provisto para él, y lo suplió con lo que le faltaba al bendecirlo con Eva (Génesis 2:15, 2:16–17, 2:18). Estas dinámicas de *equipamiento, capacitación* y *animación* están en el corazón de la idea del liderazgo bíblico.

La orientación de Dios hacia el hombre, para un propósito particular y que fluye de una motivación moral, revela un cuadro importante del liderazgo bíblico. El líder bíblico es uno de carácter moral, motivado por el amor, quien actúa para el beneficio de aquellos a quienes él guía a fin de lograr a la larga un objetivo que honra a Dios. Así como es cierto en Dios, el líder bíblico tiene una orientación desinteresada e incluso sacrificial hacia sus seguidores. Aunque más poderoso que aquellos que lo siguen y tal vez en una posición de autoridad sobre ellos, el líder bíblico los ama. Este amor no está arraigado en la naturaleza merecedora de la gente que él o ella conduce, ni es impulsado por lo que ellos hacen en respuesta. Como con Dios, este amor es arraigado en el carácter del que lidera y los líderes bíblicos actúan en nombre de sus seguidores; de este modo les proporcionan un sentido de valor y dignidad así como el contexto para que ellos puedan alcanzar su potencial.

Dios establece el liderazgo para el funcionamiento social. Vemos el establecimiento del liderazgo en la primera relación humana, incluso antes de que el pecado entrara al mundo. Adán fue elegido para la jefatura de la institución social original – el matrimonio. Como esposo, a Adán le fue asignado el papel de proveer el liderazgo sensible para su esposa (Génesis 2:19-24; Efesios 5:22-33). Él debió ofrecer a su esposa la misma orientación hacia ella, atributos y acciones de los que fue testigo en la relación de Dios para con él. Esto conduciría a la bendición de Dios sobre la relación, el funcionamiento apropiado del matrimonio y el cumplimiento personal de ambos individuos en el mismo.

Desde el principio en Génesis, el liderazgo es encontrado en el corazón de Dios y es dado como un regalo amoroso de nuestro Creador hacia nosotros. El liderazgo por lo tanto es una oportunidad para *portar la imagen de Dios* en la relación de unos con otros. Está inseparablemente ligado a la piedad. En lugar de simplemente permitir el liderazgo como un mal inevitable, Dios intentó que el mundo funcionara de acuerdo a sus dinámicas. Cuando es cumplido de una manera consistente con su diseño, el liderazgo es un componente de vida bello, piadoso, y efectivo que bendice las relaciones e instituciones humanas, suministra seguridad y funcionamiento al orden social, contribuye al logro de los propósitos de Dios y trae gran gloria a Dios.

El liderazgo es una oportunidad para portar la imagen de Dios en la relación de uno con otro. Está inseparablemente ligado a la piedad.

El liderazgo en la Biblia

Después de la caída, el liderazgo — exactamente como todo lo demás en el mundo—fue manchado con el pecado. Aunque el mundo cambió, el corazón de Dios para su creación, sus actos de influencia hacia la creación, y su implantación de liderazgo dentro del orden social continuó. Dos tipos de liderazgo emergen de los relatos bíblicos: posicional y personal.

Liderazgo Posicional. En el Antiguo Testamento la forma más básica de liderazgo fue expresado a través del poder y la autoridad establecidos acompañados con las posiciones, títulos y roles oficiales. Dios estableció un orden para el funcionamiento apropiado de su pueblo, y los roles de liderazgo estuvieron en el corazón de ese orden. Desde la unidad social más pequeña a la más grande, Dios ordenó posiciones de autoridad y cuando la gente en esas posiciones actuaron en maneras piadosas y responsables, la bendición del Señor estuvo sobre ellos y sobre los que estuvieron bajo ellos.

En la unidad de la familia, los esposos fueron establecidos para guiar a sus esposas, y las madres y los padres estuvieron para guiar a sus hijos. Más allá de la familia, los líderes fueron designados para actuar como jueces locales en la comunidad (Éxodo 18) y supervisar las tribus regionales (Números 1:1–19). Líderes nacionales también fueron levantados. Moisés llegó a ser líder de la nación judía por el llamamiento de Dios. Josué lo sucedió y guio a Israel a entrar a la Tierra Prometida.

Mientras que la historia temprana de Israel se desarrolló, Dios estableció el rol de liderazgo del profeta. Estos líderes poseyeron autoridad espiritual, a menudo hablando en nombre de Dios a los gobernantes existentes así como también a la gente de la nación. Ellos fueron usados por Dios para instruir, advertir y corregir a otros en sus caminos (por ejemplo, Samuel, Elías y Eliseo). Después de la conquista de la Tierra Prometida, los jueces dirigieron los asuntos de la confederación suelta de las tribus de Israel. Ellos gobernaron, proporcionaron liderazgo militar y presidieron sobre disputas legales.

Después de la experiencia más prejudicial de los jueces de Israel, los ancianos rogaron por un rey para dirigir la nación. Aunque su petición no fue agradable a Dios, bajo su gracia y soberanía el Señor permitió que la monarquía fuera establecida, y dirigió al profeta Samuel para designar a un rey. El reino fue dividido después de los reinados de Saúl, David y

Salomón, y eventualmente las monarquías de Israel y Judá terminaron. El pueblo de Dios fue ahora conquistado, dispersado y en exilio bajo el dominio pagano. El Antiguo Testamento cerraría con un periodo caracterizado por los profetas quienes ejercieron liderazgo espiritual en el exilio. Gente como Amós, Oseas, Isaías, Miqueas, Nahúm, Sofonías y Jeremías fueron establecidos por Dios para producir alguna forma de influencia sobre un remanente menguante de judíos, hablar la verdad de Dios al poder pagan, y predecir el juicio inminente.

El gran volumen de liderazgo en el Antiguo Testamento es caracterizado como posicional, que es, tener el derecho de ejercer liderazgo sobre otros por el título, rol o función autoritativos.

Así mismo, el Nuevo Testamento habla del liderazgo posicional. Aunque los roles y oficios cambian, aun vemos posiciones de liderazgo ordenadas por Dios para el beneficio del funcionamiento apropiado de la iglesia. Estos incluyen apóstoles, profetas, evangelistas, pastores, ancianos, maestros, supervisores, y diáconos (Efesios 4:11, 1 Pedro 5:1–5, 1 Timoteo 3:1–10). Similarmente, las autoridades políticas gubernamentales parecen estar comisionadas bajo la soberanía de Dios para bendecir, proteger, y proveer para el orden social (Romanos 13:1-7).

El liderazgo posicional significa la habilidad de ejercer liderazgo sobre otros debido al título, rol o función administrativos.

Liderazgo Personal. Aunque el liderazgo posicional es prominente en la Escritura, la Biblia instruye e implica una forma más alta de influencia que es más consistente con el corazón de Dios como fundamentalmente expresado en su Hijo. Este es el liderazgo no solamente relacionado a la *posición* del líder, pero a la *persona* del líder. Esta "manera más excelente" produce influencia a través del poder del amor (1 Corintios 12:31). Fluye del carácter de la persona guiando y de las cualidades que expresa, lo cual construye confianza, credibilidad e inspiración entre los seguidores. De hecho, la Escritura implica que aun aquellos con poder posicional deben manifestar una más alta forma de influencia que va más allá de la posición y el título—alguien que es singularmente cristiano, que actúa en el mejor interés que aquellos que están siendo guiados, y que está arraigado en la moralidad y las motivaciones del líder. (Génesis 50; 1 Reyes 3:9, 12:1-19; Salmos 78:70-72; Juan 13:12-15; Hechos 20:28; Romanos 13:1-4; 1 Pedro 5:1-3).

Liderazgo Posicional	Liderazgo Personal
Guía a través del poder y la	Guía a través del amor, autoridad sacrificio y servicio
Exhibe dominio y control	Exhibe potenciación y estímulo
Posee el derecho de guiar a través del título	Gana el derecho a guiar através de la confianza
Acciones Claves: Norma y Regula	Acciones Claves: Influye e Inspira

No hay un ejemplo más poderoso y práctico de esta diferencia que el liderazgo de Pablo hacia la iglesia en Tesalónica. En el capítulo 2 de 1 Tesalonicenses, Pablo declara que él buscó expresar la más alta forma de liderazgo personal *en lugar del* liderazgo posicional, aunque él poseyó este último: "Tampoco hemos buscado recibir honores de ustedes, ni de otros ni de nadie, aun cuando como apóstoles de Cristo podríamos haberles pedido que nos ayudaran" (1 Tesalonicenses 2:6, RVC). Él declara que en contraste a un dominio autoritativo, él amó a los tesalonicenses y llegó a ser entre ellos como una nodriza (2:7); un fiel y buen trabajador (2:9); y un padre amoroso quien los "exhortaría, y consolaría" como a sus hijos (2:11). Estos verbos influyentes son muy diferentes a los del tipo de "dominio y control" de liderazgo que a menudo tipifica el acercamiento posicional.

La gente tiende a responder al liderazgo posicional principalmente debido al temor. El líder en posición sobre un seguidor puede recompensar a alguien que responde apropiadamente o castigar a alguien que no lo hace. Mientras que liderazgo posicional puede traer a alguien a la sumisión y conformidad, el impacto final y la influencia tiende a venir del liderazgo personal. El liderazgo posicional altera la conducta externa de alguien y por lo tanto a menudo es solo temporalmente en su influencia. El liderazgo personal tiene el potencial para transformar el corazón y la mente y puede guiar a un impacto duradero.

Soy un padre de tres. Mi liderazgo inicial hacia mis hijos está basado sobre el título y la autoridad establecidos en mi rol como padre. En este sentido, yo pudiera hacer que ellos se conformaran a mis expectativas simplemente porque yo tengo una posición autoritativa sobre ellos. Pero si mis hijos solo hacen lo que yo les digo que hagan porque yo tengo el título de padre, entonces yo he fallado como un padre. Esta clase de liderazgo va solo a durar hasta que ellos salgan de nuestra casa. Mientras yo mantenga el título de líder, yo no he cumplido la maravillosa bendición y oportunidad del rol como Dios lo diseñó. Si yo busco el impacto duradero, yo debo *influir* en mis hijos a través del carácter y el ejemplo. Yo debo vivir apasionadamente ante ellos los valores que yo atesoro, con la esperanza que ellos también los abrazarán. Yo no solamente debo enseñarles y decirles qué hacer, pero servir y sacrificarme por mis hijos para ganar credibilidad real. Yo debo proporcionar una visión para ellos del tipo de vida que yo deseo que ellos vivan, así como facultarlos con el potencial para vivirla. Esta es la virtud del amor inherente en el liderazgo bíblico y esto representa el intento definitivo de Dios para los creyentes que guían a otros.

Pablo ejemplificó y Jesús personificó el verdadero liderazgo bíblico, cuando el liderazgo personal es expresado a través del liderazgo posicional (1 Tesalonicenses 2, Filipenses 2:5–11)—esto es, cuando los líderes quienes mantiene la posición y el poder los usan para el beneficio de otros. Dicho de otra manera, *cuando la gente que posee el derecho para guiar a través del título también se gana el derecho para guiar a través de la confianza, entonces el liderazgo como Dios lo intentó es expresado*. Aquí, la magnanimidad del liderazgo según el diseño de Dios es revelada.

> El liderazgo personal significa la credibilidad para ejercer liderazgo hacia otros debido al carácter y las acciones del líder, quien construye la confianza e inspiración entre los seguidores.

Líderes en la Biblia

Desde la perspectiva bíblica, el liderazgo involucra cualquier tarea, rol u oficio al cual Dios llama a un hombre o una mujer a que logre los propósitos de Dios e impacte a su pueblo para su gloria. Cualquier persona en la Biblia quien encaja en esta descripción es un candidato para la etiqueta de *líder*.

A través de la Escritura, Dios posicionó a muchos hombres y mujeres en esta manera. Gente como Adán, Noé, Abraham, José, Moisés, Débora, Nehemías, Ester, Isaías, Jonás, Pablo, Timoteo, Pedro—todos fueron guiados por Dios para lograr sus propósitos. Grandes o pequeñas, sus asignaciones dadas por Dios realizaron objetivos particulares y locales que bendijeron al pueblo de Dios y glorificaron al Padre. Estos logros fueron también una parte de la meta-narrativa de Dios. Cuando se combinan los éxitos individuales de estos líderes probarían lo integral de los fines principales de Dios en la historia humana.

La Biblia ofrece maravillosos principios profundos de liderazgo efectivo de estos personajes bíblicos y de sus experiencias. Por ejemplo, con Abraham aprendemos acerca del andar de fe que siempre acompaña el llamado al liderazgo bíblico; con Moisés aprendemos acerca de la importancia de la identidad y su desarrollo en el corazón de un líder; con Ester aprendemos el valor para guiar a pesar del gran riesgo; con Nehemías ganamos agudeza en el manejo de proyectos y gente; con David vemos la vida y el poder disponibles para los líderes quienes desarrollan intimidad con Dios, así como también el perdón disponible para ellos cuando una gran falta moral ocurre; con Jeremías somos inspirados para aguantar y permanecer fieles al llamado de Dios sin importar las circunstancias que rodean ese llamado; y con Pablo somos testigos de la credibilidad y la confianza ganada a través del duro trabajo y la pasión espiritual. Lecciones tales como estas hay muchas, son profundas y están incluidas a través de la Biblia para enseñarnos acerca de esta cosa llamada liderazgo.

De valor a esta discusión inicial están los patrones y principios que se desarrollan a través de todos los líderes de la Biblia en sus historias y en la interacción de Dios con ellos. Estos están en el corazón de lo que pudiéramos llamar una teología del liderazgo y ellos comienzan a formar una fundación para una definición del liderazgo bíblico.

Hacia una Teología de Liderazgo

1. El liderazgo bíblico es exhaustivo y diverso

El liderazgo como es visto desde la perspectiva de la Biblia no es unidimensional. No es sólo acerca de lo que los líderes hacen. Más bien, el liderazgo es un fenómeno holístico, multifacético en la Escritura y debe ser abordado exhaustivamente. Por ejemplo, las experiencias de liderazgo de Abraham, José, Moisés, Josué, David, Ester, Nehemías, Jeremías, Daniel, Pablo y Pedro no fueron sólo acerca de la tarea de liderar a la cual fueron llamados. Ellas también incluyeron:

- Persona y personalidad—la identidad y el carácter del líder (ver Génesis 17:5).
- Fe—El propósito de Dios al llamar al líder; el proceso del desarrollo interior; la provisión sobrenatural de Dios; y la fe en Dios que se requiere para el logro de la tarea de liderazgo (Génesis 22:1–19, Nehemías 1–3, Daniel 1–3, Hechos 16:25–30). En la Biblia, la fe del líder y la dependencia en Dios es un tema importante inextricablemente plantado en la narrativa del liderazgo (Hebreos 11:1–40). Frecuentemente nos enfocamos en la tarea lograda por el líder. *El enfoque de la Biblia es en la fe que se toma para lograr la tarea.*
- Las necesidades del pueblo de Dios—lo que Dios buscó hacer en y por su pueblo a través de este líder en particular (Hechos 16:6–10).

- La situación—el contexto único para lo cual Dios llamó al líder; el escenario y el contexto que rodean el llamado al liderazgo (Éxodo 3:1–20).

La fe del líder es tan importante como la ejecución
de la tarea a la cual fue llamado a realizar.

---

2. El liderazgo bíblico es moral

El mundo pudiera explicar el liderazgo meramente en términos de influencia: es decir, un líder es alguien que tiene la habilidad de afectar las creencias y comportamientos de otros (ver las definiciones en la página 21). Pero esta definición limitada calificaría a gente como Hitler, Mussolini, y Charles Manson como líderes efectivos. Después de todo, ellos tuvieron tremenda influencia sobre otros.

La Biblia ofrece una perspectiva más profunda, una que es muy necesitada en nuestro mundo hoy en día. A través del proceso de liderazgo—todo el trayecto desde el llamado a la finalización—el liderazgo bíblico incluye un componente moral (ver Salmos 78:72, 1 Timoteo 3:1–13; 1 Pedro 5:1–4). El Dios que llama al líder es moral; el líder debe actuar en carácter moral; los medios por los cuales los líderes influyen en otros deben ser morales; el resultado de cualquier tarea de liderazgo debe ser moral y en naturaleza honrar a Dios. Cualquier parte de este proceso que sea inmoral es uno que se opone al liderazgo como es explicado en la Escritura.

3. El liderazgo bíblico está orientado en Dios y enfocado en la gente

La Biblia refleja un acercamiento ontológico al liderazgo de gran manera extraviado en nuestro mundo hoy en día. En nuestra cultura, los líderes guían primeramente para obtener resultados: números, beneficios, y una organización más grande. Esta orientación cuantitativa crea muchos paradigmas acerca del liderazgo que es prejudicial en la práctica (esto será discutido más adelante en el libro). Los líderes en la Biblia por el contrario, se ocuparon principalmente por obedecer a Dios en opuesto a los resultados. El liderazgo efectivo, de acuerdo a la Biblia, siempre debe ser medido primero en términos de fidelidad a lo que Dios quiere y después en términos de lo que se busca lograr en y para la *gente* para la gloria de Dios.

Esto va más allá de sólo los resultados cuantitativos. Más bien, la Biblia se ocupa ella misma *principalmente* con los resultados cuantitativos (por ejemplo, haciendo discípulos, amándose unos a otros, sirviendo de corazón), y estos están siempre relacionados a las intenciones de Dios para su pueblo. ¿Cómo es transformado el pueblo de Dios como un resultado de la presencia del líder y sus actos de liderazgo? El resultado del liderazgo bíblico siempre produce algún beneficio a lo que importa inmensamente a Dios—es decir, la gente.

(Para más sobre esto, vea Génesis 12:1–3; Josué 1:6; Ester 4:13–17; Nehemías 1:1–11; Oseas 2:14–23; Jonás 3:1–10; Isaías 42:1–4; Mateo 9:11–13, 35–37, 28:18–21; Gálatas 1:15–16; Filipenses 3:13–21.)

4. El liderazgo bíblico se refiere al carácter y la motivación del líder

A menudo, el llamado de Dios a una tarea de liderazgo revela la fortaleza del carácter del líder—o la falta de ella. Lo que Dios busca hacer en la persona que guía es casi tan importante como la tarea misma. De hecho, en la Biblia el desarrollo interno que Dios hace en un líder en términos de fe y carácter sucede concurrentemente con el logro de la tarea de liderazgo. Donde sea que la Biblia describe a líderes y situaciones de liderazgo, la fe, el carácter y las motivaciones del que guía llegan a ser un tema importante de la narrativa (1 Samuel 16:7, Salmos 19:13–14, Salmos 78:72, Proverbios 17:2–3, Proverbios 21:2, Mateo 23:26–28, Hechos 20:32–35, 1 Tesalonicenses 2:4). A medida que Dios busca hacer una obra *a través* del líder, Dios hace una obra *en* el líder. Esta obra interna, y cómo aplica a los líderes de hoy, debe ser estudiada también.

5. El liderazgo bíblico es alimentado por Dios y lo honra

El llamado al liderazgo bíblico siempre incluye un llamado a la dependencia del Padre. No es sólo que Dios quiere que hagamos algo. Él quiere que seamos vasos por los cuales *él* hará algo. Los líderes suelen omitir esto. Ellos se propusieron hacer las cosas *para* Dios. Más bien, es Dios quien busca hacer cosas *a través* de ellos. Por lo tanto, la fe y la constante dependencia en Dios están en el corazón de lo que significa ser un líder bíblico. Al final, cuando un líder depende de Dios tanto para los recursos internos como para los externos necesarios para alcanzar la tarea de liderazgo, es Dios quien se lleva el crédito y la gloria (Hebreos 11:1–40).

Los líderes se propusieron hacer las cosas para Dios.
Más bien, es Dios quien busca hacer cosas a través de ellos.

Preguntas de Repaso de Capítulo

1. ¿Por qué es importante el estudio del liderazgo en la preparación de los estudiantes para el ministerio?

2. Explique cómo Jesús fue más que un maestro entregando un mensaje.

3. ¿Cuáles son algunos atributos de Dios que nos ayudan a entender lo que los líderes deben ser y hacer?

4. ¿De qué maneras Dios incluyó el liderazgo en el funcionamiento social del mundo?

5. Liste algunas diferencias entre el liderazgo posicional y el liderazgo personal.

6. ¿Qué es un líder desde la perspectiva bíblica?

7. ¿Qué significa decir que "el liderazgo bíblico es exhaustivo"?

8. ¿El liderazgo es más que simple influencia? ¿Por qué?

9. ¿Cuál es siempre el objeto del verdadero liderazgo bíblico?

10. Explique la diferencia entre los líderes que salen a buscar hacer algo para Dios y los líderes que buscan ser vasos por los cuales Dios puede hacer algo. Si nosotros como líderes buscamos ser vasos a través de los cuales Dios trabaje, entonces ¿cuáles son las cosas en las que deberíamos enfocarnos primeramente?

CAPÍTULO DOS
¿Qué Es El Liderazgo Bíblico?

"Casi cada noción popular acerca del liderazgo es un mito"

–JAMES M. KOUZES Y BARRY Z. POSNER

En unas de las primeras clases de liderazgo que yo enseñé, pregunté a mi clase, "¿Que es un líder?" Después de un silencio incómodo, uno de los estudiantes dijo, "Yo no puedo definir lo que es un líder, pero yo reconozco un líder cuando lo veo".

Aunque no fue la respuesta más exhaustiva, esta respuesta del estudiante es muy común. La mayoría de la gente no puede definir la palabra *líder,* pero tiene un sentido innato sobre el liderazgo y han vivido experiencias que los ayudan a reconocer a un buen líder de uno malo. Thomas Cronin puede haberlo dicho mejor: " El liderazgo es difícil de definir y aún más difícil de cuantificar porque es en parte el propósito, el proceso y el producto; en parte el porqué y el cómo; en parte lo artístico y lo intuitivo, y sólo una parte de lo administrativo".[9]

La razón de las percepciones intuitivas de las personas sobre los líderes y el liderazgo es que los líderes siempre han existido en nuestro mundo. Desde los primeros días hasta ahora, los líderes han surgido de todos los estratos sociales, las civilizaciones y las esferas de la vida. Los individuos, los grupos, las organizaciones e incluso las naciones enteras han sentido su impacto. El fenómeno de la capacidad de un individuo para influir en otro, a través de algunos medios y para algún propósito, es una parte natural de nuestra existencia y esta impregna el tejido mismo del orden social humano tal como fue diseñado por Dios.

A pesar de estas experiencias y percepciones, todavía queda mucho mal entendido sobre el liderazgo. Este capítulo explorará una breve historia de las teorías del liderazgo académico sobre los últimos sesenta años, incluyendo las definiciones contemporáneas de autores populares. Finalmente, estas teorías y definiciones serán contrastadas con las nociones bíblicas del liderazgo—definiendo y desplegando la singularidad del liderazgo como es explicado en la Biblia.

Teorías Académicas del Liderazgo

A lo largo de la historia, los humanos han intentado comprender el fenómeno del liderazgo. Confucio buscó leyes de orden entre los líderes y subordinados. Platón describió una república ideal, con los reyes filósofos proporcionando liderazgo sabio y juicioso. Las hazañas del liderazgo de los reyes, conquistadores, y figuras religiosas y políticas se han escrito por siglos. Pareciera que Dios creo el mundo para funcionar de acuerdo a la dinámica del liderazgo y de los humanos dotados con un deseo innato de entenderlo. Hoy en día, hay literalmente cientos de programas de cursos de desarrollo de liderazgo en instituciones postsecundarias estadounidenses.

Las concepciones modernas del liderazgo comenzaron como una consecuencia de la revolución industrial y fueron formadas a partir de la noción de "administración", que a su vez creció de la necesidad de eficiencia en trabajadores en las fábricas a principios del siglo XX.

Frederick Taylor, conocido como el padre de Administración Científica, introdujo los conceptos de la mecanización, la especialización y la burocracia dentro del lugar de trabajo. Bajo la influencia de Taylor, los trabajadores fueron asemejados a las máquinas, la eficiencia en la producción fue la medida principal del éxito y los administradores fueron los "pensadores y líderes" en la organización.

El estudio formal del liderazgo surgió inicialmente en los Estados Unidos, y casi exclusivamente después del inicio del siglo veinte.

En la década de 1950, coincidiendo con el incremento del método científico, la investigación empírica sobre el liderazgo comenzó y resultó una multitud de ideas y metodologías para explicar el fenómeno del liderazgo. Durante los últimos sesenta años, la investigación del liderazgo dio a luz a cinco ramas principales de la teoría del liderazgo. Hoy en día, casi todas las nociones académicas seculares sobre el tema pueden ser categorizadas en estos cinco grupos.

Uno de los conceptos más tempranos acerca del liderazgo fue la Teoría del Rasgo. Esta teoría aseguró que ciertas cualidades personales—los rasgos—fueron necesarios para el liderazgo efectivo y que esa gente fue nacida con esos rasgos o sin ellos. En la década de 1950, el investigador Ralph Stogdill esbozó los rasgos particulares asociados con el liderazgo, incluyendo tales cosas como la afirmación, confianza, decisión, persistencia y ambición. Además, fueron asignadas ciertas habilidades tales como la persuasión, la fluidez del lenguaje y la diplomacia. Pero la teoría se debilitó al fallar en definir que rasgos incluir o excluir.

El Enfoque del Comportamiento llegó a ser la manera dominante de explicar el liderazgo a finales de la década de los 1950 y a principio de los 1960. Diferentes patrones de conducta fueron agrupados y etiquetados juntos como "estilos". La capacitación en los estilos de liderazgo llegó a ser una actividad muy popular dentro de la administración—tal vez el modelo mejor conocido es la Red Administrativa de Blake y Mounton (1964). La red representa gráficamente el grado de centralidad en la tarea versus el grado de centralidad en la persona e identifica cinco combinaciones como diferentes estilos de liderazgo. El objetivo fue que los líderes identificaran su estilo inherente y después lo desarrollaran en las habilidades de liderazgo que carecían. Sin embargo, como con la Teoría del Rasgo, no hubo acuerdo sobre que comportamientos fueron esenciales para el liderazgo efectivo y las múltiples excepciones socavaron la aplicación de la teoría.

La Teoría Social sugiere que el liderazgo es un proceso por el cual los individuos y los grupos trabajan hacia una meta común de mejorar la calidad de vida para todos. La motivación para este trabajo proviene de los intercambios sociales entre el líder y el seguidor. Esto fue originalmente concebido como la teoría LMX por sus siglas en inglés (Leader-Member Exchange) (Graen, 1975). Antes de esta obra, el liderazgo fue visto como algo que los líderes hicieron *a* sus seguidores. La Teoría LMX afirmó que los líderes de grupos mantienen su posición de influencia a través de unas series de acuerdos de intercambio tácito con los miembros del grupo. El liderazgo aquí se trata de satisfacer las necesidades sociales y realizar intercambios de beneficio mutuo. La Teoría del Liderazgo Transaccional (Bass, 1981) cae también bajo esta categoría. En el liderazgo transaccional, los líderes proporcionan recompensas o reconocimientos en intercambio por la lealtad y productividad del seguidor. El líder motiva y dirige a los seguidores primeramente al apelar a sus propios intereses.

La Teoría de la Contingencia asume que el rendimiento del seguidor depende del estilo del liderazgo así como también de la favorabilidad de la situación del liderazgo hacia el estilo. Fiedler (1951) describió por primera vez la teoría en términos de la motivación hacia el logro de tareas o la construcción de relaciones, así como también de la favorabilidad situacional para cualquiera de las dos motivaciones. La favorabilidad situacional fue determinada por tres factores: (a) las relaciones entre el líder y el miembro—el grado en que un líder es aceptado y apoyado por los miembros del grupo; (b) la estructura de la tarea—el grado en que la tarea es estructurada y definida, con metas y procedimientos claros; y (c) poder de posición—la habilidad de un líder para controlar a los subordinados a través de recompensa y castigo. Fiedler sugirió que pudiera ser más fácil para los líderes cambiar su situación para lograr la efectividad que cambiar su estilo de liderazgo.

Consistente con esta noción de contingencia, el modelo de Liderazgo Situacional de Hersey y Blanchard sugiere que no hay una manera mejor para influir en la gente (1977). Aquí, el estilo de liderazgo que uno debe usar depende del nivel de preparación de la gente sobre la que uno está tratando de influir. El liderazgo situacional está basado en la interacción entre (1) la cantidad de guía y dirección (comportamiento directivo) que un líder da, (2) la cantidad de apoyo socio-emocional (comportamiento de apoyo) que un líder proporciona, y (3) el nivel de desarrollo que los seguidores exhibieron en compromiso y competencia para realizar una tarea, función u objetivo específico. Este modelo ha sido ligeramente revisado por Blanchard (Liderazgo Situacional II) y es ampliamente usado en la actualidad en la capacitación de empleados y administradores en los Estados Unidos.

Pero la teoría de liderazgo más prominente y estudiada en los últimos veinte años es el modelo de Liderazgo Transformacional. En 1978, James MacGregor Burns por primera vez lo teorizó y lo describió como un enfoque transformacional de liderazgo. Más tarde, Bass (1990) expandió esta teoría y categorizó la actividad del líder transformacional. Él esbozó cuatro comportamientos que representan efectividad en el liderazgo mientras estos comportamientos "transforman" a los seguidores: (a) consideración individualizada, (b) estimulación intelectual, (c) motivación inspiracional, y (d) influencia idealizada. Peter G. Northouse (2004) declara que el liderazgo transformacional se refiere al proceso "mediante el cual un individuo se relaciona con otros y crea una conexión que eleva el nivel de motivación y moralidad en ambos el líder y el seguidor".[10] La mayoría coinciden en que el liderazgo transformacional se lleva a cabo con el tiempo mientras los líderes desarrollan "confianza, admiración, lealtad y respeto".[11]

Finalmente, los enfoques más recientes y postmodernos para entender el liderazgo han sido expresados. Las Teorías tales como la Teoría del Caos y la Teoría de la Complejidad afirman que los líderes efectivos deben sentirse cómodos con la incertidumbre y la ambigüedad, resistir a los sistemas lineales de pensamiento, vencer las formas racionalistas de toma de decisiones y aprender el arte de dirigir sin una orientación futura rígida. Más allá de las habilidades y comportamientos tradicionales, los líderes deben tener "inteligencia emocional" (Goleman, 2005), abrazar las necesidades postmodernas por la autenticidad y comunidad, y entender que las motivaciones contemporáneas para el trabajo y la productividad van más allá de hacer dinero para encontrar el significado de la vida. Mientras lo novedoso e interesante, que las teorías postmodernas permanecen esencialmente consistentes con las nociones previas en referencia a las demandas por el comportamiento particular del líder.

Bosquejo de las Teorías Académicas Principales

Teoría	Afirmación
Teoría del Rasgo	Todos los líderes deben poseer ciertas habilidades y rasgos
Teoría del Comportamiento	Los líderes deben aprender comportamientos comunes para el buen liderazgo
Teoría Social	La efectividad es encontrada en las prácticas del líder que permiten intercambios sociales entre el líder y el seguidor
Teoría de la Contingencia	Los estilos de liderazgo (conjunto de comportamientos) deben igualar ciertos contextos y situaciones del liderazgo
Teoría Transformacional	Los líderes deben expresar comportamientos que inspiren y transforman a los seguidores

Teoría	Afirmación
Teorías Postmodernas	Los líderes deben aprender a ajustarse a la complejidad y responder con habilidades que son efectivas en un contexto postmoderno

Notablemente, con toda la historia del tema y la amplia investigación, no hay hoy en día una definición simple unificadora del liderazgo, y los investigadores están aún en posibilidades en la manera de abordar su estudio. Parece que el liderazgo sigue siendo "uno de los fenómenos más observados y menos entendidos sobre la tierra".[12]

Definiciones Contemporáneas

Como resultado de las teorías académicas mencionadas antes y las suposiciones detrás de ellas, existe un número asombroso de artículos de prensa popular, periódicos y libros acerca del tema de liderazgo—la mayoría de ellos han venido del sector empresarial en América. Los autores celebrados a menudo como los "gurús" del liderazgo son grandemente admirados; y sus libros, conferencias y servicios de consultoría se han convertido en una industria multimillonaria.

> No hay hoy en día una definición simple unificadora del liderazgo.

En su libro *Líderes: Las Estrategias para Tomar el Control,* Warren Bennis y Burt Nanus afirman, "Décadas de análisis académico nos han dado más de 850 definiciones de liderazgo".[13] Notablemente, la mayoría de ellas no son bíblicas en cuanto que ellas no vienen de la Biblia o de algún marco teológico apropiado. Además, hay una diferencia entre las definiciones que meramente no tienen conflicto con la Palabra de Dios y aquellas que fluyen directamente de ella—es decir, una falta de conflicto no hace que una definición sea "bíblica".

Muchos autores cristianos y eruditos abordan el caso bíblico para el liderazgo de la siguiente manera. Ellos miran a los líderes "efectivos" y su funcionamiento en el mundo y generan definiciones de liderazgo basadas en lo que ellos observan. Después, encuentran versículos bíblicos que pueden coincidir con sus observaciones y apoyarlas. Esta manera inductiva, tratando de llegar a la verdad está llena de trampas. Al final, ellos pueden llegar a apoyar muchas suposiciones no bíblicas con la Biblia. Para los que desean construir una teología bíblica de liderazgo, de primera importancia es la pregunta, ¿Qué revela la Biblia acerca de quién es un líder y lo que él o ella hace?

Un resumen de las definiciones de liderazgo por autores contemporáneos revela algunas ideas sorprendentes dentro de los paradigmas culturales actuales sobre el concepto:

Peter Drucker afirma: "El liderazgo es definido por los resultados no por los atributos".[14]

John Maxwell dice: "La verdadera medida del liderazgo es la influencia—nada más ni nada menos".[15]

Gary Yukl define el liderazgo como "el proceso de influir en otros para entender y estar de acuerdo sobre lo que debe ser hecho y cómo hacerlo, y el proceso de facilitar esfuerzos individuales y colectivos para lograr objetivos comunes".[16]

Peter Northouse define el liderazgo como "un proceso mediante el cual un individuo influye a un grupo de individuos para lograr un objetivo común".[17]

Ken Blanchard define el liderazgo como "la capacidad para influir a otros por medio de liberar el potencial y el poder de las personas y las organizaciones para el mayor bien".[18]

James M. Kouzes y Barry Z. Posner, en su libro fundamental *El Reto del Liderazgo* (1987), afirman que cinco prácticas definen el liderazgo efectivo:

- Modelar la manera. Los líderes guían primero por el ejemplo, incorporando en sus propias vidas los creencias y comportamientos que ellos requieren de sus seguidores.

- Inspirar una visión compartida. Los líderes visualizan el futuro, creando una imagen ideal y única de lo que una organización puede llegar a ser.
- Desafiar el proceso. Los líderes buscan oportunidades para cambiar el estado normal y maneras innovadoras para mejorar la organización.
- Capacitar a otros para actuar. Los líderes fomentan la colaboración y crean equipos animosos. Ellos involucran activamente a otros.
- Animar el corazón. Los líderes reconocen las contribuciones que los individuos hacen y comparten las recompensas de los logros.[19]

El conocido autor y consultor Steven Covey afirma, "Mi definición de liderazgo es comunicar a la gente su valor y su potencial tan claramente que ellos son inspirados para verlo en ellos mismos".[20]

Si bien estas observaciones pueden ser destacadas, se quedan cortas en dar una visión del liderazgo que está basado en la Biblia y en el carácter de Dios.

Los Huevos Olvidados

Cuando mi hija Kaley era pequeña, disfrutábamos hornear juntos. Escuchábamos música y cantábamos mientras batíamos la masa y después disfrutábamos de nuestra deliciosa creación recién salida del horno. Un día decidimos hornear un pastel. Usando una mezcla para pastel comprado en la tienda, juntamos los ingredientes necesarios y mezclamos todos ellos en un tazón, pusimos la mezcla en un molde y lo colocamos en el horno. Cuando el reloj sonó, sacamos el pastel. Para nuestra sorpresa, no lucía mucho como un pastel. ¡Más bien, se veía mucho más como una tortilla gruesa de color café! Después de una breve plática, nos dimos cuenta de que habíamos olvidado agregar los huevos a la masa. Con lo que terminamos no era para nada un pastel. Aparentemente, lo que arruinó el pastel no fueron los ingredientes que incluimos—esos fueron esenciales para su creación. Más bien, el pastel fallido resultó de *lo que no le pusimos*.

Las teorías y definiciones discutidas en este capítulo han agregado percepciones beneficiosas a nuestro entendimiento de la dinámica del liderazgo. De hecho muchas de las ideas son vitales para comprender el fenómeno de la influencia de una persona sobre otra. Pero al igual que con nuestro pastel fallido, los problemas que nosotros presenciamos en el liderazgo hoy en día, en la teoría y en la práctica, no resultan de lo que ha sido incluido en la discusión. Más bien, ellos fluyen de lo que se ha quedado fuera. Con respecto al liderazgo, *al pastel le faltan los huevos*. Aún con todas las teorías y definiciones, lo que tenemos "no es un líder" en comparación a los personajes de la Biblia.

La razón principal para esta insuficiencia ya ha sido discutida: estas teorías y definiciones se enfocan casi exclusivamente en *lo que los líderes hacen*—es decir, ellos se concentran en las habilidades, comportamientos y prácticas externas de los líderes. La Biblia describe un cuadro muy diferente. En la Escritura, el liderazgo no es primeramente acerca de lo que los líderes hacen. Por el contrario, es primeramente una función de *lo que los líderes son*. Esto incluye no sólo los comportamientos de los líderes, pero también su carácter, su fe en Dios, su propósito motivador, y la obra sobrenatural de Dios en ellos y a través de ellos. Estos ingredientes son de hecho los huevos olvidados.

Este enfoque singular sobre lo externo y perceptible como es encontrado entre las teorías de liderazgo y las definiciones populares ha creado suposiciones que guían a la caída de la práctica del liderazgo en nuestro mundo de hoy.

Líderes Engañosos

Dado que el comportamiento externo ha suplantado la mayoría de las conversaciones de motivaciones y carácter interno cuando se trata de liderazgo, los líderes han aprendido a bifurcarse. Las prácticas del líder se cree que son separadas y distintas de su carácter y motivaciones. El carácter está separado de la conducta. Por lo que los estudiantes de liderazgo se preocupan por aprender habilidades externas sin entender la necesidad imperiosa por el carácter que trae la vida, la autenticidad y la seguridad a esas habilidades. Como un resultado, aquellos en el liderazgo dan más énfasis a la apariencia y el estilo—como otros los perciben—en lugar de a quienes son ellos realmente.

Viniendo desde esa perspectiva, el liderazgo es reducido a un cosmético de tipos:—algo que uno pinta por fuera que está separado de quien uno es. En un nivel más profundo, este enfoque externo produce un paradigma de duplicidad en el líder, una idea subconsciente de que el liderazgo es solo acerca de una persona pública. Los líderes engañosos son aquellos con dos vidas—una pública y una privada—así como también la creencia de que una no impacta a la otra. Esta suposición resulta en líderes de doble ánimo que guían a partir de la imagen, la verosimilitud y el efecto, en lugar de a partir de una expresión auténtica de quienes son ellos. Creyendo que ellos deben siempre "actuar frente a otros" lo que les dará resultados y aprobación, tales líderes llegan a ser distintos en su imagen pública a quien ellos son en realidad. El liderazgo es simplemente una fachada.

Lamentablemente, esto aplasta la manera única en la que Dios pudiera obrar en un individuo y crea una inseguridad profunda en el líder quien debe actuar el papel.

Los líderes engañosos son aquellos con dos vidas—una pública y una privada —piensan que una no impacta a la otra.

Culto de la Personalidad

Puesto que la suposición prevaleciente es que el liderazgo es externo, no solo hace que los líderes potenciales se enfoquen solamente en lo superficial, sino que también los seguidores lo hacen. En consecuencia, existe una adicción no saludable entre las personas de colocar a los líderes en pedestales, juzgándolos por estándares superficiales y siendo arrastrados por personalidades dinámicas.

Cuando esto sucede, los líderes llegan a ser más que agentes de cambio: ellos se convierten en la razón para cambiar ellos mismos. Los seguidores responden al encanto personal del líder o a la habilidad y carisma a nivel superficial. El resultado es una imagen pública idealizada y heroica, a menudo construida a través de la adulación y la alabanza incuestionable.

Muchas iglesias hoy en día están construidas únicamente sobre las personalidades dinámicas ponderosas de sus líderes. Trágicamente, la persona del líder se convierte en el enfoque en lugar de la visión de Dios para la iglesia.

Esto no quiere decir que debemos desechar las personalidades animadas y energéticas. Dios usa todas las expresiones únicas de la personalidad o dotes para revelar su visión y guiar a su pueblo. Pero las grandes tentaciones para estos líderes incluyen el abuso de poder, una hipocresía ciega y subconsciente y una susceptibilidad para aceptar las alabanzas de los hombres que deben ser únicamente para Cristo.

Consecuencialismo

Las definiciones y teorías de hoy en día acerca del liderazgo tienen otra falla importante. Todas ellas miden la efectividad del líder casi exclusivamente en términos cuantitativos: ganancias, número de seguidores y/o el tamaño de la organización. En la actualidad, muchas iglesias y corporaciones llaman a un líder exitoso si él o ella logra este tipo de éxito—la definición exacta de la cual nadie puede ponerse de acuerdo. ¿Cuántos seguidores debe tener alguien para ser un "gran líder"? Cinco, diez, una mayoría… ¿todos ellos? ¿Cuánta ganancia? ¿Qué tan grande una organización?

Consecuencialismo es la premisa filosófica y ética que dice que los resultados de la conducta de uno son las verdaderas bases para cualquier juicio acerca de la moralidad de esa conducta. Lo "Correcto" no está inherentemente unido a una acción o a la motivación para esa acción, sino más bien a la *consecuencia* de esa acción. Por ejemplo, el consecuencialismo argumentaría que hablar la verdad pudiera ser malo si las consecuencias de hacerlo fueran dañinas. Alternativamente, mentir pudiera ser adecuado si esto produce beneficio para el líder. En el consecuencialismo, un acto (u omisión de un acto) es moral si produce un buen resultado, a pesar de los medios o de las motivaciones que produjeron ese acto. El consecuencialismo está estrechamente asociado con el *pragmatismo*—otra filosofía prevalente que produce prácticas errantes del liderazgo. Mientras que el consecuencialismo dice "El fin justifica los medios", el pragmatismo dice, "Si funciona, hazlo".

El consecuencialismo define lo "correcto" por los resultados, no por la moralidad del acto mismo o de las motivaciones detrás de él.

Debido a la suposición subyacente de consecuencialismo, los líderes de hoy se enfocan en conseguir resultados cuantitativos a cualquier costo. Esta es la fuerza motriz para ello—la necesidad de más, más grande y mejor. Los líderes entonces se juzgan ellos mismos y a otros basado en estos estándares superficiales. Pero un enfoque tan moralmente relativista ¿es realmente de Dios?

En el liderazgo cristiano, estos paradigmas utilitarios a menudo conducen a un enfoque con varias aplicaciones equivocadas:

- Lo que funciona como opuesto a lo que es correcto
- Crecimiento numérico como opuesto a la salud espiritual
- Una obsesión con el fruto del ministerio en lugar que la fidelidad del ministro
- El producto final como opuesto al proceso moral
- Obtener seguidores como opuesto a permanecer obediente a Dios
- Atraer asistentes a la iglesia en lugar de desarrollar discípulos de Jesús

Los líderes cristianos deben pensar crítica y profundamente acerca de lo que significa ser un líder eficaz. ¿Es bíblico para nosotros medir el liderazgo únicamente en términos del número de seguidores?

Por ejemplo, en Juan 6, cuando Jesús enseña que Él es el Pan de Vida, el apóstol Juan explica que esto era un concepto difícil de aceptar para sus seguidores. Juan declara, "A partir de entonces muchos de sus discípulos dejaron de seguirlo, y ya no andaban con él" (Juan 6:66). Si el liderazgo de Jesús fue evaluado en este punto de su ministerio por los estándares consecuencialistas de hoy, ¿Él sería etiquetado un líder ineficaz? y ¿Qué tal en su crucifixión, cuando todos los abandonaron? La mayoría de las conferencias de crecimiento de la iglesia ¡no resaltarían tal estrategia! ¿Jeremías fue un líder ineficaz porque la gente no respondió a su mensaje?

Podemos citar muchos otros ejemplos de la Biblia de aquellos que consideramos grandes líderes, a pesar de que sus seguidores no respondieron en el momento a su liderazgo. El verdadero liderazgo, como es definido bíblicamente, ¿significa cantidad de seguidores o *calidad* de seguidores—o incluso a veces una falta total de seguidores? Más allá de las habilidades prácticas, el verdadero liderazgo está basado también en un conjunto de valores ontológicos a los cuales los líderes deben permanecer fieles ¿a pesar de los seguidores que ellos ganen o pierdan? Estas son preguntas con las que el estudiante de liderazgo bíblico debe luchar.

Metodolatría

Ya que "lo que sea que funcione es correcto" es una suposición esencial de nuestra cultura de liderazgo secular, muchos líderes naturalmente se enfocan en programas y métodos que son considerados efectivos en ganar seguidores. Este modo de pensar también es prevalente en la iglesia.

Digamos que el pastor Jake es un líder que se debate quien asiste a una conferencia sobre crecimiento de la iglesia. Una noche él escucha de un pastor que guía una iglesia grande de rápido crecimiento. Esta iglesia aborda el ministerio de cierta manera—al emplear ciertos programas y métodos—y el pastor de la iglesia grande posee cierto estilo y personalidad. El pastor Jake determina que lo que su iglesia necesita es un enfoque diferente. Concluye que él debería mostrar una personalidad diferente y que su iglesia debe cambiar sus métodos (la música, la vestimenta, los programas del ministerio, el estilo de enseñanza, etc.). Él regresa a la congregación e inmediatamente comienza a implementar nuevas maneras de hacer las cosas—posiblemente en perjuicio a largo plazo de su iglesia.

Esta experiencia es repetida una y otra vez en el ministerio, es un ejemplo del libro de texto no sólo en cómo *no* implementar el cambio, sino también de un paradigma penetrante presente en los líderes de la iglesia hoy. La suposición es que lo que funciona en el ministerio de una iglesia obviamente va a funcionar en otra.

Dirigir el cambio que viene de la visión de Dios es una cosa; y siempre es correcto hacerlo. Pero cuando la manera en que nos congregamos como iglesia es elevada por encima de la obra sobrenatural de Dios en la iglesia, hemos cometido *metodolatría*. Hemos llegado a adorar el método por encima del Dios quien obró en y a través del método. Los programas, los métodos y los ministerios aprendidos de otras iglesias y líderes no son inherentemente erróneos para aplicar, pero ellos deberían ser nacidos por Dios a través de la visión única de una congregación particular. A.W. Tozer dice, "La herejía del método puede ser tan mortal como la herejía del mensaje"[21] y lo que a menudo socava los métodos prestados es que Dios ha sido dejado fuera.

La metodolatría minimiza el papel de Dios y la actividad sobrenatural y en su lugar se enfoca en la manera en la cual él trabajó. El objeto de la confianza llega a ser el método en vez de Dios.

Yo, de hecho diría que el proceso que da el nacimiento de un ministerio o método particular es *más* importante que el método mismo. ¿Por qué? Porque es en ese proceso donde el pueblo de Dios interactúa con el Padre y hace entrar en fe para confiar en él para alguna expresión de su voluntad manifiesta. El proceso también valida el método en los corazones y en las mentes de las personas, de este modo hacerlo auténtico y orgánico para ellos. Esto es lo que construye la fe en Dios y provoca el ministerio real una vez que es implementado.

Cuando la gente cree que Dios los ha guiado a hacer algo, entonces los valores asociados con el método están presentes en ellos y esos valores van a sostener cualquier cambio relacionado con el método una vez implementado. Desde luego, no siempre tenemos que ser originales en nuestros métodos, pero deberíamos ser siempre auténticos.

La metodolatría tiene cuatro resultados trágicos. En primer lugar, se minimiza el papel de Dios en la obra de la iglesia original, destacando el método y la iglesia en lugar de Dios quien obró a través de este.

En segundo lugar, causa que los pastores no sean veraces con ellos mismos y su lugar buscan llegar a ser alguien o algo que no son. La suposición tácita y desgarradora es que yo debo ser alguien más para que Dios me use. Tratando se ser alguien más es una pérdida de la persona que Dios te hizo.

En tercer lugar, se apropia de la habilidad de Dios para obrar en formas únicas a través de una familia de la iglesia distinta y su historia de fe.

Y en cuarto lugar, el objeto de la confianza se convierte en el método mismo en lugar que Dios.

Los líderes no tienen que ser siempre originales en sus métodos, pero ellos deben ser siempre auténticos.

El Desvío Sutil

Posiblemente el más triste acontecimiento coincidiendo con el incremento del estudio del liderazgo en el siglo veinte fue el desvío del pueblo de Dios de la Biblia como el estándar de la verdad. La iglesia, como el mundo, compró acciones en el paradigma de "lo que sea que funcione". Por lo tanto, las amplias suposiciones seculares en las teorías académicas y en la literatura popular del liderazgo llegaron a ser persuasivas y difíciles de resistir para el pueblo de Dios. Esto eventualmente llevó al pueblo de Dios a aceptar las suposiciones masivas del liderazgo mundano y la iglesia comenzó a tomar sus ejemplos de liderazgo de una cultura secular. Este es un problema continuo hoy en día. El sector empresarial en particular es celebrado como la fuente final de la verdad acerca del liderazgo—en contraste con la Palabra de Dios.

El problema es que estamos pidiendo prestados los conceptos de un mundo que está de cabeza. Dado que lo que se practicaba en los negocios pareció que funcionaba, la iglesia adoptó los principios de liderazgo de la América corporativa. La iglesia evangélica en particular comenzó a creer que los empresarios lo hicieron mejor. Aquellos en la iglesia que poseían una gran agudeza empresarial (pero que posiblemente tuvieron muy poco entendimiento de lo que Dios pretendía para su iglesia) poblaron las juntas directivas de las iglesias. Las iglesias se convirtieron en corporaciones. Los pastores se convirtieron en los directores ejecutivos. Los autores cristianos se apropiaron de conceptos más mundanos, pegaron un verso o dos de la escritura sobre ellos y lo llamaron "Liderazgo Cristiano"—cuando en realidad ellos estuvieron promoviendo principios carnales envueltos en lenguaje espiritual. Esto dejó a la iglesia con poca distinción dentro de nuestra cultura, una entidad anémica copiando al mundo, que tiene poco impacto y que lucha lo mejor que puede por sobrevivir.

Sin embargo, en este contexto Dios ha provisto un vasto campo de misión de oportunidad. El liderazgo bíblico es necesario hoy más que nunca. Como creyentes, tenemos un llamado maravilloso y único para tratar con la crisis del liderazgo—y tenemos una base sólida sobre la cual apoyarnos. Si nos vamos a comprometer de nuevo a los estándares de la palabra de Dios en lugar de tomar nuestras propias creencias de la cultura, podremos capturar un vislumbre de las brillantes posibilidades para el liderazgo bíblico y el rigor, la diferencia colorida que este tipo de liderazgo hará en medio de un mundo lleno de sombras grises.

Distintivos del Liderazgo Bíblico

El liderazgo Bíblico implica varios distintivos que lo establecen en un agudo contraste a las teorías y definiciones del liderazgo de un mundo moderno.

Carácter. El carácter es el conjunto de cualidades morales que distingue a una persona de otras. Estas cualidades incluyen cosas como la honestidad, el valor, la integridad, la humildad, la perseverancia y la firmeza. Con todo, es importante entender que estos rasgos no ocurren por casualidad. Ellos en realidad fluyen de una estructura más profunda dentro del individuo. Con el fin de ser auténtico, estas cualidades deben estar conectadas a la identidad de la persona—es decir, cómo esa persona se ve y se define ella misma. Como dice la Escritura, es desde el corazón de una persona que las actitudes y las acciones fluyen (Proverbios 4:23).

El carácter no solo incluye los rasgos morales de un individuo, sino la estructura muy profunda del individuo desde la cual esos rasgos fluyen.

Pero esta identidad o sentido en sí mismo no debería ser el resultado de nuestra propia invención. En última instancia, no es importante quién decimos que somos, ni tampoco es importante lo quien dicen otros que somos. Lo que es vitalmente importante es quién dice Dios que somos.

Esto es especialmente cierto para los líderes, porque con el tiempo, nuestro verdadero ser se mostrará a través de aquellos a quienes guiamos.

En la vida de Jesús, vemos maneras en las cuales Él se vio y se definió Él mismo con una particular relevancia al liderazgo. Como líderes que buscan ejercer el liderazgo bíblico, debemos también desear asimilar su carácter y su autodefinición en nuestras vidas.

El carácter del líder bíblico puede ser resumido por tres aspectos directamente conectados a quién fue Jesucristo y cómo él lideró. Estos aspectos son las maneras en que Jesús se definió a él mismo en su liderazgo (influencia) hacia otros. Son los aspectos del *siervo*, el *mayordomo* y el *pastor*. Estas dimensiones proporcionan al líder cristiano con metáforas por las cuales pueda comprender la enseñanza bíblica acerca de cómo los líderes se deben ver ellos mismos. Los líderes que buscan andar en integridad y asimilar el carácter de Jesús en su ser, ellos expresarán más naturalmente rasgos de carácter moral así como también serán más naturalmente llenos de poder para saber qué hacer en la práctica mientras se ocupan en guiar a otros.

Además, debemos tener cuidado de aplicar estos aspectos a la idea del *carácter* primero y no a la *conducta*—para no caer en el modo de pensar que a menudo tipifica el enfoque del mundo— es decir, que el liderazgo es simplemente algo que hacemos por fuera. El estudiante de la Biblia cometerá un gran error si sólo busca actuar como un siervo, un mayordomo y un pastor sin *llegar a ser* estas cosas—es decir, sin tener el carácter de cada uno. ¿Puede una persona servir a otros sin un corazón de siervo? Bueno, posiblemente y temporalmente. Pero eso equivale a actuar una parte en lugar de desarrollar una disposición de servicio en la persona. Con el tiempo, sin la plena integración y el desarrollo del carácter, el líder no puede continuar sosteniendo los rasgos del carácter necesarios para el liderazgo bíblico. Ellos son simplemente demasiado difíciles para fingir.

El carácter semejante al de Cristo, entonces, es el primer distintivo de la influencia bíblica. Esto es verdad porque es la obra principal del Espíritu Santo después de la salvación para construir el carácter en el creyente. Sin ella, los líderes son meramente cáscaras vacías, actores que representan un papel, vacío de contenido e impacto espiritual duradero. Líderes como este pueden impresionar a la gente con sus habilidades y así ganar seguidores. Pero ellos tienen el potencial de transformar perdurablemente a otros sólo a través del carácter.

Cuando es manifestado, el carácter crea la credibilidad de un líder para ser respetado y confiable y para ganar el derecho de influir en otros. Los líderes bíblicos se comprometen ellos mismos a una búsqueda de por vida de asimilar el carácter de un siervo, un mayordomo y un pastor en su ser.

Llamado. Los líderes bíblicos no sólo les deben preocuparse por cómo guiar, sino que también deben direccionar *por qué* están dirigiendo—con qué propósito. La mayoría de los autores usan el término *visión* para describir el propósito del líder y el estado futuro de los cuales influyen a otros. Mientras la idea de la visión está en el corazón de dirigir a otros, para comprender el liderazgo bíblico debemos darnos cuenta que en un paradigma bíblico, la visión fluye primeramente del llamado de Dios al líder.

¿Por qué es esto un distintivo importante? Bueno, si no tenemos cuidado, la visión va a llegar a ser algo que *inventamos* en lugar de algo que nosotros *descubrimos* de Dios. El término "llamado" posee la idea inherente que el propósito viene de Dios a nosotros—no al revés. Con un llamado, después de todo, tiene que existir El que Llama. (Ver Génesis 12: 1-4, Éxodo 3: 1-6, 1 Samuel 16:12, Isaías 6: 1-13, Jeremías 1: 4-7, Marcos 3: 14-15, Juan 15:16, Hechos 9: 1-16, Romanos 15: 15-18).

Muchas veces, los planes de un líder se confunden con los planes de Dios. Tenemos un sueño, una aspiración o un objetivo, y se convierte en lo que nosotros creemos es la visión de Dios. Después nosotros vamos a Dios para convencerlo de subir a bordo con lo que *nosotros* queremos ver que suceda en el mundo. En esencia decimos, "Dios, por favor bendice y provee para MIS planes." Esto lleva al fracaso, la frustración y a logros equivocados, ya que Dios no fue el autor de la visión primeramente. Aquí, los líderes logran solo para darse cuenta que los logros no fueron de Dios. Como Howard Hendricks dijo profundamente, "El miedo no es que los líderes fallen, sino que ellos tengan éxito en hacer las cosas equivocadas"

El hecho es que, *Dios no se ha comprometido a financiar nuestros sueños.* Él no es el genio dentro de la botella que existe para cumplir nuestros deseos. Él quiere que nos involucremos en sus planes. El llamado por lo tanto comunica algo recibido de Dios (del que llama) para nosotros (los llamados)—y Dios siempre es fiel para suplir y sustentar lo que él inicia. La gran promesa a los líderes que siguen el llamado de Dios es que él será fiel en proveer los recursos para el llamado.

Dios no se ha comprometido a financiar nuestros sueños.
Nosotros debemos ajustar nuestras vidas a lo que él quiere—
no buscar que él se ajuste a lo que nosotros queremos.

Además, el llamado es un concepto bíblico inherente, en comparación con la idea moderna de "visión". La palabra real para *visión* en la Biblia casi siempre se refiere a visiones proféticas. Esto es diferente a la manera que la visión es descrita en el liderazgo moderno. El término actual, principalmente usado en marco de empresas y corporativos, difumina las líneas entre los propósitos de una empresa y los de una iglesia. Por el otro lado, el llamado es único para la gente de fe. Mientras que la visión (una idea mental de un futuro preferible) ciertamente fluye del llamado, los líderes debieran primeramente procesar y poseer un fuerte sentido del llamado irresistible de Dios para unirse a él en la obra que él está haciendo. Después de su respuesta de fe al llamado de Dios, la visión comenzará a desarrollarse en los corazones y mentes de los líderes—y lo más importante, la visión estará arraigada en un llamado de Dios, no en la ambición egocéntrica.

El llamado, por lo tanto, es la fuerza que impulsa e inspira a los líderes bíblicos para influir. Los mantiene enfocados, les proporciona la responsabilidad de actuar de manera consistente, los inspira para soportar las dificultades y les asegura que el liderazgo de uno resulta sólo en lo que Dios quiere.

Competencia. El salmo 78:72 dice, "Y los apacentó conforme a la integridad de su corazón, los pastoreó con la pericia de sus manos". Justo como la integridad de corazón (es decir, el carácter) es vital para el liderazgo bíblico, también lo son las manos hábiles (es decir, la competencia). Aún en la Escritura, las habilidades no son simples cosméticos que se ponen y se quitan, ni están desconectados del carácter del líder. Más bien, ellas son complementos congruentes a su persona interior y como tal, ellas permiten que el líder manifieste el llamado de Dios en el mundo. Imagine a Moisés sin la habilidad de delegar en otros (Éxodo 18:13–27), a Nehemías sin la habilidad de manejar proyectos y gente (Nehemías 4:13–23), o a Pablo sin la habilidad de comunicar la verdad espiritual a sus lectores (Colosenses 1:28–29). Estas aptitudes provistas para el éxito de sus llamados dados por Dios y fueron utilizadas poderosamente por el Señor en sus contextos particulares del liderazgo. En este sentido, la habilidad externa es relacionada al carácter interno.

No cada líder tiene cada habilidad. Los estudiantes de liderazgo deben llegar al entendimiento de ambas, las habilidades comunes para liderazgo efectivo como el de Cristo y las habilidades únicas para quien ellos son. Para hacer lo anterior, los estudiantes deben descubrir de la palabra de Dios las aptitudes comunes de los líderes efectivos. Para hacer lo posterior, uno debe prestar atención para descubrir sus dones espirituales, sus aptitudes naturales, su personalidad única y la pasión dada por Dios.

Comunidad. Mientras que los líderes seculares pueden preocuparse por las ganancias y la productividad material, el liderazgo bíblico es visto en términos del impacto sobre y la relación con la gente. La idea de comunidad aplica de dos formas.

Primero, el resultado de liderazgo bíblico es siempre acerca de transformar las vidas de seres humanos. En la Escritura, cada vez que Dios llamo a un líder para una tarea de liderazgo, el propósito de Dios fue redimir y restaurar a su pueblo a través del líder como instrumento. Por lo tanto, el liderazgo bíblico no existe en un vacío. Un líder bíblico es un individuo llamado por Dios para interactuar con la gente e impactarla. El liderazgo bíblico no es principalmente acerca de desarrollar un programa ministerial, sentado detrás de una computadora o construir un edificio. No es acerca de ganancias, aparatos o el tamaño de la organización. Estos pueden ser medios hacia el fin de la transformación de la gente, pero nunca son el final en ellos mismos—y si no somos cuidadosos, los líderes pueden fácilmente perder nuestra manera para la meta real de liderazgo. La gente es de inmenso valor para Dios, más importante que cualquier cosa numérica o material y nuestro liderazgo debiera tener el desarrollo y la transformación de la gente como su objetivo.

El resultado de liderazgo bíblico es siempre acerca de la transformación de los seres humanos. Siempre.

Segundo, el liderazgo bíblico toma lugar en el contexto de la comunidad cristiana. Jesús no les dijo simplemente a sus discípulos que se presentaran en el templo una vez a la semana, y que ahí él les daría una clase sobre los principios de liderazgo. Jesús vivió con aquellos que él guio. Él eligió impartirse él mismo, no sólo su enseñanza. Estaba fuera del contexto que la comunidad entre él y sus discípulos, con fallas y victorias similares, que ellos experimentaron para lograr algo de gran valor juntos.

Consecuentemente, los líderes bíblicos buscan desarrollar relaciones auténticas, abiertas con aquellos que ellos guían. Los líderes bíblicos aman a la gente que guían—ellos no sólo los usan. En la más cercana de las relaciones que un líder puede poseer con sus seguidores, hay una profunda conexión, vulnerabilidad, entendimiento e inversión personal. Pablo describió su relación con los Tesalonicenses justo así: "Tan grande es nuestro cariño por ustedes, que hubiéramos querido entregarles no sólo el evangelio de Dios sino también nuestra propia vida. ¡A tal grado hemos llegado a amarlos!" (1 Tesalonicenses 2:8). La comunidad respira vida dentro del liderazgo y la planta en la suprema virtud moral que debe acompañar a todos los verdaderos líderes bíblicos—es decir, amor ágape.

Cristo. Finalmente, los líderes del mundo pueden operar en su propia fuerza y en su propia sabiduría, y ellos pudieran ser capaces de lograr buenas y aun nobles cosas. Pero el liderazgo bíblico produce resultados eternos porque viene de una fuente diferente. No está basado sobre la sabiduría del mundo o los pobres recursos humanos del líder. Estas fuentes sólo pueden lograr lo que puede ser explicado en maneras naturales y humanas y a través de las habilidades limitadas del líder. En contraste, la energía, la guía, y la fuerza interna en el trabajo del líder bíblico es el mismo poder de Cristo.

Ya que esto es así, el liderazgo bíblico siempre debe ser un camino de fe. El liderazgo actuando en consecuencia con la confianza en Dios es entonces energizado por una fuerza sobrenatural—¡Jesús mismo! Cristo logra a través de la humildad y la obediencia del líder lo que sólo puede ser atribuido a la habilidad de Dios. Al final, el líder ve posibilidades ilimitadas para lo que puede ser logrado. Consecuentemente, cuando la tarea es completada es Dios quien recibe el crédito, no el líder.

El liderazgo bíblico debe ser siempre un camino de fe— pidiendo que Dios haga más allá de lo que el líder puede hacer, por lo que al final, Dios recibe el crédito.

Una Definición del Liderazgo Bíblico

El liderazgo bíblico claramente diferente de lo descrito y definido por el mundo. Los distintivos de arriba ayudan a los líderes cristianos a entender la manera única en que la Biblia describe la influencia de una persona sobre otra, la motivación detrás de esa influencia, el resultado eventual de esa influencia y la fuente de poder para guiar y mantener esa influencia. ¡Esto es el liderazgo bíblico!

*Un líder bíblico es una persona de **carácter** y **aptitud** quien influye a una **comunidad** de gente para lograr un **llamado** que honra a Dios por medio del poder de **Cristo**.*

Basado en esta definición, este libro explorará estos cinco componentes del liderazgo bíblico y las esferas de influencia asociadas con cada uno.

Carácter: la *persona* del líder.
Llamado: el *propósito* del líder.
Aptitud: las *prácticas* del líder.
Comunidad: la *gente* del líder.
Cristo: el *poder* del líder.

Preguntas de Repaso del Capítulo

1. Haga una lista de cada categoría de las teorías académicas del liderazgo desde los 1950s y describa el significado central de cada una.

2. ¿Cómo dirigen y motivan los líderes a sus seguidores de acuerdo a la Teoría Social del Liderazgo?

3. Nombre una de las teorías académicas del liderazgo con la que usted está de acuerdo y por qué.

4. ¿Cuál es una característica de la teoría del liderazgo transformacional que puede intersectar con la enseñanza de la Biblia sobre el liderazgo? Explique qué y cómo.

5. ¿Por qué la definición de Maxwell del liderazgo, aunque útil, se queda corta con lo que la Escritura enseña?

6. ¿De qué manera "el pastel al que le faltaron los huevos" así como la teoría del liderazgo y las definiciones contemporáneas difieren de la enseñanza bíblica?

7. Haga una lista y defina brevemente cada uno de los resultados trágicos que fluyen de las suposiciones del mundo sobre el liderazgo.

8. Haga una lista y explique los cinco distintivos del liderazgo bíblico.

9. ¿Cuáles son los tres aspectos del carácter como son reflejados en el liderazgo de Jesús?

10. ¿Cuál es la diferencia entre el *llamado* y la *visión*?

11. ¿Qué diferencia hace "Cristo como el poder del líder"?

CAPÍTULO TRES
Carácter: La Persona Del Líder

"La crisis más grande en el mundo actual es una crisis de liderazgo, y la crisis más grande en el liderazgo es una crisis de carácter."

–HOWARD HENDRICKS

Como un maestro sobre el liderazgo cristiano, yo asigno a mis estudiantes la tarea de crear un "mapa de la vida" al principio del curso. Es un ejercicio donde ellos honestamente reflexionan sobre su pasado y trazan las experiencias que los definieron en quienes son. Es una tarea difícil para la mayoría. El propósito es que los estudiantes lleguen a ser conscientes de sí mismos, para asignar significado a sus experiencias anteriores, para entender las dinámicas de su vida presente y el liderazgo como resultado, y para descubrir el poder de Dios para usar todo lo de la vida para lo bueno.

Al finalizar, los estudiantes comparten sus mapas de la vida con la clase. De las numerosas historias de la vida que he escuchado a través de los años, pudiera estimar que más de la mitad de los estudiantes vienen de entornos significativamente rotos o espiritualmente disfuncionales… *y todos ellos están estudiando para convertirse en líderes cristianos en las organizaciones.*

Esta tragedia de quebrantamiento es más que anecdótica. En ningún tiempo de la historia ha habido una epidemia de inestabilidad y quebrantamiento personal. Miríadas de personas están llegando a la edad adulta con profundas inseguridades producidas por una cultura de divorcio, conducta adictiva, disturbio político, abuso sexual, sobre estimulación, materialismo y disfunción espiritual. Aun aquellos que crecen en integridad y salud emocional no tienen garantía de bienestar. Las potentes influencias de nuestra cultura haciendo pareja con nuestra propia naturaleza pecaminosa desarrollan en todos nosotros patrones dañinos de pensamiento, motivaciones carnales y perspectivas distorsionadas de uno mismo.

Como veremos, este trasfondo de quebrantamiento es profundamente pertinente para la discusión del liderazgo bíblico.

La Crisis de Carácter

Uno de los mitos dominantes de nuestro tiempo es que estos asuntos intrapersonales no afectan a los líderes en la función de liderazgo. Aun coincidiendo con la decadencia en nuestra cultura, vemos a líder tras líder debatirse y caer. El liderazgo inmoral y sin ética nunca ha sido más prominente. Líderes egocéntricos están en todas partes. Los líderes impulsados por la inseguridad penetran en casi cada organización.

Aquellos que se resisten colapsan, una larga porción apenas sobrevive en el liderazgo ya que carecen de los recursos internos necesarios para aguantar las presiones de sus funciones, manejar el poder asociado con ellas, lograr el cambio, mover a la gente para cumplir el propósito e influir saludablemente en otros. Pareciera que la multitud de talleres de capacitación, libros y conferencias de liderazgo por los últimos sesenta años han probado ser inadecuados para detener la decadencia.

Mientras que la Escritura no niega que ciertas aptitudes de liderazgo (lo que hacen los líderes) son importantes, las habilidades prácticas son sólo parte de la ecuación del líder. Muchos de nosotros podríamos citar los líderes de gran competencia y habilidades pero que aún carecen de carácter. Ellos fueron pensadores estrategos sobresalientes, comunicadores excepcionales y posiblemente grandes motivadores. Sin embargo ellos carecieron seguridad interna; una firme identidad en Cristo; un crecimiento, fe que da vida que resulta en una brújula moral; y la habilidad de ser auténtico y vulnerable en sus relaciones más cercanas. Consecuentemente, los pecados secretos desarrollados, las tentaciones asociadas con el poder del liderazgo abrumador, y con tiempo esos líderes sucumbieron al colapso interno. Casi inevitablemente terminan naufragando sus matrimonios, familias, Iglesias y organizaciones. Ellos carecieron del carácter interno para apoyar el éxito creado a través de su habilidad dinámica. En verdad: *las habilidades pueden llevar a los líderes a donde el carácter no los mantiene.*

Los síntomas de esta crisis de carácter son muchos.

En el liderazgo, las habilidades te pueden llevar
a donde el carácter no te mantendrá.

El Uso del Liderazgo para Satisfacer las Necesidades Internas

Todos nosotros como humanos tenemos la necesidad de afirmación, amor y aprobación. Todos nosotros necesitamos sentir que hemos logrado alguna medida de éxito. Todos nosotros necesitamos creer que estamos haciendo una diferencia. Estas necesidades son una parte natural e innata de nuestra humanidad. Con todo, en lugar de satisfacer estas necesidades a través de conexiones auténticas con Dios y con otras personas, existen aquellos quienes ilegítimamente usan el liderazgo para llenar sus vacíos interpersonales. De hecho, yo diría que muchos entran al liderazgo no debido al llamado de Dios o al sano deseo por servir a otros sino por llenar alguna necesidad interna de significado, aceptación de otros o aprobación de Dios. Hay algo dentro de ellos, algo roto, algo esencialmente acerca de ellos mismos, que se convierte en medicamento a través del liderazgo. Aquí las necesidades humanas legítimas son saciadas a través de medios ilegítimos. Esto hace al liderazgo algo muy disfuncional en su práctica, esencialmente más acerca del líder que acerca de la voluntad de Dios o de la gente guiada.

El liderazgo no es una forma primaria de tener satisfechas las necesidades, sean las necesidades por la aceptación, el logro o significado. De hecho, si usted trata de satisfacer las necesidades de esta manera, usted estará muy decepcionado. Esto es porque el liderazgo—el liderazgo *bíblico*—es más acerca de impartir a otros que recibir para uno mismo. Es más acerca de las necesidades de otros que las suyas propias. El liderazgo requiere más de lo que da. Por lo tanto, la persona que utiliza el liderazgo primeramente como la manera de conseguir alguna auto realización profunda se sitúa ella misma para la decepción. Justo como cualquier otro sustituto para Dios, quien es el único que puede satisfacer nuestras más profundas necesidades, el liderazgo es insuficiente *cuando se utiliza para un propósito que nunca podría cumplir.*

El Abuso de Poder y Posición

Los líderes que carecen de seguridad interna de carácter deben manejar a su gente y a las organizaciones en maneras que promuevan sus propias agendas y persona. Usted ve, que lo que ellos quieren, *debe* ocurrir. Esta motivación resulta en control obsesivo, manipulación de personas y circunstancias, la incapacidad de admitir las equivocaciones, el uso de control de efecto cuando suceden errores, hacer decisiones autónomas y el uso de autoridad en lugar de la influencia piadosa para lograr la manera propia. Tales líderes a menudo faltan la capacidad de dejar ir, de aprender de otros, de escuchar, de compartir el liderazgo y de confiar en Dios para los resultados.

Negar, Desviar o Defender Problemas

En lugar de asumir la responsabilidad personal, los líderes que carecen de carácter culpan a otros o a las circunstancias por los problemas, así como evitar o esconder las situaciones obvias. Cuando finalmente son confrontados, esos líderes ofrecen arreglos superficiales en lugar de soluciones bíblicas profundas.

Los líderes que carecen de carácter no asumen la responsabilidad. En lugar, ellos niegan, desvían y defienden.

Ideas de Éxito y Fracaso Fuera de Lugar

Tengo un amigo de la Universidad que estaba en el ministerio junto conmigo en esos días. Hace unos años lo llamé y le pregunté cómo iba su ministerio. Él dijo, "Mike, ha sido muy difícil y por los últimos tres años hemos visto pocos resultados. Pero he aprendido algo muy importante. He aprendido que Dios no me ha llamado primeramente al éxito. Él me ha llamado a la obediencia". Aquí hay un líder que está experimentando la forma más segura de gozo en el ministerio—la fidelidad a Dios.

Tomando sus señales de la cultura, los líderes vacíos de carácter definen el éxito en formas superficiales. Una iglesia más grande, más empleados, posesiones materiales mayores, un salario mayor, más notoriedad—estos son los símbolos del éxito aún para los líderes cristianos en el siglo XXI. En lugar de definir el éxito como la fidelidad a Dios y simplemente expresar la persona que Dios creó para que ellos sean, ellos miden el éxito a través de los estándares del mundo. A menudo encubren sus motivaciones en el lenguaje espiritual y en deseo expresado de lograr los propósitos de Dios, ellos son impulsados con mayor precisión por la ambición egoísta.

Algo para Demostrar

Los líderes vacíos de carácter como el de Cristo, se comparan y comparan a sus organizaciones sutil y subconscientemente con otros. Juzgan el éxito por lo bien que lo hacen en contraste a otros; más que por la simple fidelidad a Dios. Esto conduce a experimentar celos e inseguridad cuando otros aparentemente logran más o al orgullo cuando han superado a sus contemporáneos en adquirir símbolos de éxito notable.

Warren Bennis puede haberlo dicho mejor:

Ningún líder se dispone a ser un líder por sí mismo, sino más bien de expresarse libre y completamente. Es decir, los líderes no tienen interés en demostrarse a ellos mismos, sino un interés permanente en expresarse ellos mismos. La diferencia es crucial, ya que es la diferencia entre ser impulsado como mucha gente lo es hoy en día y guiar como muy pocos lo hacen.[22]

Baja Capacidad Emocional

Los líderes a veces sienten estrés y el peso del liderazgo es a menudo pesado. Como Shakespeare dijo, "Inquieta se acuesta la cabeza que lleva una corona".[23] Algunas veces, las situaciones son muy disfuncionales y el apoyo es muy bajo que los líderes deben orar y considerar salir. Sin embargo, no es la situación lo que necesita cambiar. Es el líder.

Los líderes sin carácter semejante a Cristo tendrán dificultad para encontrar recursos emocionales requeridos para satisfacer las presiones del trabajo. Donde la seguridad interna y la identidad en Cristo faltan, los líderes llegan a estar abrumados con las exigencias del papel, diciendo, "No puedo hacer esto". Toman la crítica muy personal. Expresan tendencias escapistas, incluyendo la constante necesidad de escaparse (distanciarse del trabajo tanto sea posible—esto es en contraste a una necesidad legítima de retirarse ocasionalmente para buscar a Dios y ser restaurado), acobardándose lejos de la retroalimentación, aislándose de los demás y un miedo de la confianza y la intimidad con aquellos quienes podrían realmente ayudarlos. En de su mayoría, se sienten que son las víctimas y aun expresan sus tendencias de mártires (culpando, manipulando otros por la culpabilidad, sintiendo lástima por ellos mismos, etc.). Luchan con emociones negativas abrumadoras tales como la tristeza, la ansiedad, el enojo profundo y la culpa. Puede incluso que se vuelvan deprimidos o fatigados físicamente.

Crear Organizaciones Inseguras

Posiblemente la más trágica consecuencia de la falta de carácter de los líderes es el impacto destructivo que ellos pueden tener en la gente y en las organizaciones que ellos guían. *Gente insegura crean ambientes de inseguridad.*

> *Los líderes no sólo incrustan en sus organizaciones lo que ellos conscientemente se proponen para llegar al otro lado, pero ellos también transmiten sus propios conflictos internos y las inconsistencias en su propia caracterización personal.*[24]

Esta dinámica es cierta ya sea en las familias, iglesias u organizaciones empresariales. Los líderes inseguros a menudo fallan en afirmar y fortalecer a otros o fallan en dirigirlos debido al miedo. Ellos a menudo confunden a la gente y crean culturas inestables en sus organizaciones porque la gente no ve consistencia o lógica en sus acciones. Los líderes inseguros son ya sea rápidos para causar el cambio externo (saltando de una nueva moda a la siguiente) o para evitar el cambio por completo cuando amenaza a su ministerio. Ellos hacen decisiones ilógicas no basadas en lo que es mejor para la organización, sino en lo que valida y afirma sus liderazgos. Esto crea organizaciones que se debaten internamente en sus funciones, externamente en el logro de una misión o en ambos.

Líderes insanos inseguros crean organizaciones insanas inseguras.

¿Qué es el Carácter?

Es sólo a través del desarrollo del carácter semejante al de Cristo que los líderes pueden encontrar esperanza y sanidad así como el poder interno para guiar como la Biblia instruye. Pero ¿Qué es el carácter de acuerdo a la Biblia?

En el Antiguo Testamento, la frase traducida como "carácter" es *esheth chayil* (חיל תשא).²⁵ Esta incluye la idea de poder y fuerza que fluye desde el interior, y puede denotar alguien que es virtuoso. El adjetivo acompañando "noble" es usado para transmitir la naturaleza moral del término en Rut 3:11, Proverbios 12:4, and Proverbios 31:10.

En el Nuevo Testamento, la palabra griega más común para el concepto es *dokime* (δοκιμη). El diccionario de estudio de palabra describe la palabra como en "probar, prueba, aprobado, carácter probado, una prueba, el valor probado de la muestra".²⁶ El diccionario Strong incluye estas definiciones junto con la idea de la experiencia.²⁷ La palabra o sus derivados es usada siete veces en seis versículos dentro del Nuevo Testamento y es traducida por la LBLA como *prueba* (una vez en 2 Corintios 8:2), *prueba* (dos veces en 2 Corintios 9:13 y 2 Corintios 13:3), *carácter probado* (dos veces en Romanos 5:3–4), *probados méritos* (una vez en Filipenses 2:22), y *prueba* (una vez en 2 Corintios 2:9).²⁸

Consecuentemente, la Biblia está describiendo el carácter no simplemente como la posesión de cierta moral y rasgos admirables. Más que eso, *es la estructura básica de un individuo desde el cual estos rasgos fluyen.* Esto significa no solo expresar las cualidades morales, sino genuinamente *ser* una persona moral. Esta es la esencia del liderazgo auténtico y refleja la proposición única de la Biblia acerca del liderazgo—es decir, que dirigimos desde quien somos nosotros.

Siendo esto verdad, el líder bíblico debe considerar algo más profundo que solo mirar la pieza. En su lugar, él o ella debe buscar llevar auténticamente el carácter de Cristo en el liderazgo. La pregunta entonces, no es lo que Jesús *hizo* como un líder, sino quién fue Él en su vida y en su liderazgo. Como Jesús vivió y guio, así debemos hacerlo nosotros.

Estas metáforas dadas por la Biblia nos ayudan a comprender la enseñanza de la Escritura sobre los líderes de carácter semejante al de Cristo. Ellas también describen el punto de vista ideal de un líder de las esferas particulares e importantes asociadas con el liderazgo:

El líder como *siervo* describe la perspectiva del líder acerca de la gente.

El líder como *administrador* describe la perspectiva del líder acerca del poder.

El líder como *pastor* describe la perspectiva del líder acerca de la posición.

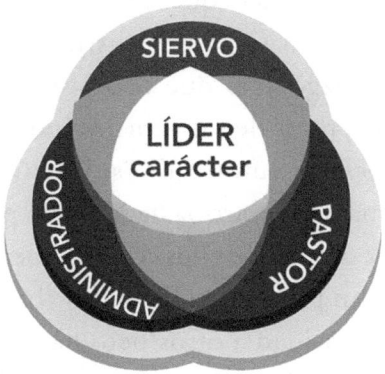

El Siervo: La perspectiva del Líder acerca de la Gente

Se suscitó también entre ellos un altercado, sobre cuál de ellos debería ser considerado como el mayor. Y Jesús les dijo: Los reyes de los gentiles se enseñorean de ellos; y los que tienen autoridad sobre ellos son llamados bienhechores. Pero no es así con vosotros; antes, el mayor entre vosotros hágase como el menor, y el que dirige como el que sirve. Porque, ¿cuál es mayor, el que se sienta a la mesa, o el que sirve? ¿No lo es el que se sienta a la mesa? Sin embargo, entre vosotros yo soy como el que sirve.

—LUCAS 22:24–27

En Lucas 22, los discípulos estaban discutiendo una pregunta prominente aun para el mundo actual: "¿Quién es el mayor?" Los humanos están obsesionados con la grandeza y el poder y el privilegio que lo acompaña. El problema de los discípulos es que ellos no definieron la grandeza como Jesús lo hizo.

Para Jesús, la grandeza es medida por un estándar diferente. Ser grande en la economía de Dios es amar, dar poder y servir a otros. En el liderazgo, la grandeza significa usar el poder para otros, no para uno mismo. Es encontrado en el servicio y el sacrificio, no en beneficios y privilegios. Para los líderes bíblicos, la grandeza debe ser medida por lo que Dios dice acerca de ti, no lo que el mundo dice.

Aquí en Lucas, Jesús traza una distinción entre un "gentil" (mundano) del liderazgo y lo que debe caracterizar a sus seguidores. Él dice que los reyes de los gentiles (por ejemplo, los líderes en posiciones de poder y autoridad) "se enseñorean" de otros. Su mentalidad es una manera de arriba hacia abajo pensando que miran a la gente como por debajo de ellos, con el líder hasta arriba. Jesús dijo que los que tenían poder eran llamados "bienhechores"—gente en autoridad que da caridad a otros pero haciendo eso causan que la gente llegue a ser excesivamente dependiente de ellos. Los bienhechores en este contexto son gobernantes desastrosos que no dan poder a la gente y tampoco ayudan a ellos a alcanzar su potencial. Su clase de caridad es más acerca de ganar poder sobre otros y construir la reputación para ellos mismos que es sobre expresar la verdadera compasión o servicio.

Los líderes que son siervos guían para el beneficio de otros.
Los líderes del mundo guían para su propio beneficio.

Después de describir esta forma de liderazgo del mundo, Jesús dijo a sus discípulos, "Pero no es así con ustedes" ¡No puede estar más claro! Jesús estaba absolutamente seguro de que él no quería que sus seguidores reflejaran el tipo de actitudes y acciones en el liderazgo que figuraron de manera prominente en el mundo. Note el contraste en el lenguaje usado:

Perspectiva "Gentil"	Perspectiva de Jesús
Reyes	El mayor como el menor
Bienhechores	El líder como siervo
Se sientan a la mesa	Sirve la mesa

En el liderazgo del mundo, los líderes *ascienden* al mayor a través de logros que conducen al "éxito". En el liderazgo de servicio, los líderes *descienden* al mayor a través de acciones que reflejan servidumbre (Filipenses 2:5–11). Como Henry Nouwen afirma acertadamente, "La manera del líder cristiano no es el camino de la movilidad ascendente en la cual nuestro mundo ha invertido tanto, sino el camino de movilidad descendente terminando en la cruz".[29] En el liderazgo del mundo, los beneficios y los privilegios incrementan como vas subiendo en una organización. En el liderazgo de servicio la responsabilidad y el sacrificio incrementan mientras subes. En el liderazgo del mundo, la gente llega a ser indebidamente dependiente de los líderes autoritarios. En el liderazgo de servicio, los líderes equipan, capacitan y animan a otros para que ellos alcancen su potencial.

Los líderes del mundo pueden demandar de los demás lo que ellos no están dispuestos a contribuir de ellos mismos. Los líderes que sirven, aunque desde luego no se les requiere que hagan todo, ellos están dispuestos a hacer cualquier cosa que ellos pidan de los otros (Juan 13:1–20). Los líderes del mundo guían para su propio beneficio. Los líderes que sirven guían para el beneficio de otros.

Aun como Dios, alguien con todo el poder, título y autoridad, Jesús se definió él mismo como un siervo. Él dice aquí en Lucas 22, "Sin embargo, entre vosotros yo soy como el que sirve" (v. 27). En otra ocasión, Jesús dijo acerca de sí mismo, "Porque ni aun el Hijo del Hombre vino para ser servido, sino para servir, y para dar su vida en rescate por muchos". (Marcos 10:45). Jesús se vio y se definió el mismo primeramente como un siervo. Era parte de su carácter y cómo él se identificó él mismo en la relación con otros. Del mismo modo los líderes bíblicos deben primeramente verse ellos mismos como siervos de otros.

Pero muchos de nosotros se sienten incómodos con el concepto de ser un siervo. A menudo tenemos ideas erróneas de lo que Jesús quiso decir cuando él dijo que un líder debe servir. Podríamos pensar de los líderes que sirven como personalidades pasivas y dóciles que están obligados a hacer lo que otros quieren que hagan. Esta es una perspectiva equivocada tanto del liderazgo de servicio en sí y de la manera en que Jesús lo vivió.

Sólo veamos algunas de las acciones de Jesús como un líder de servicio:

- Él limpió el templo con un látigo (Juan 2:13–17).
- Él reprendió a los fariseos por su hipocresía (Lucas 11:37–54).
- Él llamó a la gente a comprometerse completamente (Lucas 9:23).
- Él reprendió a Pedro por su deseo de interceptar el plan de Dios (Mateo 16:23).
- Él mandó a sus discípulos en muchas ocasiones (Juan 13:34, Juan 15:10, Marcos 12:30–31, Juan 18:11).

Por la lista de arriba se hace obvio que ser un líder que sirve no significa ser un tapete. En lugar, significa hacer lo que sea que esté en el mejor interés de aquellos que usted guía. El liderazgo de servicio no es simplemente definido por la acción del líder, pero y primeramente por la motivación del líder. Por lo tanto, los líderes que sirven van a lavar pies, mostrar misericordia y dar compasión y gracia, pero cuando sea necesario y en el mejor interés de sus seguidores, los líderes que sirven van también a confrontar, retar y reprimir.

Los líderes que sirven no tienen que hacer todo. Sin embargo, ellos debe estar dispuestos a hacer cualquier cosa.

Las acciones del líder de servicio están determinadas por dos preguntas: lo que Dios quisiera hacer en la situación y lo que los seguidores realmente necesitan en la situación (no necesariamente lo que ellos quieren). Las acciones resultantes son motivadas desde un corazón de amor, están basadas sobre las necesidades del seguidor y son en última instancia actos de obediencia al Padre.

Los líderes que sirven ven a la gente diferentemente de como los líderes del mundo lo hacen. Los líderes del mundo no ven a la gente como personas sino como objetos. Ellos quieren a la gente en torno a los números pero solo desean usarla para alcanzar sus ambiciones egoístas. Los líderes de servicio, sin embargo, no ven a la gente como objetos que existen para satisfacer las necesidades del líder. El líder de servicio se pone al lado de aquellos que él o ella dirige (y de hecho se pone *debajo* de ellos), usando su poder, autoridad e influencia para satisfacer las necesidades de los seguidores y ayudarlos a alcanzar su potencial. El líder de servicio hace lo que está en el mejor interés de aquellos que guía (y de la organización como un todo) y les da no siempre lo que desean ni tampoco necesariamente con lo que el líder se siente cómodo, sino más bien lo que los seguidores *necesitan* bajo la dirección de Cristo. Los líderes hacen todo esto sin renunciar a sus posiciones, poder o autoridad.

Las características de los líderes de servicio pueden ser resumidas como sigue:

- Ellos miden la grandeza de acuerdo a los estándares de Dios, no a los del mundo.
- Ellos ven a la gente como personas, no como objetos.
- Ellos ven el liderazgo como servicio, no como privilegio.
- Ellos están dispuestos a hacer lo que sea necesario para servir en el mejor interés de sus seguidores. A veces esto significa confrontar y corregir, y otras veces animar y consolar.
- Ellos aman a aquellos que guían. Todas sus acciones están motivadas por amor.

- Ellos no son pasivos o débiles.
- Ellos ven el liderazgo primeramente como obediencia al Padre.

El Administrador: La Perspectiva del Líder Acerca del Poder

Haya, pues, en vosotros esta actitud que hubo también en Cristo Jesús, el cual, aunque existía en forma de Dios, no consideró el ser igual a Dios como algo a qué aferrarse, sino que se despojó a sí mismo tomando forma de siervo, haciéndose semejante a los hombres. Y hallándose en forma de hombre, se humilló a sí mismo, haciéndose obediente hasta la muerte, y muerte de cruz. Por lo cual Dios también le exaltó hasta lo sumo, y le confirió el nombre que es sobre todo nombre, para que al nombre de Jesús se doble toda rodilla de los que están en el cielo, y en la tierra, y debajo de la tierra, y toda lengua confiese que Jesucristo es Señor, para gloria de Dios Padre.

—FILIPENSES 2:5-11

Una línea famosa de la película *Corazón Valiente* viene de una confrontación entre William Wallace y los nobles de Escocia (aquellos con tierra, fortuna y poder, aunque profundamente carentes de nobleza de carácter). Wallace dijo, "Hay una diferencia entre nosotros. Ustedes piensan que la gente de este país existe para proporcionarles la posición. Yo creo que su posición existe para proporcionar libertad a esa gente. Y yo voy asegurarme de que la tengan".

Con la posición y el título casi siempre viene el poder. El poder es la *habilidad* de dirigir o influir en la conducta de otros. La autoridad, similar al poder, es el *derecho* percibido de ejercer poder. Déjeme darle un ejemplo: Un hombre de fuerza física tiene el poder (la habilidad) para refrenar a alguien. Un oficial de policía, por otro lado, tiene la autoridad (el derecho asignado) para refrenar a alguien.

Pero existe otro componente de poder para considerar. Mientras alguien con poder y autoridad puede ser *capaz* y estar *autorizado* para influir en otro, esta persona pudiera faltar la *credibilidad* para hacerlo—lo que significa que él o ella puede faltar el permiso moral de la persona en cuestión para ejercer influencia. Desde una perspectiva bíblica, el poder sin la credibilidad es poder ilegítimo. Jesús poseyó todo el poder y la autoridad. Sin embargo, a través de su carácter y comportamiento él ganó la credibilidad para dar el poder y autoridad legítimamente. Su credibilidad se debió a la manera en que él usó el poder. Irónicamente, al desafiar las aplicaciones convencionales del poder, el ganó *más*—sin duda, Jesús es el hombre más influyente que ha vivido, sobre la tierra incluso hasta el día de hoy.

El poder y el uso que un líder le dé, gana o
destruye la legitimidad de su liderazgo.

¿Por qué esta discusión del poder de un líder es tan importante? Porque el poder es posiblemente el mayor activo del liderazgo. Proporciona a los líderes el potencial para hacer el bien o para dañar. El poder permite a los líderes construir la confianza y por lo tanto ganar el permiso voluntario y legítimo de la gente para influir en ellos, o el poder puede ser usado en tal manera que mina la confianza y la legitimidad. "Nada es más útil que el poder, nada más espantoso".[30] Puesto que esto es cierto, la manera en que un líder usa el poder es la verdadera prueba de su carácter. Esto revela como un líder se ve a sí mismo y sus suposiciones acerca del porqué su liderazgo existe en el primer lugar.

Algunos comienzan a creer que ellos tienen el derecho a gastar el activo del poder en ellos mismos. Esto es porque ellos asumen que su poder es el resultado de quienes son ellos—un producto de su propia competencia, esfuerzo o aptitudes—en lugar que un regalo prestado por Dios. Consecuentemente, el poder puede ser usado por los líderes para bendecir a otros o para promoverse ellos mismos. Dado que el poder es inherentemente encomendado a los líderes y puesto que tiene el potencial de bendecir o destruir, es vital que los líderes bíblicos lo vean apropiadamente y lo manejen con responsabilidad.

La Administración del Poder

El diccionario Random House define un administrador como "una persona que se le ha dado la responsabilidad de manejar los activos de otra persona que han sido confiados a su cuidado". Esta definición refleja exactamente quien fue Jesús en su liderazgo y describe su relación con el concepto del poder. Él entendió que su obra en esta tierra y el poder que acompañó su obra, le fueron dados por el Padre y él se veía a sí mismo como un administrador de eso.

Toda autoridad me ha sido dada en el cielo y en la tierra.

—MATEO 28:18, LBLA

Porque las obras que el Padre me ha dado para llevar a cabo, las mismas obras que yo hago, dan testimonio de mí, de que el Padre me ha enviado.

—JUAN 5:36

La copa que el Padre me ha dado, ¿acaso no la he de beber?

—JUAN 18:11

Debido a la mentalidad de administrador de Jesús, él fue capaz de mantener su poder y autoridad como debió haber sido y usarlos para el bien de otros, a pesar de ser el mismo Hijo de Dios.

Poncio Pilato, por el contrario tuvo una perspectiva muy diferente acerca de su poder como gobernador romano. Jesús le recordó que a ningún líder, no importa cuán grande, se le concede el poder separado de la dispensación de Dios:

Pilato entonces le dijo: ¿A mí no me hablas? ¿No sabes que tengo autoridad para soltarte, y que tengo autoridad para crucificarte? Jesús respondió: Ninguna autoridad tendrías sobre mí si no se te hubiera dado de arriba.

–JUAN 19:10–11

En Filipenses 2:5–11, el apóstol Pablo describe la maravillosa verdad de Dios llegando a ser hombre en Jesús, tomando la forma de un siervo, y determinarse a la absoluta obediencia al Padre. Aquí, la idea completa del uso del título y autoridad de un líder bíblico es afirmada.

Pablo dice que Jesús "no consideró el ser igual a Dios como algo a que *aferrarse* [es decir, "pegado a," "adherido a"], sino que se despojó él mismo." En otras palabras, la misma cosa que Jesús pudo haber usado para su propio beneficio, él la liberó. Esto no significa que el dejó de ser Dios. El texto está describiendo su uso de ese título y autoridad, no la renuncia de este. No se quitó, no lo perdió y no se disculpó por eso. Él fue Dios. Él supo eso. Y él supo que tuvo el derecho, el poder y la autoridad de hacer lo que quisiera como Dios. Sin embargo, sorprendentemente, el que tiene todo el poder y derecho para ser servido por otros, puso a un lado ese poder y derecho con el fin de llegar a ser el que sirviera. ¡Nunca ves a Jesús usar su poder y autoridad para su propio beneficio! Más bien, él expreso el poder moral y magnánimo del poder al usarlo para el bien de otros.

El poder es una mayordomía sobre un préstamo de Dios para ser usado para su Gloria y para el bien de otros.

¿Conoce a líderes que siempre están recordando a otros acerca de su título y su poder? ¿Quiénes se aferran a eso obsesivamente? ¿Quiénes sienten que eso les da el privilegio de hacer lo que quieran? Jesús no consideró su título aún el de *Dios* como algo a que aferrarse o para usarlo para su propio beneficio. Como Pablo dice, en lugar de ello él "se despojó así mismo", optando usar ese poder para el bien de otros.

Esta es la razón por la cual Dios da poder y posición—para el bien de su pueblo, no para el privilegio del líder: "Y comprendió David que el Señor lo había confirmado por rey sobre Israel, y que había exaltado su reino por amor a su pueblo Israel". (2 Samuel 5:12).

Similarmente en Juan 13, la noche anterior a que fuera traicionado y a su arresto, Jesús mostró a sus discípulos lo que hace alguien con poder y título cuando ese alguien está caminando en la voluntad de Dios:

> *Entonces, cuando acabó de lavarles los pies, tomó su manto, y sentándose a la mesa otra vez, les dijo: ¿Sabéis lo que os he hecho? Vosotros me llamáis Maestro y Señor; y tenéis razón, porque lo soy. Pues si yo, el Señor y el Maestro, os lavé los pies, vosotros también debéis lavaros los pies unos a otros. Porque os he dado ejemplo, para que como yo os he hecho, vosotros también hagáis. En verdad, en verdad os digo: un siervo no es mayor que su señor, ni un enviado es mayor que el que lo envió. Si sabéis esto, seréis felices si lo practicáis.*
>
> −JUAN 13:12–17

La interacción entre los títulos de Jesús enumerados aquí y cómo él ejemplifica el uso de esos títulos es interesante: "Vosotros me llamáis Maestro y Señor; y tenéis razón, porque lo soy." Jesús no se disculpa por sus títulos o autoridad y él no corrigió a sus discípulos por verlo de esa manera. Sino que demuestra que es posible que la autoridad y el servicio, así como el poder y la humildad coexistan en paradoja dentro de un líder. Estos rasgos no necesariamente se oponen uno al otro.

Jesús pasa a describir la manera en que un líder usa el título y poder para el beneficio de otros: "Pues si yo, el Señor y el Maestro, os lavé los pies, vosotros también debéis lavaros los pies unos a otros. Porque os he dado ejemplo". Él entonces describe cómo un líder debe ver su lugar y posición al indicar que todos están bajo algún tipo de autoridad: "En verdad, en verdad os digo: un siervo no es mayor que su señor, ni un enviado es mayor que el que lo envió". El cierra al compartir la promesa de la bendición que vendrá a los líderes que usan el poder de esta manera: "Si sabéis esto, seréis felices si lo practicáis".

Debemos notar que mientras Jesús propiamente manejó su poder, ciertamente hubo tentaciones para que él lo usara para él mismo. En Mateo 4, él fue guiado por el Espíritu al desierto para ser tentado por el diablo. A lo largo del relato, la naturaleza de la tentación de Satanás en esta experiencia es hacia el abuso de poder.

Satanás primeramente tienta a Jesús para que convirtiera una piedra en pan. Jesús había ayunado por cuarenta días hasta este punto. Su hambre era una necesidad humana legítima y obvia. Puesto que él estaba hambriento, él pudo haber racionalizado que convertir la piedra en pan era su derecho, particularmente como el hijo de Dios y como el que tiene el poder para hacerlo. Este escenario es la tormenta perfecta: alguien en autoridad teniendo una necesidad legítima, sintiendo el derecho de tener esa necesidad satisfecha, y teniendo el poder para hacerlo—en incentivos, racionalización y habilidad. Este es exactamente el tipo de situación donde los líderes hacen disparates morales. En una entrevista con Dan Rather, Bill Clinton dijo que tuvo una aventura con Mónica Lewinsky "sólo porque pude". Pero en su tentación, Jesús entendió que ni siquiera una necesidad legítima debe ser satisfecha por medios ilegítimos. No era el tiempo de Dios, tampoco fue la manera en que Dios quería satisfacer esta necesidad. En esta instancia, convertir la piedra en pan hubiera sido un abuso de su poder. Jesús supo esto y resistió la tentación.

El pastor trabajador que tiene necesidades financieras legítimas puede justificar un abuso de poder al tomar dinero de las ofrendas de la iglesia. Él puede decir, "Yo trabajo muy duro para esta iglesia y ellos no me pagan como deberían" o "Mi familia tiene necesidades y vean todo lo que yo he dado a la iglesia". Sus necesidades pueden ser reales y su racionalismo puede ser exacto. Él tiene necesidades financieras en las que su familia debe ser provista y él puede trabajar muy duro para la iglesia. Aun así, no importa cuán legítimas sean las necesidades, no deben ser satisfechas ilegítimamente. *Con el incentivo, la racionalización y la oportunidad viene el abuso de poder.* Jesús resistió esa tentación.

El uso apropiado de poder significa que ni aun las necesidades legítimas no deben ser satisfechas en maneras ilegítimas, ni antes del tiempo de Dios.

Después, Satanás tienta a Jesús al decirle que se lanzara abajo del templo y deje que los ángeles lo agarraran. El diablo de hecho, sustenta su perversión con la Escritura (Salmos 91:11) con el fin de lograr su punto e ilustra lo que los líderes hacen—ellos prueban su poder en ¡formas muy comunes! El único punto de lanzarse abajo del templo era para mostrar el poder y para mandar a otros en la ejecución de ese poder. Eso era ejercer el poder para el poder mismo. Esta era la esencia de la segunda tentación—para poner una gran demostración del poder que Jesús tuvo. Jesús la resistió.

Finalmente, en la tercera tentación Satanás apela al real deseo muy humano de poder en la forma de la adquisición material—uno de los resultados comunes de un abuso de poder.

> *Otra vez el diablo le llevó a un monte muy alto, y le mostró todos los reinos del mundo y la gloria de ellos, y le dijo: Todo esto te daré, si postrándote me adoras.*
>
> —MATEO 4:8–9

De este lado del cielo, en una oportunidad consistente con la naturaleza humana de Jesús y el deseo de la carne dentro de ella, Jesús pudo haber buscado adquirir la fortuna material. Él pudo haber saltado sobre la posibilidad de tener algo de gran valor material para llamarlo propio en lugar de servir como un administrador a lo largo de toda su existencia humana con cada cosa solamente en calidad de préstamo a él. Pero Jesús, teniendo la actitud de un administrador, supo que todos los reinos del mundo no eran en última instancia propiedad de nadie sino del Padre. Él también supo que Satanás, como el príncipe de este mundo, solo poseyó temporalmente el reino terrenal. Él no lo posee. Era meramente un préstamo a él del Dios de arriba. A pesar de las apariencias, en primer lugar, Satanás no lo tenía para dárselo.

Noten la frase que el diablo usa en las dos primeras tentaciones: *"Si eres el Hijo de Dios"*. En otras palabras, "Tú dices que eres el Hijo de Dios, pero no estás actuando como tal. Haz estas cosas y te probarás a ti mismo, validarás tu título y darás evidencia de tu autoridad a todos". Pero Jesús escogió no usar su poder de esta manera. ¿Por qué no? Porque cuando tú tienes poder y autoridad y estas seguro en eso, tú no tienes que probarlo a otros. Sólo los líderes inseguros, egoístas deben probar su poder.

Los líderes administradores ven el poder de manera diferente. Ellos no se definen ellos mismos por el poder. Ellos no lo gastan en ellos mismos y ellos no creen que es de ellos por derecho o por su propio hecho. Por el contrario, el poder viene a ellos por gracia y en un préstamo de Dios. Es para ser tenido como una responsabilidad sagrada otorgada por el Maestro para ser usado en obediencia a él como él lo instruya y para el bien de otros. El líder administrador mantiene el poder humildemente, plenamente consciente de su potencial corruptor. Esta puede ser la virtud más grande de los verdaderos líderes bíblicos: es decir, los que resisten la tentación de gastar el poder en ellos mismos.

¿Posesión o Propiedad?

El apóstol Pablo ciertamente entendió la administración y se vio él mismo a esta luz. Él reconoció que sus seguidores no le pertenecieron, que su ministerio no era suyo en última instancia y que nada de lo que él logró fue verdaderamente para su propia gloria (1 Corintios 1:11–15).

En otras palabras, él no era co-dependiente de la iglesia o de su estilo de vida del ministerio. Dios le había dado cada cosa, incluyendo su ministerio. Dios pudo darlo o quitarlo, y ciertamente Dios fue quien lo proveyó y lo preservó. Pablo, por lo tanto, podía dejarlo ir.

Los líderes administradores no ven a las Iglesias como suyas, a los seguidores como que les pertenecen o al ministerio como algo que depende de su poder. En verdad, los líderes administradores pueden dejar ir.

Años atrás yo pensaba que mi iglesia dependía en mi—mis dones, mis esfuerzos, mi enseñanza. En realidad, Yo era co-dependiente de mi iglesia. Sólo después de enfrentar varias dificultades y un sentido real de fracaso llegué al punto de decir, "Dios, aquí está *tu* iglesia. Si tú quieres que exista, depende de ti. No de mí, es tuya. Yo te la confío y yo seré un administrador fiel de ella, pero yo la dejo ir". Esto es exactamente donde Dios necesitaba que yo estuviera. Ahora, la iglesia puede florecer bajo la obra sobrenatural de Dios mientras yo me quité del camino y fui liberado de la carga de mi "propiedad".

En Corinto, la gente trató de elevar a Pablo a un lugar incorrecto de propiedad y le atribuyeron el crédito y lealtad debido sólo a Cristo. Él desvió esos intentos al recordarles a sus seguidores que él era sólo un administrador del ministerio que Dios le había dado:

> *Os ruego, hermanos, por el nombre de nuestro Señor Jesucristo, que todos os pongáis de acuerdo, y que no haya divisiones entre vosotros, sino que estéis enteramente unidos en un mismo sentir y en un mismo parecer. Porque he sido informado acerca de vosotros, hermanos míos, por los de Cloé, que hay contiendas entre vosotros. Me refiero a que cada uno de vosotros dice: Yo soy de Pablo, yo de Apolos, yo de Cefas, yo de Cristo. ¿Está dividido*

Cristo? ¿Acaso fue Pablo crucificado por vosotros? ¿O fuisteis bautizados en el nombre de Pablo? Doy gracias a Dios que no bauticé a ninguno de vosotros, excepto a Crispo y a Gayo, para que nadie diga que fuisteis bautizados en mi nombre...

Porque cuando uno dice: Yo soy de Pablo, y otro: Yo soy de Apolos, ¿no sois simplemente hombres? ¿Qué es, pues, Apolos? Y ¿qué es Pablo? Servidores mediante los cuales vosotros habéis creído, según el Señor dio oportunidad a cada uno. Yo planté, Apolos regó, pero Dios ha dado el crecimiento. Así que ni el que planta ni el que riega es algo, sino Dios, que da el crecimiento.

–1 CORINTIOS 1:11–15, 3:4–7

Estos pasajes revelan una visión adicional acerca de los líderes administradores. Ellos ven su función principal como *ser fieles*. Esto como opuesto a un enfoque obsesivo sobre el fruto—los resultados y similares. Los líderes administradores se comprometen ellos mismos a la fidelidad y por fe confiar en Dios con el fruto que resulta: "Yo planté, Apolos regó, pero Dios ha dado el crecimiento". Los líderes del mundo, por el contrario, deben tener ciertos resultados para sentirse bien acerca de ellos mismos y verse como líderes efectivos. Ellos deben tener una respuesta de otros. Ellos deben tener crecimiento, números y resultados.

Los líderes administradores se preocupan por ser fieles, no fructíferos. La fe y la fidelidad son nuestro trabajo. El fruto es la obra de Dios.

Los líderes administradores definen el éxito no por el fruto sino por ser obedientes y fieles al llamado de Dios. Ellos entonces presencian a Dios trayendo fruto para el crecimiento y madurez y le atribuyen a él la alabanza adecuada.

No puede haber mejor ilustración de la importancia de la administración o mayordomía para Dios que la parábola de los talentos en Mateo 25:14–30. Este pasaje describe cómo a tres siervos les fue dada una vasta cantidad de riqueza por su maestro y les fue encomendado poner los activos a trabajar. Su trabajo era simplemente invertir lo que se les había dado. Observe que no hay gente sin talento en la historia. Dios ha dado a cada uno algo para administrar. El siervo con los cinco talentos fue y los invirtió y obtuvo la ganancia de la inversión. El que tuvo dos talentos hizo lo mismo, con el mismo resultado. Sin embargo, el siervo con un talento fue y lo escondió. Él no hizo nada con lo que el maestro le había dado.

Cuando el maestro regresó hubo una rendición de cuentas. Para quienes fueron fieles de usar los bienes confiados a ellos, el maestro les dio un sorprendente elogio: "Bien, siervo bueno y fiel" Observación: el elogio no es "siervo bueno y *fructífero*". Estos hombre fueron elogiados por su fidelidad, no primeramente por el incremento que resultó. Sin embargo, el siervo al que se le fue dado la menor cantidad y quien escondió el talento en la tierra fue juzgado por su maestro como "malo y perezoso". Su condena no fue porque hizo algo malo con el talento, sino porque no hizo nada con él. Él fue infiel en su administración.

Del mismo modo, a los líderes administradores se les ha dado algo precioso y poderoso por el Maestro. Nuestras posiciones de liderazgo, roles, autoridad y poder son activos valiosos que son confiados a nuestro cuidado. Han de ser puestos para usarse en obediencia a Dios para el mejoramiento de otros. Los líderes administradores confían a Dios los resultados de su obediencia, entendiendo que cualquier resultado eterno será sólo por el poder de Dios. Nosotros somos simplemente vasos de bendición cuyo mayor gozo viene en simplemente ser fiel. Lo que más buscan los líderes administradores es ese día cuando el Maestro les diga, "Bien, siervo bueno y fiel".

Las características de los líderes administradores pueden ser resumidas como siguen:

- Ellos ven el liderazgo y el poder que lo acompaña como una responsabilidad sagrada de Dios.
- Ellos resisten la tentación de gastar el poder en ellos mismos.
- Ellos no creen que los seguidores les pertenecen, ni ven el ministerio como de ellos.
- Ellos pueden dejar ir la responsabilidad final de sus iglesias y ministerios.
- Ellos son capaces de mantener libremente la posición y el título tal como Jesús lo hizo y no se definen ellos mismos por el título.
- Ellos se enfocan en la fe y la fidelidad en lugar que en el fruto.
- Ellos pueden auténticamente dar crédito a Dios porque él es quien causa ell crecimiento.

El Pastor: La Perspectiva del Líder Acerca de la Posición

Yo soy el buen pastor; el buen pastor da su vida por las ovejas. Pero el que es un asalariado y no un pastor, que no es el dueño de las ovejas, ve venir al lobo, y abandona las ovejas y huye, y el lobo las arrebata y las dispersa. El huye porque sólo trabaja por el pago y no le importan las ovejas. Yo soy el buen pastor, y conozco mis ovejas y las mías me conocen, de igual manera que el Padre me conoce y yo conozco al Padre, y doy mi vida por las ovejas.

–JUAN 10:11–15

Cuando Jesús se definió él mismo como el buen pastor, él estaba hablando de su carácter. Esta dimensión de quien él era tuvo un gran significado para la gente de su tiempo debido al prominente ambiente agrícola alrededor de ellos, y esto mantiene la aplicación importante para aquellos de nosotros que dirigirían como Cristo en el mundo de hoy.

Puede que no hay imagen más natural u obvia del liderazgo que la de un pastor. El pastor es esencialmente un líder. Él supervisa, protege y guía a sus ovejas.

Los pastores dirigen a sus ovejas a lugares de alimentación, descanso y refugio. Ellos van delante de las ovejas, guiando el camino y guiándolas sobre el terreno, a través de los elementos y a lugares adelante que son mejores para ellas. Los pastores también protegen a sus ovejas de los animales y elementos dañinos. Cuando viene el peligro, los pastores ponen a las ovejas por encima de sus propios intereses interponiéndose entre ellas y lo que busca hacerles daño.

El pastor inicia la acción, va delante de las ovejas, se sacrifica primero y proporciona un ejemplo. La oveja sigue al pastor. En ocasiones, a través del terreno difícil o el clima amenazante, el pastor camina con las ovejas y entre ellas. Él no se quita o se pone a distancia de ellas sino que provee una presencia en su medio. Aunque no es una de las ovejas, él se posiciona con y entre aquellos que él guía.

El líder bíblico ve su posición hacia sus seguidores como la de un pastor. La posición del líder bíblico es caminar delante de la gente y en tiempos de dificultad o duda caminar *con* ellos—no detrás de ellos o a distancia de ellos. El pastor no *maneja* a la oveja, él las *guía*. Lo mismo es cierto para el líder bíblico. Al dirigir, los líderes bíblicos van delante de su gente, ellos muestran cómo comportarse, fijan el ritmo de avance y están en la posición de guiar en la dirección que todos deben ir. Ellos dirigen a su gente a un futuro que se avecina. Por su cuidado, sacrificio, identificación y arduo trabajo, ellos inspiran a otros a seguir. Los líderes bíblicos no se limitan a señalar el camino; ellos guían la expedición y con el ejemplo guían a la gente a lugares de bendición.

Los líderes pastores no manejan a sus seguidores; a través del ejemplo, ellos los guían. Ellos no señalan el camino; ellos caminan el camino y piden a otros a seguir.

El motivo del pastor denota proximidad. El líder está cerca a sus seguidores, entiende que uno puede ser capaz de impresionar a distancia pero solo puede impactar verdaderamente de cerca. Los líderes pastores caminan los lugares que ellos piden que otros caminen, aguantan los mismos desafíos en el trayecto y van delante de otros con valor y sabiduría. Ellos no demandan de otros lo que ellos mismos no están dispuestos a hacer.

Además, así como un pastor, los líderes bíblicos deben proteger a sus seguidores de la gente nociva y guiarlos lejos de los lugares peligrosos. El pastor protege al rebaño. Los pastores y los ancianos (y en efecto toda persona que ejerza liderazgo bíblico en cualquier organización) debe aceptar su rol como protector. Hay personas destructivas y dañinas que entran a las iglesias y organizaciones, los cuales, ya sea deliberadamente o involuntariamente dividen el cuerpo, se desvían de la misión y lesionan a los individuos. El tema de la protección habla a la necesidad de valor de parte de los líderes para hacer frente a cualquiera que se opone a la oveja o busca dirigir al rebaño por mal camino.

Posiblemente lo más importante en Juan 10 son las declaraciones de Jesús acerca del *corazón* del pastor. Jesús se describe a él mismo como "El Buen Pastor" y más profundamente califica ese título al decir que él es el tipo de pastor que:

- Se sacrifica por aquellos que guía ("pone su vida por la oveja")
- Los protege a toda costa ya que ellos son vulnerables a ser dañados por otros ("el lobo ataca al rebaño y lo dispersa")
- Genuinamente cuida de aquellos que él guía ("más que un asalariado a quien no le importan las ovejas")
- Construye intimidad y conexión con los seguidores ("Conozco a mis ovejas y mis ovejas me conocen")

De las tres imágenes del liderazgo ejemplificado por Jesús, una de las razones por las que la imagen del pastor es frecuentemente aplicada es que la Biblia misma la aplica al liderazgo de la iglesia. Pedro escribe a los ancianos:

> *Por tanto, a los ancianos entre vosotros, exhorto yo, anciano como ellos y testigo de los padecimientos de Cristo, y también participante de la gloria que ha de ser revelada: pastoread el rebaño de Dios entre vosotros, velando por él, no por obligación, sino voluntariamente, como quiere Dios; no por la avaricia del dinero, sino con sincero deseo; tampoco como teniendo señorío sobre los que os han sido confiados, sino demostrando ser ejemplos del rebaño. Y cuando aparezca el Príncipe de los pastores, recibiréis la corona inmarcesible de gloria.*
>
> –1 PEDRO 5:1-4

Este texto de arriba fue escrito por el mismo hombre quien, después de sus tres negaciones de Jesús, fue encomendado por el Salvador para poseer un corazón de pastor para los que él guio. Sobre la playa después de la resurrección en Juan 21:15–17, Jesús le pregunto a Pedro tres veces, "Pedro, ¿me amas?" a cada pregunta, Pedro respondió, "Si." Jesús entonces dijo, "Pedro, si me amas … apacienta mis ovejas … pastorea mis ovejas … apacienta mis ovejas".

Mientras el apóstol escribió su mensaje a los ancianos de la iglesia, él debió haber escuchado de nuevo ese momento memorable. Fue un desafío del Salvador a Pedro de pasar su vida, por amor a Cristo, cuidando y protegiendo a quienes tenían mucha importancia para Jesús—es decir, sus ovejas. Pedro a su vez desafía a los ancianos de la iglesia de sus días así como a los líderes en nuestro tiempo a "pastorear el rebaño de Dios."

Una cosa más por señalar. Jesús le dijo a Pedro en Juan 21 a tener cuidado por "*mis* ovejas." La gente que dirigimos pertenecen a Dios, no a nosotros como líderes. Del mismo modo, Pedro les dijo a los ancianos en 1 Pedro 5 a "pastorear el rebaño de Dios". Ellos no son nuestras ovejas, ni nuestro rebaño. Ellos son de Dios. Este es otro ejemplo de la mentalidad de administración que acompaña a todo el liderazgo bíblico.

Las características de los líderes pastores son resumidas como sigue:

- Ellos ven su liderazgo como ser un pastor que guía y protege a sus ovejas.
- Se posicionan ellos mismos en frente de y entre aquellos que ellos guían—caminando con ellos y delante de ellos, no detrás de ellos o a distancia.
- Ellos guían el camino, no solamente señalan el camino. Ellos van a donde ellos esperan que otros vayan.
- Ellos protegen a quienes ellos guían de gente y lugares nocivos.
- Ellos realmente cuidan y conocen a sus seguidores.
- Ellos están dispuestos a sacrificarse ellos mismos por el bien de quienes ellos guían.

El Carácter de un Líder

El liderazgo revela el carácter, forma el carácter y prueba el carácter. Esta disposición central (es decir, el carácter) yaciendo dentro de los líderes es por consiguiente de primera importancia. Cuando los líderes de hoy eligen definirse ellos mismos como siervos, administradores y pastores; y cuando bajo el poder santificador del Espíritu Santo ellos son transformados en carácter a tal grado, entonces los rasgos externos que acompañan estas imágenes de semejanza a Jesús serán expresados más naturalmente. Los rasgos son respetados y deseados por los seguidores. Rasgos tales como la honestidad, autenticidad, valentía, altruismo, determinación, amor, seguridad, toma de buenas decisiones, perseverancia e integridad. Estas cosas, tradicionalmente definidas como "carácter", se convierten en la expresión externa orgánica de los corazones que han sido moldeados en esos siervos, administradores y pastores.

¿El resultado? La gente va a confiar, a seguir, y a sentirse segura mientras el carácter semejante al de Cristo de sus líderes gana la credibilidad de ellos para dirigirlos como un verdadero líder bíblico.

Preguntas de Repaso del Capítulo

1. ¿Usted está de acuerdo que la mayor crisis en el liderazgo hoy en día es una crisis de carácter? Explique.

2. Comparta un ejemplo de un líder que tuvo la habilidad pero le faltó el carácter. ¿Qué pasó con ese líder y con la organización que él o ella guio?

3. Este capítulo hace una lista de varios resultados destructivos de la falla de los líderes en el carácter interno. Nombre por lo menos una con la que se identifica y lucha con ella. Explique porque.

4. ¿Cuál es el significado más profundo de carácter más allá de la mera expresión de los rasgos externos?

5. ¿Cuáles son las tres figuras de carácter como se presencian en el liderazgo de Jesús y en la esfera de influencia asociada a cada una?

6. ¿Cómo percibe a la gente un líder siervo?

7. Describa la diferencia entre una forma "gentil" (del mundo) del liderazgo y cómo Jesús definió el verdadero liderazgo.

8. ¿Ser un líder siervo significa ser pasivo o débil? Explique.

9. ¿Cuál es la diferencia entre poder legítimo y poder ilegítimo?

10. ¿Por qué el poder es potencialmente el mayor activo del líder?

11. Dé un ejemplo del abuso de poder aun en el contexto de necesidades legítimas.

12. ¿Qué significa para una persona llegar a ser "co-dependiente" en sus iglesias o ministerios?

13. Haga una lista y explique tres características de un líder pastor.

CAPÍTULO CUATRO

El Llamado: El Propósito De Un Líder

"El liderazgo espiritual no es una ocupación, sino un llamado ... Y sólo cuando los líderes cristianos entienden el liderazgo como un llamado de Dios, ellos serán equipados para ser usados efectivamente".

–HENRY BLACKABY

Si existe una sola distinción para el liderazgo bíblico, completamente separada de cualquier otra definición, esta es el concepto de que hay un Dios en el cielo quien llama a los individuos a ir, guiar y hacer una diferencia en este mundo. La idea del llamado de Dios, es algo que ha caído a un lado en nuestro mundo moderno.

Esta pérdida ha ocurrido por dos razones principales. Primeramente, la guía del Espíritu Santo ha sido abusada por el hambre de poder de los líderes quienes lo usaron para justificar sus propias ambiciones.

Estos líderes igualarán sus agendas centradas en ellos mismos con la voluntad de Dios. Ellos prohíben la discusión y el debate acerca de las decisiones autónomas y autoritarias que ellos hacen. No importa cuán perjudiciales son las decisiones del líder, ¿Cómo puede un miembro de la iglesia desafiar la declaración, "Dios me dijo que debemos hacer esto"?

Segundo, el llamado de Dios requiere una complexión de fe única. Una confianza profunda en el Todopoderoso es necesaria tanto para aceptar el llamado de Dios como para encontrar el valor para actuar sobre ese llamado; y esto es desconcertante para algunos. Los líderes con aversión al riesgo simplemente encuentran más fácil ir por sus "trabajos" sin la necesidad de escuchar a Dios, responder en fe y actuar en valor.

Sin embargo, la Escritura está llena con ejemplo tras ejemplo de personas quienes sus vidas fueron interrumpidas por un llamado de Dios y quienes por fe fueron para guiar a otros para lograrlo. Hebreos 11:1–40 incluye solamente un puñado de ellos.

Aquellos que buscan guiar como la Biblia lo describe deben abrazar este concepto del llamado de Dios. Cuando ellos hacen y reciben la resolución a algunas de las preguntas asociadas con ese llamado, hay enormes beneficios.

1. Valor real

Algunos líderes expresan una forma de valor que es auto engañosa. El valor falso no está basado en un sentido claro y exacto del llamado de Dios. Más bien, es una mezcla extraña y peligrosa de la ambición egoísta del líder y los nobles deseos de expandir el reino de Dios. Sin llegar nunca a entender las motivaciones internas para dirigir a otros, estos líderes usan los mandatos de Dios como una manera de satisfacer las necesidades internas de poder, aprobación o admiración de otros. Ellos confunden su impulso obsesivo y compulsivo por la pasión que debiera acompañar al evangelio.

Aquí, el objetivo legítimo de construir el reino es hecho ilegítimo por la necesidad del líder por lograr ciertos resultados. En esencia, ellos están haciendo la voluntad de Dios, pero lo están haciendo en su carne. Estos individuos determinan que ellos deben tener el valor de exigir que los demás se ajusten, para enfrentar cualquier resistencia en contra de sus agendas y para arriesgar todo con el fin de lograr los resultados que ellos desesperadamente deben tener. El valor falso es presunción, no fe. Es probar a Dios, no confiar en él; ir adelante de él en lugar de caminar con él.

> El valor falso es presunción, no fe. Es probar a Dios, no confiar en él; ir adelante de él en lugar de caminar con él.

El valor es un rasgo clave del liderazgo bíblico, pero el valor falso engaña a un líder. No es suficiente hacer la voluntad de Dios. Los líderes bíblicos deben hacer la voluntad de Dios a la manera de Dios. El valor falso no fluye de la obediencia al llamado del Padre, sino más bien de una profunda inseguridad. Aquí hay un individuo quien debe probarse correcto así mismo—o más exactamente, él no debe probarse estar equivocado.

Sin embargo, cuando los líderes alcanzan un sentido claro y exacto del llamado de Dios—alguien que está fundado en una teología apropiada y en una perspectiva verdadera de uno mismo y que trae una orientación diferente de lo que Dios quiere hacer en este mundo—el resultado es el valor verdadero. Los líderes entonces determinan permanecer fieles a su llamado y ellos hacen eso con integridad moral. Es valor verdadero permanecer fiel a Dios a pesar de los desafíos y dificultades y para inspirar a otros al mismo tipo de fidelidad.

2. Propósito

Hace años, después de la invasión inicial en la Guerra del Golfo, yo estaba mirando un programa de noticias en el cual un general militar retirado fue entrevistado. El reportero preguntó, "Después de una resonante victoria en la invasión, ¿cuáles son algunas cosas por las que aquellos en el liderazgo militar necesitan estar preocupados?"

El general respondió, "Lo que es más importante mientras avanzamos es que debemos evitar el desvío de la misión". Presionado por una explicación adicional, él definió el término: "El desvío de la misión es cuando olvidamos la razón por la que estamos peleando en primer lugar". Fue una declaración estupenda y la que yo inmediatamente apliqué al liderazgo de la iglesia.

En las etapas iniciales del liderazgo, el llamado y la visión son predominantes, pero hay una tendencia natural para desviarnos de las motivaciones y el propósito originales. Con el tiempo, las necesidades superficiales que resultan en elementos programáticos y aun burocráticos son puestas en marcha. Los líderes se ocupan haciendo cosas que pueden ser buenas pero no son las cosas que son más efectivas en relación a su llamado. Ellos entonces olvidan porque ellos están peleado en primer lugar.

Antes que los líderes puedan encontrar su *camino*, ellos deben primero encontrar su *por qué*. Un llamado claro y preciso de Dios dirige los esfuerzos del líder hacia lo que más importa. El llamado responde la pregunta del "¿Por qué estoy haciendo esto?" con "Porque Dios llamó". Con la claridad del llamado viene una potencialidad al llamado, una potencialidad que protege a los líderes de olvidar las prioridades necesarias para el logro de su misión. Los líderes bíblicos recuerdan que la actividad no necesariamente significa productividad; y el esfuerzo no necesariamente significa efectividad. Aquellos que tienen un sentido seguro del llamado son capaces de concentrarse más plenamente en el logro de su misión al borrar las distracciones y vencer los obstáculos de la misma.

Alguien una vez dijo, "Es más fácil decir no cuando hay un si más profundo dentro". Los líderes bíblicos tienen el poder de decir no a lo de poca importancia debido al sí más profundo del llamado de Dios.

Antes que un líder encuentre su camino, él debe descubrir primero su "por qué". El llamado responde a la pregunta del por qué con "Porque Dios llamó".

---

3. *Perseverancia*

Enfrentémoslo: el liderazgo es desafiante y cuando los líderes determinan que ellos practicarán el liderazgo **bíblico**, el enemigo se involucra. Sin embargo, cuando uno posee un llamado claro y preciso de Dios, él o ella están más equipados para aguantar. Cuando los tiempos son difíciles, estos líderes regresan a responder la pregunta más básica de su liderazgo: "¿Por qué estoy haciendo lo que estoy haciendo?" Si un líder está dirigiendo por cualquier otra razón que el llamado de Dios, con el tiempo esas razones serán insuficientes para motivar al líder a perdurar.

Hace años yo era parte de un grupo llamado Metro Youth Ministers Association. Se componía de pastores de jóvenes de las cincuenta iglesias bautistas del sur más grandes en la nación. Un año la conferencia se llevó a cabo en Houston y fue dirigida por Louie Giglio. Louie describió lo que llamó "El Cociente del Llamado": la diferencia entre el por qué una persona inicialmente entró en el ministerio y el por qué estuvieron actualmente en el ministerio. Él dijo, "Algunos de ustedes no están en el ministerio ahora por las mismas razones que estuvieron cuando Dios los llamó. Sus corazones han cambiado y no para lo mejor"

¡Sorprendente! Dios usó esto para hablarme en un tiempo crítico en mi vida. Inicialmente, yo entré al ministerio fuera de un llamado para simplemente servir a Dios y ver a la gente llegar a Cristo. Pero con el tiempo, el ministerio para mí llegó a ser más acerca del prestigio entre mis colegas y el tamaño de la iglesia en la cual yo servía. En verdad, yo me había desviado del llamado de Dios y de las motivaciones que inicialmente tuve. Dios usó esa conferencia para regresarme a mi propósito original y a una convicción renovada para permanecer fiel a ella. Como ve, hay algunas razones para guiar que permiten una mayor resistencia cuando los desafíos abrumadores ocurren—el dinero y el prestigio se quedan cortos.

Los líderes que no son impulsados por el llamado de Dios son líderes que son propensos a salir. Cuando lo hacen, ellos pierden la experiencia de beneficiarse de la inversión de todo su arduo trabajo. En esencia, los líderes que se rinden se adelantan a Dios para la oportunidad de crecer en la fe y carácter así como para traer el cambio eventual en la gente que ellos dirigen. Jimmy Draper dice: "La falta de certeza de un llamado divino al ministerio es una de las principales razones por las que aproximadamente la mitad de los estudiantes de seminario dejan el ministerio dentro de los cinco años posteriores a la salida del seminario. Sin la seguridad del llamado de Dios en su vida usted ¡no la hará en el ministerio! El ministerio es una vocación terrible, pero ¡es un llamado maravilloso!"[31]

Tengo un amigo quien sintió un llamado particular de Dios para mudarse de Texas para pastorear una iglesia en California. Era una iglesia con un largo historial de liderazgo pobre y disfunción—sin embargo, él estuvo seguro del llamado a ir. Varios meses después de llegar, la realidad de este desafío de liderazgo difícil comenzó. Algunas de las personas (aun los líderes clave) estuvieron resistentes a su visión de hacer a la iglesia una congregación bíblica más saludable. Él estuvo tentado a renunciar. Después de mi experiencia de pastorear la misma iglesia por dieciocho años, mi consejo para él fue simplemente este: "¡Sobrevive a ellos!" Le dije que si él no renunciaba al llamado de Dios, con el tiempo la gente cambiaría o saldría. Le dije que si Dios lo había llamado ahí y que si no lo había llamado a salir, entonces Dios proveería y que él no debería renunciar a lo que Dios estaba por hacer—que el Todopoderoso tuvo cosas para enseñar a su gente y maneras de hacer crecer al pastor mismo.

Ahora, después de tres años, la iglesia ha visto algunos cambios maravillosos (aunque difíciles). Algunas personas están dispuestas a ajustarse y otras simplemente salen. Este pastor ofreció el cambio en la manera correcta por las razones correctas y de acuerdo al llamado de Dios. Con el tiempo, Dios realizó los cambios necesarios a través del proceso necesario. El llamado, carácter y valor de mi amigo están finalmente dando resultados.

En definitiva, el liderazgo significa ser obediente a la voluntad de Dios y comprometerse uno mismo de por vida a vivir para una audiencia de uno.

---

4. Integridad

La mayor realización personal inherente en el llamado de Dios es el sentido profundo de integridad obtenido como un resultado de permanecer fiel a él. El llamado cuando es claro y preciso, proporciona un poder interno que lleva a una convicción que dice: "Yo moriré haciendo lo que Dios quiere". Francamente, estamos perdiendo mucho de esto entre los líderes cristianos de hoy. Aquí, la fidelidad del líder es dirigida hacia el Padre y fluye de la obediencia a él. La persona llamada entiende que la vida en esta tierra es breve y que los años que Dios le ha dado deben ser invertidos en lo que Dios quiere. Los líderes bíblicos no viven para los placeres temporales proporcionados a través de las posiciones de liderazgo. Más bien, ellos tienen un sentido claro de lo que es verdaderamente su "asunto"; y por programación, lo que no es ninguno de sus asuntos. El resultado de vivir de tal manera es un sentimiento de que han permanecido fieles a sus valores más profundamente arraigados. Ellos viven y dirigen para una audiencia de uno. Estos son individuos que terminan su vida con pocas lamentaciones a pesar de los resultados obtenidos.

En las últimas semanas de su vida, el apóstol Pablo reflexionó sobre su liderazgo. Él hizo una gran declaración del cumplimiento e integridad personal en 2 Timoteo 4:7–8, una que cada líder bíblico debería aspirar a hacerse:

> *He peleado la buena batalla, he terminado la carrera, he guardado la fe. En el futuro me está reservada la corona de justicia que el Señor, el Juez justo, me entregará en aquel día; y no sólo a mí, sino también a todos los que aman su venida.*
>
> –2 TIMOTEO 4:7–8

¿Qué es un Llamado al Liderazgo?

En la Biblia cuando Dios tuvo una tarea para ser realizada o un estado futuro que él deseó para su pueblo, él llamó a un individuo para ir y dirigir a otros con el fin de cumplirla. Sin embargo, cuando nosotros hablamos acerca de un llamado al ministerio, nosotros no estamos necesariamente describiendo una voz del cielo, un destello de luz cegadora o una zarza ardiendo. Los llamados al liderazgo en la Escritura vinieron en ambas maneras sutiles y evidentes. Moisés tuvo un llamado bastante dramático a través de la zarza ardiendo. Del mismo modo, Dios vino a Abraham y habló explícitamente a él en una voz audible. Por otro lado, Ester sintió un impulso interno de Dios, movida por la necesidad del pueblo judío bajo la amenaza de exterminio. Nehemías supo acerca de los muros derribados de Jerusalén y después de meses de oración, él sintió la fuerte convicción que Dios quería que él dirigiera el esfuerzo para reconstruir los muros y restaurar la fe judía.

No sólo el llamado viene en diferentes formas, es también sentido en diferentes grados. Hay algunas cosas en la vida cristiana que no involucran el "Llamado" con una L mayúscula. Por ejemplo, hay mandamientos claros en la Escritura que simplemente debemos obedecer. Todos los cristianos están "llamados" en este sentido. Estamos llamados a orar, a expresar amor y bondad, a dar fielmente, a confesar los pecados, a compartir el evangelio y a servir a otros. Estos son asuntos de simple obediencia, enseñados claramente en la Biblia y estos indican un llamado al deber cristiano. Otros llamados son impulsos únicos del Espíritu Santo sentidos durante el transcurso del caminar en Cristo. Estos pueden incluir una guía especial para dar dinero a una persona o a una causa en particular, para asistir a un colegio en particular, para ir y hablar con alguien acerca de un asunto importante o para tomar una tarea de algún tipo.

Un llamado al liderazgo es diferente a una obediencia general cristiana o a los impulsos momentáneos del Espíritu Santo. Un llamado a dirigir es caracterizado como un impulso único de Dios para ser usado por él *para influir en otros* con el fin de lograr algún tipo de futuro que honre a Dios. Es específicamente un impulso para guiar a otros. Es un sentido interno de que Dios quiere usarme distintivamente no simplemente para lograr una tarea, sino para invertir en las vidas de personas y transformarlas para que juntos podamos reflejar la Gloria de Dios en la tierra.

Este llamado para influir puede ser cumplido al asumir una posición o título. También puede ser logrado por simplemente ser usado donde usted está y mientras está a través del poder del liderazgo personal. Las ilustraciones bíblicas incluyen gente tales como Abraham, Moisés, Josué, David, Ester, Nehemías, Juan el Bautista, Pedro, Pablo y muchos otros. Todos aceptaron un llamado de Dios y tomaron la responsabilidad de dirigir a otros de una manera transformadora.

> Un llamado al liderazgo no es sólo hacer algo para Dios. Significa un llamado a influir en otros para lograr algún propósito que trae gran Gloria a Dios.

Por ejemplo, los jueces y los reyes del Antiguo Testamento fueron encargados por su posición de dirigir al pueblo de Dios a un futuro que honrara a Dios—un futuro lleno de amor para Dios, devoción a su llamado como una nación y una creencia inquebrantable en el Dios de Abraham, Isaac y Jacob. Algunos cumplieron este propósito (Débora, Gedeón, David); otros no lo hicieron. Algunos líderes cumplieron este propósito a través del liderazgo militar y el restablecimiento resultante de la nación; otros lo hicieron a través de los medios políticos y las acciones de liderazgo. Su llamado estaba conectado a su posición de liderazgo y en esa posición, ellos dirigieron al pueblo de Dios a un futuro más alineado con el ideal de Dios. Su sentido de llamado fue capturado en la responsabilidad dada por Dios para dirigir al pueblo de Dios a su futuro ideal a través de su posición otorgada. Como tal, ese objetivo llegó a ser el objeto de su confianza en Dios.

Moisés fue llamado para ser un instrumento de Dios para liberar a los israelitas de la esclavitud. Este llamado incluyó no sólo la tarea de ir, sino también de buscar influir al Faraón y al pueblo israelita para cooperar con lo que Dios quiso hacer.

Josué fue llamado por Dios para reemplazar a Moisés y guiar a su pueblo a la tierra prometida. Este fue un llamado para influir a otros a llevar a cabo la voluntad de Dios. Dios dijo a Josué, "Sé fuerte y valiente, porque *tú serás quien guíe a este pueblo* para que tome posesión de toda la tierra que juré a sus antepasados que les daría". (Josué 1:6, NTV, énfasis mío). Fue un llamado a guiar al pueblo.

Nehemías se agobió por la destrucción de los muros de Jerusalén y él se sintió llamado a hacer algo acerca de esto. Esta no fue una tarea que él pudiera lograr por su propia cuenta. Parte de este llamado incluyó una influencia sobre el rey persa y también sobre la gente que ayudaría con la realización de este objetivo. La Biblia no registra la voz audible explícita de Dios, ni ninguna visión sobrenatural que esté asociada con lo que Nehemías sintió; y sin embargo se hace evidente a partir de los primeros dos capítulos de Nehemías que el copero no fue movido por sólo una emoción o una carga pasajera. Después de mucha oración y la provisión sobrenatural de Dios, él actuó sobre el propósito que lo consumía. La oración y el movimiento de Dios dentro de Nehemías marcó la diferencia entre simplemente sentir una carga emocional, un deseo profundo, o una motivación altruista y sentir un impulso de Dios para lograr un propósito que impactará e influirá en el pueblo de Dios—en otras palabras, un llamado.

El Nuevo Testamento contiene los mejores ejemplos de un llamado moderno en el liderazgo de Jesús y el apóstol Pablo. Jesús estaba obligado a cumplir un objetivo claro para lo que sabía había nacido: la redención de los hombres y las mujeres a través de su muerte expiatoria y su victoriosa resurrección. Consistente con su disposición interna, Jesús a menudo hizo declaraciones que expresaron su sentido del llamado:

- "yo he venido para que tengan vida, y para que la tengan en abundancia". (Juan 10:10)
- "porque el Hijo del Hombre ha venido a buscar y a salvar lo que se había perdido." (Lucas 19:10)
- "Porque he descendido del cielo, no para hacer mi voluntad, sino la voluntad del que me envió". (Juan 6:38)

- "Pilato entonces le dijo: ¿Así que tú eres rey? Jesús respondió: Tú dices que soy rey. Para esto yo he nacido y para esto he venido al mundo, para dar testimonio de la verdad. Todo el que es de la verdad escucha mi voz". (Juan 18:37)

El llamado de Pablo al liderazgo fue similarmente claro e irresistible. Él mismo supo que fue llamado a "ser ministro de Jesucristo a los gentiles" (Romanos 15:16). Mientras lo hizo de hecho ve una visión en un sentido sobrenatural, que resultó en un producto diferente que la profecía o la instrucción sobrenatural: resultó en un certero llamado al liderazgo.

> *al mediodía, oh rey, yendo de camino, vi una luz procedente del cielo más brillante que el sol, que resplandecía en torno mío y de los que viajaban conmigo. Y después de que todos caímos al suelo, oí una voz que me decía en el idioma hebreo: "Saulo, Saulo, ¿por qué me persigues? Dura cosa te es dar coces contra el aguijón."*
>
> *Yo entonces dije: "¿Quién eres, Señor?"*
>
> *Y el Señor dijo: "Yo soy Jesús a quien tú persigues. "Pero levántate y ponte en pie; porque te he aparecido con el fin de designarte como ministro y testigo, no sólo de las cosas que has visto, sino también de aquellas en que me apareceré a ti; librándote del pueblo judío y de los gentiles, a los cuales yo te envío, para que abras sus ojos a fin de que se vuelvan de la oscuridad a la luz, y del dominio de Satanás a Dios, para que reciban, por la fe en mí, el perdón de pecados y herencia entre los que han sido santificados." Por consiguiente, oh rey Agripa, no fui desobediente a la visión celestial.*
>
> —HECHOS 26:13-19

> *Por la noche se le mostró a Pablo una visión: un hombre de Macedonia estaba de pie, suplicándole y diciendo: Pasa a Macedonia y ayúdanos. Cuando tuvo la visión, enseguida procuramos ir a Macedonia, persuadidos de que Dios nos había llamado para anunciarles el evangelio.*
>
> —HECHOS 16:9–10

Acompañando al llamado de Pablo estaba la necesidad de influir a otros para unirse a él en la obra y conmover a los gentiles a quienes buscaba alcanzar con el evangelio. El llamado de Dios con respecto al liderazgo va más allá que la mera realización de unan tarea. Involucra la dinámica de afectar e influir a otros hacia la realización de la tarea.

Características de un Llamado al Liderazgo

1. El llamado al liderazgo viene de Dios a los hombres

Es Dios quien debe iniciar cualquier llamado para dirigir a otros. En el más puro sentido, no debemos elegir el liderazgo. Nos debe elegir a nosotros. Esto no quiere decir que el liderazgo no es posible sin el llamado. La gente dirige e influye a otros todo el tiempo sin ser guiados por Dios a hacerlo. Sin embargo, si vamos a lograr la forma más alta de liderazgo bíblico efectivo con resultados eternos, debe ser arraigado en un sentido profundo de obediencia a Dios y conectado a sus propósitos redentores.

Por lo tanto, el llamado del liderazgo es discernido cuando un líder se compromete a un proceso para determinar si es la voluntad de Dios o su propia voluntad. De lo contrario, ellos se pondrán en camino para ir y hacer cosas de su propia elección y en su propio poder. Esto último por supuesto es una receta para el fracaso, o por lo menos para lograr sólo resultados temporales. Pero cuando Dios llama, su poder llega a ser activo en la obra en nosotros y a través de nosotros porque la misión a la cual Dios nos llama es lo que *él* desea lograr. Lo que Dios comenzó, él lo completará.

El líder bíblico se ve a sí mismo como recibiendo un llamado del Padre, actuando en obediencia a él y dependiendo en el poder de Dios para lograrlo. Esto contrasta a alguien que tiene sueños y ambiciones y va a Dios haciendo peticiones, buscando su aprobación y pidiendo recursos para hacer sus deseos una realidad. Cuando los líderes se ven ellos mismos como recibiendo un llamado de Dios en lugar de iniciarlo, entonces el cumplimiento del llamado depende en Dios, no en ellos.

2. El llamado al liderazgo comienza con una necesidad espiritual

Dios impulsa a un individuo para dirigir a otros porque hay algo que busca corregir. Hay algo mal en el mundo que él quiere corregirlo, un vacío que quiere llenar o una necesidad que él quiere tratar. Abraham fue llamado para establecer una nación; Moisés fue llamado para liberar a los judíos de la esclavitud; Jesús fue llamado para redimir a la humanidad; Pablo fue llamado para llevar el evangelio a los gentiles. Esto representa cosas que Dios buscó hacer en el mundo y él llamó a hombres y mujeres para ser usados por él para hacer que sucedieran.

Puesto que esto es cierto, el llamado a dirigir a menudo es nacido en una tensión entre la manera en que son las cosas (la realidad actual) y la manera en que las cosas deberían ser (el ideal de Dios). Casi siempre comienza en un sentido de descontento; es decir, en el contexto de lo negativo. Sobre la convicción del líder de lo que Dios quiere corregir, él o ella se siente llamado y autorizado por Dios para hacer algo al respecto. Entonces el llamado se transforma en una visión positiva de lo que puede ser. En consecuencia, el llamado al liderazgo siempre tiene un componente moral: el llamado de Dios es lo que puede ser basado en lo que debería ser.

Un llamado al liderazgo no es primeramente acerca de soñar programas del ministerio o construir edificios. Es acerca de satisfacer las necesidades reales espirituales de las personas.

Sin embargo, debemos recordar, que el descontento no siempre equivale al llamado, Hay muchas cosas incorrectas en el mundo y ¡muchas razones para el descontento! Uno debe sentir un llamado específico de Dios y discernir si usted es el llamado para ir e influir en otros para abordar el problema. Con valor y fe, los llamados a dirigir van a salir a hacer realmente algo por los problemas que otros sólo negarán.

3. El llamado al liderazgo está orientado al futuro

Puesto que nuestro mundo está en necesidad, Dios desea traerle cambio y usa a líderes para ver que suceda. El llamado al liderazgo, entonces es acerca de la realización del estado ideal futuro de Dios para la gente con respecto a su posición o condición actual. Esto significa el rol esencial que un líder desempeña en la realización del llamado de Dios es la de un *agente de cambio*. Él o ella están llamados a ejercer influencia sobre el estado actual de los asuntos y la gente asociada con esto. Estos líderes llamados deben mostrar por adelantado el carácter y las competencias necesarias para producir un futuro diferente—uno que refleje la voluntad de Dios y su gloria a través de la transformación de la gente.

4. Una llamado a dirigir llega a una persona en particular para un propósito particular

Dios puede elegir cualquier manera por la cual cumplir su voluntad, pero generalmente, él escoge usar a un ser humano dispuesto a llevar a cabo el ideal de Dios por fe. Los líderes, por lo tanto son vasos único de Dios para el cumplimiento de la misión.

Algunas veces las personas son especialmente dotadas o posicionadas de tal manera que su carácter específico, personalidad, experiencias, posición o composición proporciona el contexto perfecto para que sean usados por Dios para influir en otros. Los ejemplos incluyen a José, Ester, y Nehemías. Si bien es cierto esto, la mayoría de los líderes en la Escritura no vieron fácilmente su lugar y experiencia únicas los posicionaron para ser usados por Dios. Sin embargo ellos emprendieron en fe—no porque ellos se sintieron calificados sino porque ellos desearon ser obedientes.

Muchos en la Biblia fueron usados por Dios no por sus habilidades y competencias, sino más bien por su sencilla disposición de ser usados. Seamos realistas—los discípulos no fueron las personas más calificadas. Pero no fue su *destreza* lo más importante, fue su *disponibilidad*. En su reconocimiento, estos hombres siguieron a Jesús cuando otros no lo seguían.

Vemos en la Biblia que el Dios que comenzó una obra *a través* de los líderes es también el Dios que comenzó una obra *en* ellos. Él los hace crecer a medida que los emplea. *Por lo tanto, la cualidad principal de aquellos que son llamados a guiar es su capacidad para una fe creciente, no sus habilidades, competencias o su capacidad.* Como alguien una vez dijo: "Dios no llama a los equipados; él equipa a los llamados". A menudo este equipamiento viene en la forma de desarrollo tanto de carácter como de una confianza mayor en Dios. En consecuencia, acompañando al llamado de Dios está la necesidad de obediencia y valor a favor del que está llamado.

5. La realización del llamado de liderazgo está más allá de la fuerza y los recursos del líder

En todos los casos del llamado de Dios en la Biblia, Dios provee sobrenaturalmente para los líderes más allá de sus propias habilidades. Dentro de ellos mismos, los líderes en la Escritura no tuvieron todo lo que era necesario para cualquier asignación. Dios suplió ambos recursos tanto los internos como los externos que ellos carecían.

Los líderes que son llamados deben abrazar el hecho de que ellos no poseen cada cosa que necesitan para la realización del llamado. Ellos deben confiar en Dios para proveer lo que es necesario. Además, Dios no provee por adelantado toda la fuerza y recursos necesarios. Él provee en el tiempo presente los recursos como se van necesitando. Los líderes bíblicos por lo tanto deben andar diariamente en confianza mientras Dios provee para un futuro aun no reconocido. Los líderes llamados por Dios nunca verán el camino completo. Ellos lo tienen que caminar de cualquier manera.

Hudson Taylor, el gran misionero en China, proclamó la promesa inherente en el llamado: "¡La voluntad de Dios hecha en la manera de Dios no va a faltar los recursos de Dios!" En verdad, Dios nunca nos dirige a donde su poder no nos pueda mantener. El llamado al liderazgo no es solo iniciado por Dios, es también sostenido y logrado a través del poder sobrenatural de Dios obrando en colaboración con la cooperación obediente y la respuesta de fe del líder.

Dios no proporciona todo lo que un líder necesita por adelantado al llamado. Él o ella debe poseer una fe en el presente que confía que Dios va a proveer lo que le falte en cada paso a lo largo del camino.

Discerniendo el Llamado

Discernir el llamado de Dios al liderazgo no siempre es sencillo. La tarea de discernimiento es en parte motivación, en parte necesidad, en parte contexto y en parte entender los propósitos eternos de Dios. Como en cualquier decisión acerca de la voluntad de Dios, hay ciertos principios que aplican: orar, leer la Biblia, meditar, recibir consejo de alguien piadoso y escuchar a Dios pacientemente. Uno debe también considerar las motivaciones internas, confesión de pecado y la disposición de obedecer en un rendimiento completo a lo que Dios quiere.

Si bien estos son comunes para entender la voluntad de Dios, discernir un llamado para dirigir tiene algunos aspectos distintos.

Tome por ejemplo a Nehemías. Él fue un judío exiliado en servicio bajo un rey pagano. Sin embargo él determinó que permanecería fiel aun en esta situación casi sin esperanza. Tal fue la disposición de muchos judíos en exilio quienes fueron grandemente usados por Dios (José, Ester, Daniel, Ezequiel). Nehemías fue recompensado por su fidelidad y carácter cuando él fue seleccionado para ser copero del rey. A través de las dificultades de servir en el exilio, Dios colocó a Nehemías en una posición única para ser usado de una manera maravillosa.

Un día, Nehemías recibió la palabra de su hermano que los muros de Jerusalén estaban en ruinas. Aunque esta noticia no equivalió a una acción inmediata, este reporte acerca de Jerusalén llego a ser el evento desencadenante para su llamado. Al oírlo, Nehemías fue destrozado.

> *Y cuando oí estas palabras, me senté y lloré, e hice duelo algunos días, y estuve ayunando y orando delante del Dios del cielo.*
>
> —NEHEMÍAS 1:4

La primera cosa que Nehemías hizo fue ir a Dios con su carga. El comenzó un largo proceso de tres a cuatro meses de derramar su tristeza delante de Jehová. Su oración comenzó por reafirmar a Dios (y posiblemente a él mismo) el carácter del Todopoderoso: "oh Señor, Dios del cielo, el grande y temible Dios, que guarda el pacto y la misericordia para con aquellos que le aman y guardan sus mandamientos" (Nehemías 1:5).

Nehemías confesó su pecado, los pecados de sus padres, y los pecados de la nación como un todo. Después él recordó a Dios explícitamente del pacto que Dios había hecho con Israel a través de Moisés. Esa promesa fue reunir de nuevo a todos aquellos quienes fueron esparcidos y quienes habían vuelto a Dios en sus corazones. Él terminó la oración pidiendo la intervención divina y la provisión en la relación ya establecida que tuvo con el rey Artajerjes: "haz prosperar hoy a tu siervo, y concédele favor delante de este hombre" (Nehemías 1:11).

Dios respondió la oración de Nehemías en el capítulo 2. Mientras Nehemías sirvió delante del rey, Artajerjes notó el rostro triste de su copero. Esto era riesgoso en sí mismo, ¡nadie pudo verse desagradable delante del rey! Sin embargo, podemos leer en el relato la naturaleza personal de su relación y la credibilidad que Nehemías había ganado con el rey. Cuando el rey le preguntó porque estaba triste, Nehemías dijo: "¿Cómo no ha de estar triste mi rostro cuando la ciudad, lugar de los sepulcros de mis padres, está desolada y sus puertas han sido consumidas por el fuego?" (Nehemías 2:3).

Este acto de valor de Nehemías proveyó el contexto para que Dios trabajara. Sorprendentemente, el rey preguntó a Nehemías lo que él quería hacer y lo que necesitaba para poder hacerlo. De nuevo con valor, el gran momento llegó, Nehemías elevó una oración rápida a Dios bajo su respiro y pidió permiso para ir a Jerusalén para reconstruir los muros (Nehemías 2:4–5). Él también pidió cartas para pasar seguro y recursos materiales para la construcción. Todo fue concedido sobrenaturalmente por Dios a Nehemías a través de Artajerjes: "Y el rey me lo concedió, porque la mano bondadosa de mi Dios estaba sobre mí" (Nehemías 2:8).

La experiencia de Nehemías nos proporciona una visión en discernir un llamado para guiar.

1. Un Despertar a la Necesidad Espiritual

¿Ha sido capturado por una visión para satisfacer una necesidad espiritual en otra persona o grupo de personas? En la Escritura cuando Dios llamó a un hombre o una mujer a dirigir, había una cierta realización poderosa, un momento de despertar que ocurrió en la mente de ese individuo. Algunas veces se produjo después de eventos desencadenadores dramáticos, tales como una visión, una voz audible, o una crisis de algún tipo—la zarza ardiente (Moisés), el pueblo judío enfrentando la exterminación (Ester), las noticias acerca de los muros de Jerusalén destruidos (Nehemías), una unción por el profeta Samuel (David), una visión que cambió el curso de un viaje (Pablo), los problemas con los falsos maestros y los ancianos corruptos (Timoteo). Estos sucesos se convirtieron en catalizadores para que estos líderes abrieran sus oídos para escuchar el llamado de Dios. Ellos se despertaron de una manera agitada a una necesidad espiritual que existía en el mundo.

En el contexto de hoy en día, el momento del despertar puede ocurrir cuando un individuo ve un grupo de gente sin el evangelio, una iglesia que no está cumpliendo su misión bíblica o un lugar donde la ruptura y la injusticia existe. A la larga, sin embargo, el llamado va más allá que la urgencia de satisfacer una necesidad material o emocional. Mejor dicho, el líder ve el verdadero vacío espiritual que existe detrás de la necesidad externa. El llamado de Dios es en última instancia y siempre acerca de la restauración y redención de la gente en relación con él.

Nehemías vio algo que otros no lo vieron. Él vio que los muros caídos de Jerusalén fueron más que simplemente piedras y cemento fuera de lugar. Jerusalén era el epicentro de la fe judía. Como Jerusalén iba, así iba la fe de los judíos. Para Nehemías los muros caídos simbolizaban una fe rota y reconstruyendo los muros era referente a reconstruir la fe judía.

Un llamado para dirigir es donde el cielo y la tierra se intersectan. Es donde la voluntad de Dios encuentra alguna necesidad real espiritual en el mundo. En un sentido es particular y local—esto es, hace una diferencia en las vidas de gente particular. Sin embargo en otro sentido el llamado de Dios está arraigado en lo universal y lo eterno. Es consistente con lo que Dios ha hecho históricamente y quiere hacer eternamente. Así, mientras que la expresión o método de llevar un llamado puede ser nuevo y único, el contenido del llamado no lo es. Más bien, es una parte de la obra primordial de Dios en la historia para redimir lo que le importa a él—es decir, las personas.

> Los líderes deben ser capturados por una visión para satisfacer las necesidades espirituales en otros. Esto es donde el liderazgo bíblico comienza y termina. Todo lo demás en el liderazgo es secundario para este objetivo.

---

2. Un sentido de selección por Dios

Los llamados a dirigir no solo *ven* lo que otros no, ellos *sienten* lo que otros no. Ellos sienten la *responsabilidad de Dios* para realmente hacer algo. ¿Por qué Nehemías fue el único desolado acerca de los muros de Jerusalén? ¿Por qué se sintió obligado a orar y al final a actuar? ¿Por qué no sus hermanos o muchos otros judíos que supieron acerca de la condición de Jerusalén? Fue porque Nehemías fue el único llamado a dirigir en este objetivo que daba honra a Dios.

Después de presenciar la necesidad, Nehemías sintió una incitación interna de orar. En otras palabras, las noticias acerca de Jerusalén no mandaron algún tipo de acción inmediata de su parte que no fuera la oración. A veces los líderes actúan primero y después oran. Nehemías, sin embargo, tomó de tres a cuatro meses para orar acerca de la necesidad, confesando y afirmando el carácter y la soberanía de Dios y pidió a Dios que hiciera algo.

Fue fuera de este contexto de oración que Dios proporcionó una oportunidad para la acción. La petición de Nehemías de permiso para ir, aunque valiente, no era un apéndice al contexto. Ni siquiera pudo haber sido una sorpresa para él. Más bien, era un decreto orgánico arraigado en el proceso hasta ese punto. Él oró y espero a que Dios hiciera algo. Cuando vino el tiempo, Nehemías estuvo listo. Así comenzó la gran aventura.

Además, había un obvio sentido dentro de Nehemías que él había sido seleccionado por Dios para ir. Para él, no hubo la voz desde el cielo, ni relámpagos brillantes o truenos. Su llamado fue fundado sobre un proceso de oración y reflexión. Fue basado sobre una necesidad en reconocimiento de la posición única que Dios lo había colocado para dirigirlo. Al final, el llamado de Nehemías fue por fe.

Para el líder llamado hay en efecto un sentido de selección—*una obligación arraigada en la obediencia a Dios*. A diferencia de los espectadores, los líderes bíblicos sienten que no ir sería desobediencia al Padre.

Clarificando preguntas para ayudar a discernir el llamado:

- ¿Siento una carga profunda acerca de la necesidad?
- ¿Estoy únicamente posicionado y/o dotado para dirigir la necesidad?
- ¿Siento que no dirigir la necesidad sería desobediencia a Dios?
- ¿Estoy obligado en mi espíritu con el deseo de hacer algo acerca de esto?

El llamado a dirigir, por lo tanto, surge donde una necesidad espiritual en el mundo es combinada con un sentido de selección divina de Dios:

DESPERTAR A LA NECESIDAD ESPIRITUAL
+ SENTIDO DE SELECCIÓN POR DIOS
= AL LLAMADO PARA DIRIGIR

Yo tenía diecisiete años cuando me convertí en un creyente. Como un cristiano joven y apasionado, crecí rápidamente en mi fe a través de las oportunidades en el discipulado, servicio y pequeños roles de liderazgo en el grupo de jóvenes. Mi pastor de jóvenes tuvo una gran influencia sobre mi vida. Él fue un modelo para mí, una vida de gozo y compromiso en el ministerio de tiempo completo. A la edad de diecinueve, mientras yo consideraba mi futuro y el gozo que estaba experimentando en servir y dirigir en el ministerio estudiantil, el impulso del Espíritu Santo me guio a visualizar una vida gastada en el ministerio vocacional. Esta posibilidad aún era ¡muy extraña para mí! Toda mi vida hasta hacía dos años desde ese punto, había estado espiritualmente perdido y no me congregaba. Por lo cual era originalmente extraña y temerosa para mí con el tiempo llego a ser atractiva y después creció en una carga interna. En realidad, fue un impulso de fe. Dios me estaba llamando.

En respuesta, comencé a orar. Mientras expresaba la posibilidad a mi pastor de jóvenes, él me dio consejo clarificador. Él me dijo: "Mike, si puedes hacer cualquier otra cosa con tu vida y estar contento, entonces haz eso como lo contrario al ministerio. Pero si tu sientes que esto es algo que tú *debes* hacer para ser obediente a Dios, entonces ten la fe para hacerlo".

Esto ayudó mucho. Yo comencé a sentir que no podía hacer nada más y ser obediente a Dios. En este sentido, un llamado de Dios es la última opción a otras elecciones de nuestra vida. No lo elegimos. Nos elige. Es la respuesta de fe a la pregunta de Dios "¿A quién enviaré? ¿Quién irá por nosotros?" (Isaías 6:8a) Mientras miraba un mundo que necesitaba a Cristo, se hizo obvio para mí que Dios me estaba seleccionando, llamándome, eligiéndome para hacer algo acerca de eso. Yo ya no pude negar o racionalizar más el hecho de que me estaba pidiendo que comprometiera mi vida, por fe, para guiar e influir en otros para Cristo y para hacer eso en el contexto del ministerio de la iglesia. "Entonces dije: "Aquí estoy yo. Envíame a mí" (Isaías 6:8b)

Por lo tanto, a través de ambos la necesidad en el mundo y el sentido de responsabilidad en el líder hay una voz divina diciendo, "¿Confías en mí para ser usado por mí?" En cada caso, los líderes fueron desafiados a dejar sus familias e ir a lugares desconocidos, lugares donde sus recursos individuales no fueron suficientes. Estos "lugares" no siempre fueron geográficos en naturaleza, pero siempre fueron aventuras del corazón. Siempre hubo los contextos donde las necesidades del momento fueron más grandes que los recursos del líder. Esto es por diseño—estos son ¡los mismos lugares para que Dios trabaje! De hecho, la insuficiencia del líder es una de las mayores razones para la aventura misma: llevarnos a un lugar donde lleguemos a ser totalmente dependientes en él y no en nosotros mismos, un lugar donde Dios sea glorificado en la tierra.

La fe de Nehemías no se terminó cuando le dieron el permiso de ir. Sólo comenzó ahí. Constantemente, desde la concepción hasta la finalización, un camino de fe acompañó su llamado a dirigir. Después de que el trabajo comenzó, él enfronto desafíos internos y externos. Sin embargo, a través de todos, Nehemías permaneció dependiendo de la fuerza de Dios y fiel a los valores que lo inspiraron a ir en primer lugar.

Un llamado a dirigir siempre acompaña a una pregunta de Dios: "¿Confiarás en mí para ser usado por mí?"

El Producto del Llamado de Dios: La Visión

Cuando Dios llama a un individuo para dirigir, y cuando por fe y obediencia esa persona acepta el llamado, él o ella naturalmente comienza a visualizar lo que el logro del llamado podría ser. Esa imagen ideal del futuro también viene de Dios. El Señor ayuda al líder a visualizar un estado futuro deseado para la gente en la que él o ella busca influir. Los líderes imaginan el poder de la voluntad de Dios hecha en su contexto particular del liderazgo. Ellos comienzan a sentir emoción y aun gozo sobre las posibilidades de lo que podría ser si la gente respondiera y confiara en el Señor. Ellos ven en su mente a Dios siendo glorificado, a la gente siendo transformada y las condiciones de inmoralidad, injusticia o de disfunción espiritual corregidas. Este es el nacimiento de la visión.

Visión es un término popular en el género del liderazgo, como ya lo hemos discutido. Ha sido usado para describir la imagen mental dentro de un líder de algo más de un futuro ideal. Las iglesias y las empresas del mismo modo han creado declaraciones de la visión que ayudan a enfocar a su gente hacia lo que es más importante.

Sin embargo, cuando miramos a la escritura, vemos que la palabra actual "visión" es usada raramente en el sentido que lo es hoy en día. El término en la Biblia casi se refiere exclusivamente a las revelaciones sobrenaturales que son proféticas o instructivas en naturaleza. Desafortunadamente, los autores cristianos han forzado porciones de la Escritura para acomodarse a sus ideas preconcebidas de la visión del liderazgo, aunque no haya justificación para hacerlo.

Tomemos por ejemplo el versículo frecuentemente citado de Proverbios 29:18: "Cuando no hay visión, el pueblo se desvía" (RVC). Muchos líderes cristianos usan este versículo para apoyar la importancia de la visión en la iglesia. Ellos dirían que cuando un líder no proyecta la visión, la iglesia es dañada y su declive es inminente, ya que rápidamente perderá la pasión, la motivación y el crecimiento numérico. Si bien eso puede ser cierto, la pregunta del intérprete bíblico llega a ser: ¿Esta realidad está apoyada por este versículo? Una mirada a otras traducciones consistentemente nos da algo más cercano a la interpretación de la NVI, "Donde no hay visión, el pueblo se extravía;" o más específica la de la RV1960 "Sin profecía el pueblo se desenfrena;" Ellos raramente citan la segunda mitad del versículo que termina el pensamiento: "... Mas el que guarda la ley es bienaventurado". El versículo advierte contra rechazar las revelaciones proféticas de Dios y en lugar promete felicidad a aquellos que honran los mandamientos de Dios.

<blockquote>La visión es una clara imagen del futuro ideal de Dios que fluye del llamado de Dios para dirigir a otros.</blockquote>

Si vamos a ser líderes bíblicos, lo menos que debemos hacer es ¡interpretar la Biblia con exactitud! Las interpretaciones y aplicaciones equivocadas son parcialmente la razón de la falta de poder y singularidad de aquellos en el liderazgo cristiano hoy en día.

Dicho esto, los principios y los precedentes de la Escritura revelan una forma de visión en las mentes y corazones de los líderes. Esta forma de visión del liderazgo (en oposición a la visión profética) ocurre sobre el fundamento del llamado de Dios y después de experimentar ese llamado. *Primero viene el llamado, después viene la visión.*

Por ejemplo, el apóstol Pablo experimentó una dramática conversión. Tras esa conversión, Pablo sintió un llamado profundo de Dios al liderazgo en la forma de compartir el evangelio con los gentiles:

> *Pero os he escrito con atrevimiento sobre algunas cosas, para así hacer que las recordéis otra vez, por la gracia que me fue dada por Dios, para ser ministro de Cristo Jesús a los gentiles, ministrando a manera de sacerdote el evangelio de Dios, a fin de que la ofrenda que hago de los gentiles sea aceptable, santificada por el Espíritu Santo. Por tanto, en Cristo Jesús he hallado razón para gloriarme en las cosas que se refieren a Dios.*

> *Porque no me atreveré a hablar de nada sino de lo que Cristo ha hecho por medio de mí para la obediencia de los gentiles, en palabra y en obra, con el poder de señales y prodigios, en el poder del Espíritu de Dios; de manera que desde Jerusalén y por los alrededores hasta el Ilírico he predicado en toda su plenitud el evangelio de Cristo. De esta manera me esforcé en anunciar el evangelio, no donde Cristo ya era conocido, para no edificar sobre el fundamento de otro; sino como está escrito: "Aquellos a quienes nunca les fue anunciado acerca de Él, verán, y los que no han oído, entenderán".*
>
> —ROMANOS 15:15–21

Como puede ver, este llamado fue potente y claro; y preparó la existencia de Pablo, inspirándolo a comenzar Iglesias, a predicar el evangelio en lugares hostiles a él, a clarificar doctrina y a equipar, habilitar y animar a los líderes en estas iglesias misioneras recién establecidas.

Fluyendo desde este llamado, la mente de Pablo fue llenada con el futuro más preferible para aquellos que él dirigió. Él vio en su mente un estado futuro ideal para aquellos que él amó e influenció. Dios concibió dentro de él las imágenes del cumplimiento de la voluntad de Dios. Y en muchas ocasiones, el apóstol expresó estas ideas inspiradas—lo que nosotros llamaríamos visión—para el futuro de aquellos a quienes él ministró. Estas ideas comprenden la esencia de la visión del liderazgo como se entiende de la Escritura. Son imágenes claras y convincentes de un futuro más ideal para el pueblo de Dios:

> **Para los Tesalonicenses:** *"así como sabéis de qué manera os exhortábamos, alentábamos e implorábamos a cada uno de vosotros, como un padre lo haría con sus propios hijos, para que anduvierais como es digno del Dios que os ha llamado a su reino y a su gloria." (1 Tesalonicenses 2:11–12). Visión: Pablo los visualiza caminando en Cristo y experimentando la vida en Cristo de una manera que refleja la Gloria de Dios.*

Para los Corintios: *"Os ruego, hermanos, por el nombre de nuestro Señor Jesucristo, que todos os pongáis de acuerdo, y que no haya divisiones entre vosotros, sino que estéis enteramente unidos en un mismo sentir y en un mismo parecer." (1 Corintios 1:10). Visión: Pablo visualiza la belleza del amor y la unidad tomando lugar entre aquellos en la iglesia de Corinto.*

Para los Filipenses: *"Y esto pido en oración: que vuestro amor abunde aún más y más en conocimiento verdadero y en todo discernimiento, a fin de que escojáis lo mejor, para que seáis puros e irreprensibles para el día de Cristo; llenos del fruto de justicia que es por medio de Jesucristo, para la gloria y alabanza de Dios." (Filipenses 1:9–11). Visión: Pablo visualiza el carácter piadoso y la justicia entre aquellos creyentes en Filipo.*

En Efesios 3, tenemos un pasaje que contiene descripciones en sucesión de ambos el llamado al liderazgo de Pablo (para alcanzar a los gentiles con el evangelio) y de su visión del liderazgo para la iglesia de Éfeso:

Llamado de Pablo al liderazgo: *"A mí, que soy menos que el más pequeño de todos los santos, se me concedió esta gracia: anunciar a los gentiles las inescrutables riquezas de Cristo."*

—EFESIOS 3:8

La visión de liderazgo de Pablo para la iglesia de Éfeso: *"Por esta causa, pues, doblo mis rodillas ante el Padre de nuestro Señor Jesucristo, de quien recibe nombre toda familia en el cielo y en la tierra, que os conceda, conforme a las riquezas de su gloria, ser fortalecidos con poder por su Espíritu en el hombre interior; de manera que Cristo more por la fe en vuestros corazones; y que arraigados y cimentados en amor, seáis* *capaces de comprender con todos los santos cuál es la anchura, la longitud, la altura y la profundidad, y de conocer el amor de Cristo que sobrepasa el conocimiento, para que seáis llenos hasta la medida de toda la plenitud de Dios."*

—EFESIOS 3:14–19

Moisés fue llamado para guiar a los israelitas fuera de Egipto. Una visión para su pueblo resultó y está registrada en el capítulo entero de Deuteronomio 6:

Escucha, oh Israel, el Señor es nuestro Dios, el Señor uno es. Amarás al Señor tu Dios con todo tu corazón, con toda tu alma y con toda tu fuerza.

—DEUTERONOMIO 6:4

Josué recibió un llamado al liderazgo para sustituir a Moisés y guiar al pueblo de Israel para conquistar la tierra prometida. Como un resultado, él expresó una visión irresistible de ese futuro para aquellos que él dirigió:

Recordad la palabra que Moisés, siervo del Señor, os dio, diciendo: "El Señor vuestro Dios os da reposo y os dará esta tierra." Vuestras mujeres, vuestros pequeños y vuestro ganado permanecerán en la tierra que Moisés os dio al otro lado del Jordán; pero vosotros, todos los valientes guerreros, pasaréis en orden de batalla delante de vuestros hermanos, y los ayudaréis, hasta que el Señor dé reposo a vuestros hermanos como a vosotros, y ellos también posean la tierra que el Señor vuestro Dios les da. Entonces volveréis a vuestra tierra y poseeréis lo que Moisés, siervo del Señor, os dio al otro lado del Jordán hacia el oriente.

—JOSUÉ 1:13–15

Nehemías fue llamado a reconstruir los muros de Jerusalén y a dirigir a un grupo de gente para lograr este llamado. Una visión convincente del estado espiritual futuro del remanente de judíos desarrollada dentro de Nehemías y él la expresó en conexión con su llamado para reconstruir (la visión futura irresistible está contenida en la frase "para que ya no seamos un oprobio"):

> *Entonces les dije: Vosotros veis la mala situación en que estamos, que Jerusalén está desolada y sus puertas quemadas a fuego. Venid, reedifiquemos la muralla de Jerusalén para que ya no seamos un oprobio.*
>
> –NEHEMÍAS 2:17

Beneficios de la Visión

Podemos pensar del llamado como algo que es interno y principalmente relacionado al líder. El llamado es donde él o ella comienza en el liderazgo. Es el inicio. La visión, por otro lado, es una imagen de lo que es el final y logrado. La visión pertenece a lo externo y está relacionada a la comunicación, la transformación y la inspiración de otros. La visión es la actualización convincente del llamado, produce imágenes de como luce un llamado cuando es cumplido. Un líder con un llamado de Dios quien es capaz de trasladar ese llamado en una visión clara, concisa y convincente es un líder que motiva a otros también. Cuando es comunicada apropiadamente por el líder, la visión asociada con el llamado de Dios inspira a otros para aceptar el desafío de una gran obra.

La visión es la actualización convincente del llamado; produce imágenes de como luce un llamado cuando es cumplido.

---

1. La visión une

La visión proporciona propósito y por lo tanto permite a la gente cooperar unos con otros y llegar a ser unificados. Esto es diferente a la tolerancia. La tolerancia es una dinámica pasiva y simplemente significa que la gente se soporta uno a otro. La unidad, por otra parte, es una fuerza activa caracterizada por el amor, la intención y una visión común. Dios quiere que en su iglesia no simplemente se tolere uno al otro, sino que lleguen a ser "del mismo sentir, conservando el mismo amor, unidos en espíritu, dedicados a un mismo propósito" (Filipenses 2:2).

Puesto que el logro de la visión es más grande y más importante que la agenda de cualquier persona, todos se someten y se reúnen en torno a su logro. La comunidad de la iglesia reconoce que la voluntad de Dios está en la estaca, que las necesidades espirituales deben ser llenadas y que las pequeñas diferencias deben ser puestas a un lado. La unidad fluye desde un propósito (Hechos 2:42–47). De hecho, sin el propósito claro las iglesias no pueden llegar a ser unificadas. El llamado, y la visión que fluyen de esto, produce un sentido claro del propósito que naturalmente une a las personas en amor, armonía y motivación.

2. La visión reduce el conflicto

Existe una correlación directa e inversa entre el grado de prominencia de la visión en una iglesia y el grado de conflicto en la iglesia. Inicialmente, mientras la visión puede actualmente producir conflicto con aquellos que están en desacuerdo con ella, con el tiempo la visión tiene la habilidad de clarificar el propósito de tal manera que la unidad debe resultar.

Cuando la visión es prominente, el conflicto se reduce. Cuando la visión no es prominente, el conflicto aumenta. Esto es porque cuando hay una falla en la visión, otras prioridades menos importantes van a tomar su lugar. Si el llamado de Dios no logra la atención de la gente, algo más lo hará. Son esos asuntos insignificantes los que a menudo crean conflicto y desacuerdo. La gente comienza a mirar críticamente las cosas menores en la iglesia y entre sí, en las pequeñas y en las personalidades. Ellos argumentan acerca del color de la alfombra y acerca de lo que el pastor dijo que a ellos no les gustó. Como Lovett Weems dice: "Sin una visión convincente habrá un vacío en el cual casi nada está pasando, pero en el cual casi cada problema llega a ser exagerado".[32] En verdad, la gente que no voltea su atención a la convincente naturaleza de la visión de Dios se voltean uno a otro.

3. *La visión proporciona contabilidad*

Las Iglesias son notorias por estar ocupadas, lugares activos con suficientes programas y ministerios. Sin embargo, con toda la ocupación a menudo miramos alrededor y nos preguntamos por qué no somos más eficaces en producir en traer el cambio. ¿Podría ser parte del problema que estamos ocupados haciendo cosas que no se mueven a la transformación? La declaración de Peter Drucker aplica bien aquí: "No hay absolutamente nada tan inútil como hacer con gran eficiencia lo que no debe ser hecho en absoluto".[33]

Una vez que una visión es establecida ante la gente, esta inherentemente proporciona un medio para la rendición de cuentas y la evaluación. Si la visión es prominente, la pregunta acompañante siempre será, "¿La estamos logrando?" Esta es una razón por lo que es más fácil no tener ninguna visión del todo—no hay rendición de cuentas cuando no se tiene. Pero cuando la visión es clara y bien comunicada, esta se convierte en una medida para el trabajo, la oración el esfuerzo y la obediencia a Dios. Esto ayuda a una iglesia no solo a estar ocupada, sino que la mantiene responsable de lograr la voluntad de Dios.

4. *La visión inspira y motiva*

Sin un sentido claro de la visión, la gente llega a estar frustrada, gastada y obstinada por una falta de significado en su trabajo. Ellos faltan propósito y no tienen mayor razón para el esfuerzo que están dando. Los líderes bíblicos son capaces de contextualizar las cosas aparentemente mundanas que la gente hace en la iglesia a un sentido más amplio de la visión de Dios. En la mente del líder, cada persona importa en la realización de la visión, y por lo tanto lo que hacen es importante. Cuando la gente entiende que ellos son una parte integral del gran despliegue del llamado de Dios, esto los obliga desde su interior. La visión les proporciona un propósito más grande que ellos mismos y por lo tanto un combustible interior por el cual servir, orar, dar, amar, desvelarse y levantarse temprano.

Existe una historia de Miguel Ángel durante la restauración de la Capilla Sixtina y su pintura del techo. Él pasó por donde estaba un trabajador de construcción en el camino hacia dentro y le dijo: "¿Qué está haciendo?" El hombre respondió, "Estoy poniendo un ladrillo". Él caminó más lejos y le dijo a otro trabajador, "¿Qué está haciendo?" El trabajador le dijo, "Estoy construyendo una catedral".

Hay una diferencia sorprendente entre la mente y el corazón de una persona que pone un ladrillo y la de una que construye una catedral. Uno tiene la visión y el otro no. Uno entiende el propósito más grande, el otro no. Los líderes bíblicos deben tener la capacidad de ayudar a la gente a ver como su actividad se suma a la visión para la obra mayor de Dios. Al hacer esto ellos proporcionan esperanza, inspiración y resistencia para aquellos que trabajan en el Señor.

Como Antoine de Saint-Exupéry dijo: "Si quieres construir un barco, no empieces por buscar madera, cortar tablas o distribuir el trabajo. Evoca primero en los hombres y mujeres el anhelo del mar libre y ancho."[34]

Cuando la Visión Falla

A menudo me preguntan acerca de aquellas veces cuando aparentemente la visión ha fallado. La gente se estableció con un llamado y una visión sin embargo, no la ve pasar. Mi respuesta es esta: Si la visión es verdaderamente de Dios, no nos ha fallado; más bien nosotros hemos fallado a la visión.

Algunas visiones fallan porque no estaban arraigadas en Dios en primer lugar. Más bien eran visiones distorsionadas que fluían de los propios sueños y deseos de un líder. Ellas pueden ser nobles, pero eran esencialmente sus planes, no la visión de Dios.

Las visiones dadas por Dios fallan por varias razones, pero casi todas están relacionadas con el líder o con los líderes responsables de administrarlas. El éxito de la visión no es simplemente en recibirla. Aprendemos de Abraham, Moisés, Nehemías, Pablo y otros que las visiones deben ser implementadas, manejadas y finalmente completadas en maneras que honren a Dios. Dios quiere usar al líder no sólo para recibir la visión sino para ser la principal herramienta usada para lograrla en el mundo. Por lo tanto, las habilidades dentro del líder para actualizar la visión también son vitales.

Podemos fallar la visión de muchas maneras.

La voluntad de Dios, mi manera

Los líderes tienen una manera de adelantarse a Dios en la implementación de la visión. En esencia ellos dicen, "Ahora que tengo la visión, *Yo* haré que suceda". Recuerde, las visiones no son sólo dadas por Dios, ellas también son financiadas por él. Eso significa ejecutar la visión al ritmo de Dios, no atrasarse debido al miedo y a una falta de valor, pero tampoco adelantarse a Dios debido a la presunción e impaciencia. La voluntad de Dios debe ser hecha a la manera de Dios.

Planeación pobre

Las visiones fallan porque los líderes hacen decisiones pobres en sus implementaciones. Cuando es aplicado, las visiones toman buena administración, pensamiento estratégico y comunicación clara. Nehemías es un gran ejemplo de un visionario quien planeó bien. Sus métodos organizados y su sabia planeación avalaron el éxito de su visión. Los líderes igualmente deben hacer el duro trabajo de la planeación.

Falta de fe

Dios usa la visión como una manera de hacer crecer la fe de un líder y la fe de la gente que la recibe. Esto puede ser uno de los objetivos más importantes de Dios cuando él llama y da la visión en primer lugar: para hacer que dependamos en él para que podamos encontrarlo absolutamente confiable. Si nos falta fe y valor, faltamos los recursos internos esenciales para que la visión sea vista hasta el final. La visión es acerca del trabajo de Dios y los líderes deben verla en sus mentes, sentirla en sus corazones y confiar en Dios a cada paso a lo largo del camino.

Publicar la visión prematuramente

Si bien las visiones dirigen una necesidad urgente, no son reacciones apresuradas. Por lo tanto, no deben de ser comunicadas prematuramente. Nehemías tomó meses para orar y considerar su llamado y la visión. Además, él esperó pacientemente el tiempo correcto para revelar la visión a aquellos que le ayudarían a implementarla:

> *Pero no informé a nadie lo que mi Dios había puesto en mi corazón que hiciera por Jerusalén.*
>
> —NEHEMÍAS 2:12

> *Entonces entré de nuevo por la puerta del Valle y regresé. Los oficiales no sabían adónde yo había ido ni qué había hecho, ni tampoco se lo había hecho saber todavía a los judíos, ni a los sacerdotes, ni a los nobles, ni a los oficiales, ni a los demás que hacían la obra.*
>
> —NEHEMÍAS 2:15–16

El apóstol Pablo también pasó tres años en preparación para su ministerio antes de lanzarse por una visión misionera y comunicadora (Gálatas 1:17).

Hay un paso y un ritmo para la visión. He conocido a líderes que han ido a una conferencia de iglesia una noche, recibido una "visión" de Dios, y la compartieron a la mañana siguiente en la iglesia con la congregación. Una visión que es publicada prematuramente como esta es una visión no bañada en oración; es una visión donde un líder no ha calculado el costo; y es una visión donde otros no han tenido el tiempo para considerar tanto su necesidad como su validez.

Mala comunicación

Las visiones deben ser comunicadas clara, consistente y creativamente. Si las visiones son confusas, aburridas, poco claras o absurdas; si ellas no están presentes siempre y en todo en la toma de decisiones y prácticas; o llegan a ser temas consistentes de conversación; si sólo son compartidas por una persona en una forma unidimensional; si ellas sólo pertenecen al líder y no a otros; ellas van a fallar.

La comunicación de la visión es vitalmente importante en este día y en esta era. Sin embargo, esto va más allá de sólo palabras habladas. En un sentido real, la visión es capturada, no enseñada. Esto significa que la visión no solo debe ser *compartida* por palabras verbales e impresas, sino también *mostrada* a través de historias, experiencias, ilustraciones, videos, testimonios, etc.

Haciéndolo acerca de uno mismo

Los líderes tienen una manera de convertirse en los objetos del cambio en lugar de los agentes del cambio. Cuando los líderes llaman la atención a ellos mismos y hacen la visión acerca de su imagen, su ministerio y su futuro, entonces la visión falla o peor aún, tiene éxito en lo incorrecto. Las visiones, al final, son acerca de Dios y su gloria sobre la tierra.

Los líderes deben apuntar a la gente hacia la visión y no hacia ellos mismos. Ellos deben apuntar a la gente hacia el verdadero autor de la visión, nuestro Gran Dios en el cielo. Ellos deben permanecer lo suficientemente humildes como para desviar de sí mismos cualquier gloria que se deba a Dios. Una visión como esta es una visión que perdurará.

Falta de integridad

Los líderes no pueden demandar de otros lo que ellos no están dispuestos a dar ellos mismos. A veces los líderes comunican la visión en términos de costo y sacrificio pero no están dispuestos a pagar el precio. Cada visión demanda un conjunto de creencias y comportamientos de parte del líder. Él o ella debe estar dispuesto a dar no solo lo que otros están dispuestos a dar, sino más. Sin tal compromiso, un líder carece de integridad. Sin integridad, no hay confianza. Sin confianza, la gente no seguirá.

Renunciando

Bastante simple, muchas visiones fracasan porque los líderes renuncian a ellas. Mantener la visión llega a ser difícil y desafiante. Demanda fe y sacrificio. Estas dificultades desgastan al líder hasta el punto donde llega a ser más fácil simplemente renunciar. Sin embargo, los líderes que renuncian en la implementación de la visión pueden no haber poseído la visión lo suficientemente profundo desde el principio. El líder debe poseer la visión personalmente al grado que ellos nunca podrían renunciar a ella. Esto debe pasar en sus mentes y sucederá con valor y perseverancia.

Algunas veces los ajustes deben ser hechos. Tal vez hemos ejecutado la visión de la manera equivocada. Tal vez hemos permitido que nuestro impulso por el logro de la visión mine nuestro matrimonio y familia. Tal vez hemos cometido errores. Estas cosas pasan en el ministerio y durante el transcurso de vivir la visión. Sin embargo, casi cualquier error puede ser redimido y rectificado por un líder arrepentido y humilde. La visión, aun en la fase de falla, puede ser redimida sin tener que rendirse.

Hacer grandes correcciones en el transcurso no es lo mismo que abandonar la visión. Nuestro estímulo es que Dios usa todas las cosas—errores y éxitos por igual—para formarnos a la imagen de Jesús y enseñarnos cómo sobrevivir y vivir dentro del llamado y la visión que él ha provisto. Las dificultades que enfrentamos mientras intentamos llevar a cabo la visión no son necesariamente aleatorias. Ellas pueden de hecho ser herramientas necesarias en moldearnos para ser el tipo de líder que Dios necesita para traer esta visión a otros y para verla hasta el final.

Preguntas de Repaso del Capítulo

1. Explique el concepto de valentía falsa.
2. ¿Cómo puede un llamado claro y preciso de Dios capacitar a los líderes para aguantar a través de la dificultad?
3. ¿Cómo es diferente un llamado al liderazgo de la obediencia cristiana o de las urgencias momentáneas del Espíritu Santo?
4. Liste tres características comunes de un llamado del liderazgo. Explique cada una brevemente.
5. ¿Por qué es importante entender que el llamado del liderazgo viene de Dios a los hombres y no al revés?
6. Explique la necesidad espiritual que desencadenó el llamado de Nehemías al liderazgo.
7. Describa cómo alguien discierne el llamado de Dios a liderar.
8. ¿Cuáles son cuatro preguntas que aclaran y ayudan a discernir el llamado que está basado en la necesidad espiritual?
9. Explique la relación entre el llamado y la visión.
10. ¿Cuáles son cuatro beneficios para la visión del líder?
11. Explique su llamado para dirigir. ¿En qué manera Dios lo ha llamado para influir en otros para su gloria?
12. Liste y explique tres razones por las cuales las visiones fallan.

CAPÍTULO CINCO

Competencia: Las Prácticas Del Líder

"Y él los pastoreó según la integridad de su corazón, y los guio con la destreza de sus manos".

–SALMOS 78:72

Aunque son tan importantes, el carácter como el de Cristo y un llamado de Dios, solos no resultarán en la práctica del liderazgo bíblico efectivo. Los líderes con carácter y llamado pueden ser amados, pero ellos no serán seguidos a largo plazo si son incompetentes.

Con toda la profundidad de carácter que poseyó, junto con el llamado que impulsó su vida, Jesús también fue un líder hábil y competente. Entre otras cosas, Él comunicaba bien, entendió las dinámicas de la cultura, dirigía el cambio, lidiaba eficazmente con el conflicto y desarrolló a aquellos que dirigió.

El carácter y el llamado de Jesús se conectaron con sus competencias en por lo menos dos maneras. Primero, fundaron sus habilidades en una motivación moral apropiada. Debido a la vida integrada que Jesús dirigió, Él nunca usó sus habilidades como una manera de engañar o manipular a otros. Más bien, *quien Él era* como un líder (su carácter piadoso y llamado) fue auténticamente conectado a lo *que Él hizo* como un líder (sus competencias). Segundo, su carácter y llamado aseguraron la dirección de esas competencias hacia el cumplimiento de su misión. Las habilidades de liderazgo de Jesús no fueron practicadas aleatoriamente o sin intención. Sus competencias fueron dispositivos integrados que conducían hacia el cumplimiento de su propósito de honrar a Dios. Sus habilidades de liderazgo fueron un medio para un fin. Ellas fueron instrumentos clave que expresaron su carácter y lograron su llamado.

Las habilidades y competencias en sí, tienen una manera de atraer a la gente a un líder. Las habilidades impresionan, pero cuando ellas son combinadas con el carácter y el llamado, los líderes no solamente impresionan a otros, ellos los impactan de maneras duraderas. Es la diferencia entre sólo ser admirado, como muchos líderes lo son, y ser un agente de cambio, como los líderes necesitan ser.

Los estudiantes de liderazgo deben llegar a entender tanto las habilidades esenciales comunes para todo el liderazgo efectivo como el de Cristo como las habilidades únicas de quien son ellos como individuos. El primero significa que uno descubre de la Palabra de Dios las competencias comunes de los líderes bíblicos efectivos. Lo último significa que uno descubre sus dones espirituales, competencias naturales, personalidad única y pasiones dadas por Dios.

Este texto tratará cinco habilidades comunes y efectivas del liderazgo como se encuentran en la Escritura. Se les anima a los estudiantes a buscar recursos fuera de este libro que los dirigirán a entender sus dones espirituales, pasiones y personalidades únicos.

Cuando las habilidades son combinadas con el carácter
y el llamado, los líderes no sólo impresionan a otros,
ellos los impactan de maneras duraderas.

Las Habilidades Esenciales para el Liderazgo Bíblico

El carácter debe ser desarrollado con el tiempo y a través de experiencias que desafían y traen pruebas. Por otra parte, las habilidades pueden ser aprendidas a través de un espíritu dispuesto y la diligencia. El carácter es un proceso de crecimiento interno. Las habilidades del tipo que examinaremos aquí son asimiladas de afuera hacia adentro y por lo tanto pueden ser estudiadas, adquiridas y finalmente practicadas. Los líderes que están comprometidos y enseñables son líderes que pueden llegar a ser competentes en maneras que naturalmente no lo son.

Mientras miramos a través del Nuevo Testamento y en particular en la vida de Jesús, descubrimos cinco competencias esenciales comunes para el liderazgo efectivo. Ellas se colocan al frente del liderazgo mismo y por lo tanto deben ser asimiladas en la práctica de un líder. Dicho de otra manera, a menos que los líderes estén practicando estos cinco elementos esenciales, ellos no están dirigiendo en lo absoluto.

Competencia #1: Comunicación Efectiva

Los planes y los propósitos más grandes del ministerio no pueden ser logrados si no son comunicados clara y convincentemente. Lo que un líder dice y cómo lo dice son herramientas poderosas para traer vida, inspiración, unidad y dirección. Sin embargo, muchos líderes nunca consideran conscientemente como ellos comunican. Ellos hablan sin propósito y algunas veces en maneras que socavan las mismas cosas que buscan lograr.

Comunicación Interpersonal

Los líderes constantemente interactúan con otros individuos en el transcurso del trabajo cotidiano. Estos momentos, más allá que permitir el intercambio de información, también son oportunidades maravillosas para construir la buena relación y credibilidad. El efecto acumulativo de tales interacciones genera una perspectiva acerca del líder dentro del seguidor. Los líderes construyen la confianza y producen un sentido de equipo y unidad a través de estos intercambios; y la comunicación es el principal vehículo a través de la cual esto ocurre. Los líderes que ven estas interacciones simplemente como intercambio de información, no captan la verdadera naturaleza de lo que ellos significan y del potencial que ellos tienen.

El libro de Efesios fue escrito con el propósito de construir unidad y madurez entre los miembros de la iglesia en Éfeso. La clara advertencia de Pablo en el capítulo 4 gira en torno a las cualidades de la unidad y madurez (vv. 1–6) y pone en vigor el papel clave de los líderes en producirlas (vv. 11–13):

> *Yo, pues, prisionero del Señor, os ruego que viváis de una manera digna de la vocación con que habéis sido llamados, con toda humildad y mansedumbre, con paciencia, soportándoos unos a otros en amor, esforzándoos por preservar la unidad del Espíritu en el vínculo de la paz. Hay un solo cuerpo y un solo Espíritu, así como también vosotros fuisteis llamados en una misma esperanza de vuestra vocación; un solo Señor, una sola fe, un solo bautismo, un solo Dios y Padre de todos, que está sobre todos, por todos y en todos… Y Él dio a algunos el ser apóstoles, a otros profetas, a otros evangelistas, a otros pastores y maestros, a fin de capacitar a los santos para la obra del ministerio, para la edificación del cuerpo de Cristo; hasta que todos lleguemos a la unidad de la fe y del conocimiento pleno del Hijo de Dios, a la condición de un hombre maduro, a la medida de la estatura de la plenitud de Cristo.*
>
> —EFESIOS 4:1–6, 11–13

A través del resto del capítulo, Pablo instruye a la iglesia en cómo lograr la unidad y la madurez—y el contexto predominante es el tema de la comunicación interpersonal. Estos principios son importantes para la iglesia como un todo, y dado el contexto, tienen la aplicación particular para sus líderes.

1. La comunicación debe ser compasiva

Sino que hablando la verdad en amor, crezcamos en todos los aspectos en aquel que es la cabeza, es decir, Cristo.

—EFESIOS 4:15

Este pasaje es una advertencia para el cuerpo de Cristo para que hablen la verdad uno al otro. Necesitamos un compromiso con la verdad y la autenticidad, e indudablemente esto también es cierto para los líderes. Los líderes deben tener el valor para decir lo que otros no están dispuestos a decir. Pero algunas veces los líderes se comunican duramente y causan irritación. Pablo dice que la madurez en Cristo significa que cuando hablamos la verdad, lo hacemos con la meta de amor. Esto es opuesto a la meta de ser castigador o de demostrar que tenemos la razón. El apóstol decreta la manera amorosa en la que la verdad debe ser hablada. Él dice que en la comunicación, uno puede estar absolutamente correcto e incluso verdadero y sin embargo desobedecer y deshonrar a Cristo por la actitud en la que uno habla. La verdad, Pablo dice en este pasaje, que debe ser comunicada de manera redentora, es decir, con el objetivo de ganar a la otra persona.

Muchos líderes sienten que están correctos y veraces en lo que dicen, sin embargo, queman puentes en sus relaciones por la manera en que lo dicen. En Cristo, no tenemos el derecho de decir lo que queremos decir; sin embargo, queremos decirlo. La Biblia es clara en que debemos controlar nuestra lengua, incluso cuando se transmita la verdad, porque ella puede causar daño a otros (Santiago 3:1–12). Esto es particularmente cierto en las palabras de un *líder*. La gente escucha más cuidadosamente a los líderes y les importa más profundamente lo que ellos dicen porque en la mente de un seguidor, correcto o incorrecto, el juicio de un líder importa más que el de otras personas. Hay una manera de hablar valientemente, con instrucción clara y corrección, sin embargo, no arrogante o cruelmente. Pablo lo hizo todo el tiempo en su ministerio, y él lo ordena aquí. Nuestras palabras son una mayordomía sagrada y nosotros como líderes debemos manejarlas cuidadosamente.

> En la comunicación, uno puede estar absolutamente correcto e incluso verdadero y sin embargo desobedecer y deshonrar a Cristo por la actitud en la que uno habla.

2. La comunicación debe ser sincera

Por tanto, dejando a un lado la falsedad, hablad verdad cada cual con su prójimo, porque somos miembros los unos de los otros.

—EFESIOS 4: 25

El versículo 25 nos da la otra cara de la moneda de decir la verdad. Mientras que el versículo 15 es acerca de la comunicación afirmativa y activa de la verdad, el versículo 25 se refiere al engaño y el encubrimiento pasivo de la verdad. En el versículo 15 Pablo enfatiza el expresar la verdad. En el versículo 25 con la frase "dejando a un lado la falsedad", el énfasis está sobre no ser engañoso. Hay una diferencia sutil pero importante entre activamente hablar la verdad con otros y pasivamente retener la verdad de otros. Dejando a un lado la falsedad significa no esconder o tergiversar lo que es verdadero y preciso.

Los líderes que hablan la verdad en amor y no encubren lo que es verdadero son líderes que son confiables y creíbles. A menudo, los líderes son buenos en comunicar noticias positivas pero tienden a blanquear las negativas. Ellos pueden desviar la responsabilidad de ellos mismos y minimizar el impacto de una mala decisión o pueden enteramente esconder noticias decepcionantes, temiendo que pueda ser percibido como un reflejo de su liderazgo. Los líderes bíblicos auténticos deben tener el tipo de integridad que comunique precisa y honestamente en todas las circunstancias, buenas y malas. Los líderes que admiten cuando están equivocados o que pudo haberse hecho mejor pueden ser, y serán confiables. Los líderes que dicen la verdad acerca de la decepción y los contratiempos, serán creíbles cuando vengan las cosas buenas.

Hablar la verdad a otros asume una disposición particular dentro del líder: él o ella debe tener un compromiso valiente a la objetividad por medio de la perspectiva de Dios. Esto significa que los líderes se apartan de las circunstancias, el ministerio y la gente para ver lo que Dios ve, nunca definiéndose ellos mismos por completo por el contexto positivo o negativo que los rodea.

Para los líderes, poner a un lado la falsedad significa que cuando la dificultad viene, ellos saben que esas cosas nunca son tan malas como otros podrían pensar, porque Dios siempre está trabajando. Los líderes están por encima de esos momentos, sabiendo que siempre hay una oportunidad para que Cristo sea glorificado y siempre una ocasión para que lo bueno venga aun en los momentos más desafiantes. Los líderes entienden que las soluciones bíblicas son la salida a cualquier situación difícil y lo que los impulsa a comunicar la esperanza verdadera a otros. En este sentido, los líderes son eternamente optimistas. Ellos se comunican positivamente con su gente aun mientras reconocen lo negativo. Ellos tienen una manera auténtica de comunicar las necesidades, los problemas y las respuestas a las dificultades sin causar que la gente se descorazone. Al mismo tiempo, las cosas nunca son tan buenas como algunos pueden presumir. Dios siempre tiene un futuro para que lo persigamos de este lado del cielo. Siempre hay espacio para el crecimiento y el perfeccionamiento. Siempre hay una visión que perseguir. Así que mientras se celebran las victorias y los éxitos, los líderes los ven como regalos de gracia de las manos de Dios y reconocen que esos éxitos son sólo lugares de descanso temporales y no victorias finales.

Esto es lo que significa que los líderes sean conducidos por la verdad, no por las circunstancias o los sentimientos. El líder consecuentemente comunica una presencia no ansiosa ante la gente cuando los tiempos son duros, sin embargo, nunca se vuelve presuntuoso cuando las cosas son buenas, tomando falsa comodidad en la manera en que las cosas son o asume que los problemas nunca volverán.

> Los líderes entienden que las soluciones bíblicas son la salida a cualquier situación difícil y lo que los impulsa a comunicar la esperanza verdadera a otros.

3. *La comunicación debe ser actual*

Airaos, pero no pequéis; no se ponga el sol sobre vuestro enojo, ni deis oportunidad al diablo.

—EFESIOS 4:26–27

La aplicación inmediata de los versículos 26–27 es que cuando otros nos ofenden al punto del enojo, debemos de resolver el conflicto pronto. Haciendo eso se desvanece el enojo, permite que el perdón sea intercambiado y se anticipa a los intentos de Satanás de incrustar amargura en nuestros corazones. La idea de Pablo es que el pueblo de Dios mantenga su enojo sólo temporalmente, porque el enojo tiene una forma de acumularse sobre el tiempo. Las ofensas guardadas de un día a otro tienen una forma de crecer y crear resentimiento. Lo que comienza como algo pequeño se convierte en más grande cuando no es tratado o comunicado—el cerrito proverbial se convierte en una montaña.

Pero cuando Pablo dijo "no se ponga el sol sobre vuestro enojo" en el contexto de construir la unidad a través del habla, él también proporcionó un gran fundamento para la comunicación en el liderazgo. Los líderes tienden a generar enojo entre sus seguidores cuando no se comunican en formas de tiempo presente. Conforme pasa el tiempo, la gente que no sabe lo que está pasando se guarda el beneficio de la duda acerca de sus líderes y pueden eventualmente llegar a desconfiar y estar resentidos con ellos. Los líderes que poseen el carácter y además buenas habilidades de liderazgo *pero no se comunican con los otros de una manera oportuna* están expuestos a la crítica innecesaria. Ellos no "cierran el círculo" o dan buen seguimiento con la gente. Ellos no dan información adecuada a la gente en el momento que la necesitan. Al final, estos líderes crean una forma de descontento dentro de los seguidores. En consecuencia, el diablo es capaz de ganar un punto de apoyo y minar su liderazgo ante otros. Si por el contrario, la comunicación en tiempo presente ocurre oportunamente, esta forma de enojo puede ser evitada.

Los líderes por definición son los que están en el conocimiento y debido a esto a menudo subestiman la necesidad de comunicarse con los demás. Comunicar de antemano y responder de manera oportuna construye la credibilidad, comunica valor a los subordinados y da a la gente un sentido apoderado de que ellos saben lo suficiente para realizar sus trabajos. Esto también ayuda a todos a sentirse integrales a la dirección de la organización.

En resumen: los líderes deben comunicarse temprano y a menudo con los afectados por sus decisiones y acciones. Esto significa compartir la información correcta con las personas correctas en el tiempo correcto. De lo contrario, la gente comenzará a inventar las cosas y llenar los vacíos dejados por el líder. (Para la otra cara de este principio, ver "Otros Fundamentos de la Comunicación" más adelante.)

4. La comunicación debe ser constructiva

No salga de vuestra boca ninguna palabra mala, sino sólo la que sea buena para edificación, según la necesidad del momento, para que imparta gracia a los que escuchan.

–EFESIOS 4:29

Las palabras de un líder siempre deben ser edificantes. Si bien, es importante comunicar la *información*, también existe la necesidad de comunicar *inspiración*. Comunicar constructivamente significa hablar al corazón tanto como a la mente. Los buenos líderes aprenden a hablar lo mejor de los demás, no lo peor. Por lo que ellos dicen, golpean dentro del sentido de estima de las personas y hablan a su potencial.

Los líderes pueden subestimar la importancia de este tipo de comunicación. Ellos se sienten inspirados y apasionados, y presumen que otros también lo están. Sin embargo, la mayoría de la gente no tiene el mismo nivel de compromiso y pasión que un líder tiene y a veces, aquellos a quienes dirigimos se descorazonarán. Los líderes son impulsados por la visión. Esta los sostiene en maneras poderosas. Aquellos a quienes dirigimos son impulsados no sólo por la visión *sino también por la valoración del líder hacia ellos.* La mayoría de la gente no solo sigue una visión: ellos siguen al líder que personifica esa visión. Como el líder los percibe, ellos se perciben a sí mismos. Como el líder cree en ellos, así creen ellos en sí mismos. Hablar a los que dirigimos en maneras edificantes es esencial para la influencia efectiva. En pocas palabras, necesitamos edificar a otros con nuestras palabras.

La mayoría de la gente no solo sigue una visión: ellos siguen al líder que personifica esa visión.

Dar las gracias a aquellos que dirigimos, hablándoles de su potencial, alabándolos por sus esfuerzos y resultados, recompensándolos, desafiándolos a ir más arriba, dándoles el crédito en lugar de tomar su crédito para nosotros, escribiendo notas, dando afirmación públicamente; todos estos son medios válidos de edificación, siempre y cuando sean sinceros. Y por supuesto, hay muchas otras maneras de edificar a otros también.

Thomas Carlyle dijo: "Llama valiente a un hombre y lo ayudarás a serlo". Nuestras palabras, particularmente como líderes, tienen un impacto profundo sobre la motivación y satisfacción de aquellos a quienes dirigimos. Con el tiempo, ellos se convierten en profecías auto realizables tanto en nuestra gente como en nuestras organizaciones.

Parte de edificar a otros significa que celebremos triunfos y contemos historias de éxito. Las pequeñas y frecuentes comunicaciones de este tipo construyen un sistema de creencias en que algo grande del tamaño de Dios está pasando. A lo largo forma una cultura que es positiva y edificante. La gente quiere trabajar en un ambiente estimulante y les encanta escuchar historias positivas de la vida real—historias de cambios de vida y de obras milagrosas de Dios. Historias que ilustran la diferencia que están haciendo a través de su servicio y sacrificio. Estas cosas probablemente están pasando cada semana en su organización. Usted como líder debe *verlas*—usted debe tener una perspectiva del trabajo positivo que Dios está haciendo y entonces, usted debe estar consciente y comprometido a compartir estas historias inspiradoras con aquellos que siguen su guía.

Esta habilidad, como todas las demás, señala algo necesitado en el corazón del líder y demuestra de nuevo la necesidad de fundamentar lo que practicamos en quienes somos. Para que la comunicación edificante sea auténtica, los líderes deben creer verdaderamente en el potencial de otros y ver lo mejor en ellos. Como líderes limitamos a otros por lo que *creemos* que harán y llegarán a ser. En esencia, suministramos el "no" para ellos antes de la pregunta y la oportunidad. Los líderes que se comunican en maneras positivas y edificantes son líderes que en realidad perciben a las personas de maneras positivas y edificantes y por lo tanto influyen en ellas a hacer y a llegar a ser más. ¿Usted lo hace?

Comunicación Organizacional

No sólo los líderes se comunican en una forma interpersonal, ellos deben también comunicarse en maneras efectivas para la organización como un todo. Es aquí donde la comunicación llega a ser acerca de instruir e inspirar a todo el cuerpo, no sólo a un individuo o a un grupo de trabajo. Jesús habló interpersonalmente a las personas, pero él también se comunicó a grupos más grandes y multitudes. Él tenía una visión corporativa y un conjunto de ideales compartidos para la iglesia universal y los comunicó poderosamente (ver Mateo 16:18, Mateo 18:15–19, Mateo 28:18–20, Juan 13:35, Juan 17:1–26). En el establecimiento de la iglesia del Nuevo Testamento, se fijaron amplias estructuras de toma de decisiones y canales de comunicación. Se le ordenó a toda la iglesia que abrazara los mensajes poderosos de propósito colectivo, valores operacionales y verdades espirituales.

Estos aspectos de la comunicación van más allá de nuestras interacciones individuales y en competencias necesarias para el liderazgo corporativo. Cuando las siguientes habilidades y mentalidades son aprendidas y aplicadas, los líderes tienen el potencial para mover cuerpos enteros de gente a un futuro convincente compartido.

1. Una mentalidad corporativa

El "liderazgo corporativo" tiene una connotación negativa en la iglesia porque hemos igualado la palabra *corporativo* con *corporación*. En verdad, los líderes bíblicos deben pensar corporativamente—no en un sentido de negocio, sino en el sentido de pensar en todo el cuerpo (*corpos* viene del Latín para *cuerpo*). Algunas veces los líderes ven sólo los árboles individuales y no todo el bosque. Esto los conduce a una forma de micro-liderazgo que los mantiene demasiado ocupados e incapaces de ver todo el panorama. Los líderes bíblicos deben de tener la mentalidad de retroceder de los detalles diarios y ver a dónde se dirige el ministerio como un todo. ¿Todos van en la misma dirección? ¿Qué comunicación es necesaria para mover e inspirar al grupo como un todo? ¿Tenemos un sentido de destino compartido? ¿A dónde quiere Dios que vaya el grupo como un todo? ¿Cuál es la identidad de la iglesia como un cuerpo? Estas son las preguntas de comunicación que los líderes deben responder si van a dirigir una congregación u organización entera de una manera inspirada y unificada.

Los líderes bíblicos deben de tener la mentalidad de retroceder de los detalles diarios y ver a dónde se dirige el ministerio como un todo.

---

2. El líder como maestro

Piense en un gran maestro que tuvo en su vida. Probablemente esta persona hizo más que pasarle información acerca de un tema en particular. Él o ella lo influyó en una forma poderosa, desafiándolo a creer algo valioso sobre usted mismo y lograr algo con su vida que valió la pena. Es cierto que los grandes maestros guían. Pero los grandes líderes ¡también enseñan!

Cualquiera que tenga influencia sobre un cuerpo de personas debe poseer la habilidad comunicativa de enseña a otros. La gente en nuestras iglesias y organizaciones necesitan ánimo, inspiración, capacitación, alivio, visión, esperanza y algunas veces represión. El líder como maestro simplemente significa que un líder debe tener la habilidad de identificar las necesidades de su gente y luego comunicarse eficientemente para dirigir esas necesidades de una forma oral y/o escrita. Ser un gran líder-maestro significa:

- Organizar: Planear sus pensamientos, mantener su comunicación enfocada en las necesidades de sus oyentes y luego estructurar su presentación en una manera lógica que tenga sentido. Esto es verdadero para un discurso, un sermón o cualquier comunicado escrito.

- Narrar historias: Las grandes historias ilustran e inspiran. Esta porción de la comunicación a menudo es pasada por alto y los líderes-maestros no pasan el tiempo suficiente para desarrollar esta importante herramienta. La narración de historias separa a un buen maestro de un gran maestro y permite que el que enseña no sólo informe a los oyentes, sino que influya en ellos de maneras poderosas. Sólo hay que mirar las muchas parábolas que Jesús dijo.

- Excelencia en la entrega: Los grandes líderes-maestros entregan su material con distinción y calidad. Algunos líderes lo hacen naturalmente. Ellos hablan bien públicamente y presentan el material de tal manera que la gente "lo recibe". Otros deben ser entrenados y comprometidos a mejorar. De cualquier manera, los líderes que están inseguros de su mensaje, desorganizados en el pensamiento, y/o que pierden un buen flujo y estructura en sus comunicaciones carecerán de potencia en los mensajes que buscan enviar a los seguidores.

Jesús enseñó de manera organizada y con sentido, usó historias poderosas y perspicaces para ilustrar la verdad y entregó sus enseñanzas con distinción y calidad. Estas habilidades de la comunicación le permitieron influir poderosamente en otros, no simplemente transmitirles datos. Al terminar el primer momento de enseñanza pública de Jesús, el Sermón del Monte, Mateo describió a su Señor como líder-maestro en esta forma: "Cuando Jesús terminó estas palabras, las multitudes se admiraban de su enseñanza; porque les enseñaba como uno que tiene autoridad, y no como sus escribas" (Mateo 7:28–29).

3. Procesos de comunicación efectiva

Los líderes crean estructuras que ayudan o dificultan la comunicación en la organización como un todo. Es importante minimizar burocracias y crear canales de comunicación que permitan el flujo libre de información. Cuando la comunicación no ocurre, el ministerio es lastimado. Esta es la lección de Hechos 6:1–7. Cuando las viudas helenísticas fueron desatendidas, fue simplemente por la falta de comunicación y estructura apropiada. Los apóstoles cambiaron la estructura, permitiendo que la comunicación de las necesidades a la gente adecuada tomara lugar. Como resultado "la palabra de Dios crecía, y el número de los discípulos se multiplicaba en gran manera en Jerusalén" (Hechos 6:7).

En la materia de procesos de comunicación, tenga en mente que existe tal cosa como la sobrecarga de información. La mayoría de los líderes y administradores son aficionados a decir "No se puede comunicar demasiado" pero de hecho usted puede comunicar demasiado en dos maneras. Primero, usted puede comunicar demasiada información insignificante. Hay solo mucha información que la gente puede manejar. Este es *el principio de banda ancha*, que dice que hay espacio limitado en las mentes y lapsos de atención en las personas que ya están abrumadas con información. Segundo, es posible comunicar demasiada información substancial significante. Después de todo, si cada cosa es importante, entonces nada lo es. Los líderes deben manejar la cantidad de información que comunican, la proporción de su distribución y a quien va dentro de la organización; todo a la luz de su nivel de importancia. No toda la información es suficientemente importante para comunicarla en un macro nivel a la organización entera. Del mismo modo, no toda la información, aun la información importante, debe ser comunicada toda de una sola vez.

Otros Fundamentos de la Comunicación

La comunicación refleja quién es usted. Jesús dijo: "De la abundancia del corazón habla la boca" (Lucas 6:45). Esto significa el tipo de historias que cuenta, la actitud con la cual usted comparte la información y el contenido de lo que usted comparte o retiene—todas estas cosas expresan a otros no sólo la substancia de lo que usted está comunicando, sino también el tipo de persona que usted es y las creencias que posee.

¿Qué tipo de persona es usted? ¿Es negativo, insistente, que agrada a la gente, indeciso … o usted es de los que capacita, visionario, optimista, con esperanza? Escúchese para saber, o aún mejor, dé permiso a alguien para darle su opinión honesta al preguntarle, "¿Cómo me ve la gente cuando me comunico?"

El tipo de historias que cuenta, su actitud y el contenido de lo que usted comparte expresa a otros el tipo de persona que usted es y las creencias que posee.

La comunicación es complicada y paradójica. Qué decir y cómo decirlo no siempre puede ser determinado por adelantado, ni es la cuestión de la comunicación unidimensional. A veces Jesús era modesto en su comunicación y otras veces Él fue sorprendentemente intrépido. Él a veces fue consolador con sus palabras y otras veces reprendió. En algunas ocasiones, Él fue ambos. Por ejemplo, en Juan 14, Él comenzó a proporcionar grandes palabras de esperanza y consuelo ("No se turbe vuestro corazón; creed en Dios, creed también en mí"), y justo unos momentos más tarde Él estaba confrontando y enérgico:

> *Felipe le dijo: Señor, muéstranos al Padre, y nos basta. Jesús le dijo: ¿Tanto tiempo he estado con vosotros, y todavía no me conoces, Felipe? El que me ha visto a mí, ha visto al Padre; ¿cómo dices tú: "Muéstranos al Padre"?*
>
> —JUAN 14:8–9

La lección aquí es que los líderes deben aprender el arte (no simplemente de la ciencia) de qué decir, cómo decirlo y cuándo decirlo. *La determinación de estas cosas está basada sobre la situación y las necesidades del momento.* Los buenos líderes tienen una sensibilidad en lo que dicen. Ellos no "violan el momento" sino que hablan *de* él y *en* él de una manera que logra lo que es eficaz.

El problema raramente es el problema. Lo que una persona le dice y lo que realmente está pasando en su corazón a menudo son dos cosas muy diferentes. *Las personas son más lo que ellos esconden que lo que ellos muestran.* Los líderes que sólo oyen lo que la gente dice, sin escuchar el significado más profundo también, son líderes que direccionan síntomas en lugar de los problemas reales.

Cuando el joven rico vino a preguntarle a Jesús por lo que era necesario para heredar la vida eterna, Jesús entendió en una manera más profunda cuál fue su pregunta real y cuáles fueron sus necesidades reales (Mateo 19:16–22). Esto era más que un resultado del previo conocimiento de Jesús como deidad; esto también vino de su afilado entendimiento de los seres humanos en general. Las personas a menudo formulan preguntas egoístas y dicen cosas superficiales que no tienen nada que ver con las actitudes o necesidades de sus corazones. De hecho, a menudo no están conscientes de sus propias necesidades internas. Sin embargo, en otras ocasiones las personas intencionalmente desvían la atención fuera de las necesidades que ellos saben que tienen porque es muy vulnerable ser honesto con alguien acerca de ellos mismos. Los buenos líderes tienden a desarrollar un sexto sentido acerca de este tipo de cosas, entendiendo que lo que las personas comunican a menudo está siendo subconscientemente usado para promover algo acerca de ellos mismos, ganar algo del líder o llenar una necesidad más profunda que tiene poco que ver con sus palabras.

Un escenario común es el de la ofensa: un seguidor puede llegar a estar ofendido y agresivo sobre un hecho o palabra, aún si el problema pudo ser hablado, quedará claro que la experiencia ha desencadenado algo más profundo que tiene poco que ver con la situación real. Una vez que usted entiende el problema más profundo—el problema real—usted puede comenzar a hablarlo. Los resultados pueden ser transformadores. O que ocurre en el exterior puede estar completamente desconectado del verdadero asunto. El problema raramente es el problema. Si aprendemos algo de Jesús que sea esto: los líderes hablan al corazón del problema.

> El problema raramente es el problema. Si aprendemos algo de Jesús que sea esto: los líderes hablan al corazón del problema.

Comparta la información correcta en el momento correcto y con las personas correctas. Los líderes deben desarrollar una buena estrategia de "necesidad de saber" para la comunicación. Nos metemos en problemas al compartir la información importante con las personas ajenas a ella. Esto crea una falta de confianza en el líder, especialmente cuando las personas asociadas con una decisión no tienen la información sino que otros la tienen. Los líderes en este sentido pueden llegar a ser chismosos. También cuando un líder comparte la información muy temprano sin el contexto, la gente fija expectativas que no pudieran cumplirse.

Jesús tuvo un sentido de qué compartir, con quién compartirlo y cuándo compartirlo. Aun con sus discípulos, él comunicó mucho más información con el grupo íntimo (Pedro, Santiago y Juan) que con los demás. Este fue su intento de dar información a aquellos que más necesitaban saber y que harían con la información lo que él deseaba. No toda la información fue para todos.

La lección aquí es que los líderes debieran hablar de adentro hacia afuera de una organización: comenzar con el círculo íntimo de líderes y después comunicar con todos los de afuera, a la congregación o a la gente a quienes ministra. Lo que el grupo íntimo necesita saber puede que no sea lo que la congregación necesita saber. Lo que la congregación necesita saber, el grupo íntimo ciertamente ya debe saberlo. En otras palabras, *usted nunca debería anunciar al grupo como un todo lo que usted no ha compartido con aquellos más cercanos a usted.* Esta regla habilita a los más cercanos a usted y también mejora el mensaje enviado a los del círculo exterior ya que este es alterado por la reacción y/o la validación recibida de los otros líderes. Además, el círculo interno se convierte en embajadores del mensaje a favor del líder, aumentando así la potencia del mensaje y asegurando que sea escuchado por tantas personas como sea posible.

Cumpla con lo que dice o no se comprometa. Cuando los líderes no dan seguimiento o "cierran el bucle", ellos pierden integridad con aquellos que dirigen. Si usted le dice a su hijo, "Estaré en tu juego de baloncesto" y después nunca llega, él no confiará en usted cuando hable—ya sea acerca del juego o de algún otro tema. Los seguidores tienen una expectativa inherente de que los líderes van a dar seguimiento a lo que dicen y cuando no lo hacen, comienzan a desconfiar de ellos. Los líderes son usualmente sinceros en las cosas que dicen. En otras palabras, ellos tienen buenas intenciones. *Pero la sinceridad no es lo mismo que la integridad.* Un líder debe dar seguimiento. Es mejor permanecer en silencio si usted no puede. Jesús lo dijo mejor: "Pero sea vuestro hablar: Sí, sí; no, no; porque lo que es más de esto, de mal procede." (Mateo 5:37, RV1960).

Los seguidores tienen una expectativa inherente de que los líderes van a dar seguimiento a lo que dicen.

La comunicación construye la confianza. La comunicación exacta, consistente y abierta construye la confianza entre los líderes y los seguidores y entre líderes y líderes. También refleja la medida de confianza ya presente en una organización. De nuevo, aquí está la ironía: cuando la confianza es baja, la comunicación necesita ser alta. Cuando la confianza es alta, la comunicación no es tan urgente. Sin embargo, este es el momento preciso para comunicar, porque si no lo hace, terminará por destruir la misma confianza por la que ha trabajado tan duro para construirla.

La confianza es el principal activo del liderazgo. Si la gente confía en usted, lo seguirán. Si la gente no confía en usted, no lo seguirán. Por lo tanto, si usted quiere más confianza y quiere que la gente lo siga, comuníquese exacta, consistente y abiertamente.

Competencia #2: Crear la Cultura

La cultura no está limitada a las prácticas comunes y a las creencias de una etnia o raza. Cualquier grupo de personas que comparten un número de experiencias significativas con el tiempo desarrollan suposiciones acerca de los otros y del mundo alrededor de ellos. Estas suposiciones comienzan como un conjunto de acuerdos conscientes y subconscientes sobre creencias que gradualmente llegan a ser aceptadas por el grupo. Edgar Schein explica:

> *El término 'cultura' debiera ser reservado para un nivel más profundo de suposiciones y creencias básicas que son*

> *compartidas por los miembros de una organización, que operan inconscientemente y que definen en una manera básica 'dada por sentado' el punto de vista de una organización sobre sí misma y sobre su entorno. Estas suposiciones y creencias son respuestas aprendidas a los problemas de supervivencia de un grupo en su ambiente externo y sus problemas de integración interna.*[35]

Dentro de un grupo, los credos sociales no hablados se desarrollan. Estos incluyen como son ganadas la aceptación y la pertenencia, cómo es resuelto el conflicto y como son alcanzados el status y el poder. Las creencias también forman cómo existe un grupo en relación al mundo externo. Estas creencias tienen que ver con cómo el grupo recolecta los recursos externos para poder sobrevivir, cómo los miembros perciben el mundo fuera de su propio grupo, la asimilación de los forasteros y las funciones de la misión y la visión.

Lo que comienza como *creencias* compartidas (suposiciones) resulta en *valores* compartidos. Los valores son esas cosas que llegan a ser únicamente estimados por un grupo. Deben ser características escogidas conscientemente de un grupo en particular que los ayudan a definirse ellos mismos como únicos en relación a otros grupos. Por lo tanto, crean un sentido de identidad compartida entre los miembros del grupo.

Por último, las creencias y los valores son expresadas en el *comportamiento*. Con el tiempo, estas tres dimensiones tienden a operar subconscientemente. Ellas son dadas por sentadas por el grupo y como tales ya no son discutidas o debatidas. Este es el pináculo de la formación cultural, lo cual es un fenómeno que ocurre en un grupo u organización; en iglesias, grupos étnicos, equipos de trabajo, equipos deportivos, empresas, organizaciones, naciones y más.

La habilidad de liderazgo de crear cultura significa que un líder *posee un entendimiento intencional del proceso de formación de suposiciones* así como de maneras competentes para manejar esos procesos. Los líderes efectivos entienden como son formados los paradigmas en la gente y como son desarrollados los mapas mentales (es decir, los marcos por los cuales la gente ve e interpreta el mundo). En verdad, no vemos el mundo como es; lo vemos como somos. Por lo tanto, para transformar a la gente en maneras duraderas, los líderes deben alterar el lente por el cual la gente ve el mundo, es decir, ellos deben afectar la manera en que las personas se ven ellas mismas, a Dios y al mundo que los rodea.

Los líderes son los instrumentos primarios de Dios para crear la cultura, dirigirla, sostenerla y cuando es necesario, deshacerla. La creación cultural es una habilidad esencial porque la cultura dicta mucho de las motivaciones y comportamientos de un grupo. Por consiguiente, un líder debe estar claro acerca de cuáles presuposiciones cree que son importantes, que son morales y que honran a Dios para que el grupo posea; y acerca de las presuposiciones que deben rechazar. Puesto que la formación de la cultura es el resultado de respuestas aprendidas y el acondicionamiento, los líderes tienen la habilidad de formar y transformar la cultura.

Jesús sabía cómo hablar a la gente y cambiar sus suposiciones. Como un líder, él desafió sus paradigmas, las cosas que ellos valoraron y sus prácticas corruptas. Validó las suposiciones correctas y buscó transformar las inconsistentes con el corazón de Dios.

Jesús entendió que las prácticas externas que él desafió (leyes alimenticias, guardar el sábado, ritos de purificación, etc.) estuvieron conectadas a un conjunto de suposiciones más profundas. No fueron sólo cosas que la gente hacía. Más bien, la aplicación equivocada de la ley practicada por el pueblo en su época estaba construida sobre paradigmas errados acerca de Dios y de ellos mismos en relación a él. De hecho, sus comportamientos fueron más que sólo cosas que ellos hacían. Ellos fueron parte de su identidad, cómo se definieron ellos mismos como buenos y en su relación con Dios. Por esto, la vida de Jesús ilustra también los límites de la creación de la cultura. Tan hábil como era para hablar la verdad y desafiar las mentes, hubo muchos que simplemente no cambiarían profundamente desde el interior. Estos fueron quienes finalmente rechazaron su mensaje y la verdad.

Mientras Jesús buscaba cambiar los corazones y las mentes de muchos, él también entendió el valor de comenzar desde cero. En el proceso de tres años de enseñanza, guía y viviendo con los doce discípulos, él fue capaz de poner "vino nuevo en odres viejos" (Marcos 2:22). Estos hombres con la excepción de uno, adquirieron un nuevo sistema de creencias y como resultado, una nueva cultura nació. Con el tiempo, llenos de poder por el Espíritu Santo de Dios, ganarían impulso y transformarían el mundo.

El Efecto de la Bola de Nieve

Los líderes de la iglesia deben entender el poder de la cultura tanto para el bien como para el mal. Ya sea que una cultura en particular sea correcta y que honre a Dios o errada y destructiva; la dinámica de la cultura misma proporciona una forma de refuerzo que cimienta creencias, valores y comportamientos en el ADN de un grupo u organización. La cultura puede crear una espiral positiva ascendente que conduce a características más positivas y saludables o una espiral negativa descendente que conduce a más de lo perjudicial e indeseable. Como una bola de nieve rodando hacia abajo de una colina se hace más grande, más rápida y más poderosa, así la cultura incrementa su influencia con el tiempo.

Por supuesto, la meta de los líderes bíblicos no es simplemente crear una cultura dentro de su organización, sino crear una cultura bíblica y que honre a Dios. Esto significa que los líderes deben tener un claro entendimiento del tipo de cultura que buscan crear y esta debe estar basada en la Palabra de Dios. Cuando discernimos las creencias, los valores y comportamientos de la Biblia que representan a una comunidad funcionando bíblicamente y que honra a Dios (tal como es encontrada en Hechos 2:42–47, 1 Corintios 12:12–30, y Efesios 3:14–21), entonces podemos ser usados por Dios para crear ese tipo de comunidad.

Diversidad

Una cultura saludable significa que un grupo diverso de personas acuerdan acerca de ciertos supuestos—no que estén de acuerdo en todas las aplicaciones detalladas de esos supuestos. Una cultura saludable tiene espacio para la diferencia en la práctica y la singularidad entre sus miembros. La cultura en su forma externa es sólo *culto*—donde todos deben verse igual, actuar igual, hablar igual y pensar igual. Dios no desea esto para la iglesia, ni tal cultura es reflejada en la Palabra de Dios. La iglesia debe buscar unidad entre sus miembros, no uniformidad.

La manera en que una organización cristiana maneja sus creencias es casi tan importante como las creencias mismas. Una cultura poderosa y saludable es formada cuando en las creencias esenciales hay unidad y en las creencias no esenciales hay diversidad (ver Romanos 14). Las iglesias se meten en problemas cuando elevan lo no esencial al lugar de lo esencial. Códigos de conducta subconscientes y detallados son creados y no queda espacio para la preferencia o la opinión personal. En las iglesias saludables, la diversidad en lo no esencial (Pablo llamaría a estos asuntos "disputables" o "interpretables" en Romanos 14) es en sí mismo celebrado como un atributo de la cultura. La gente en estas iglesias se sienten que pertenecen y comparten una identidad basada en una unión en lo esencial, sin embargo, ellos también sienten libertad como individuos para vivir sus propias convicciones personales. Este equilibrio refleja la misma noción de la unidad y diversidad que Pablo describe en el cuerpo de Cristo en 1 Corintios 12:12–31.

> Los discípulos de Jesús tomaron un nuevo sistema de creencias, y como resultado una nueva cultura nació—una que transformaría al mundo.

Es una tarea importante para los líderes clarificar para su gente tanto lo que es esencial y lo que no es esencial. Sin definir lo esencial, la iglesia carece de unidad. Sin definir lo no esencial, la iglesia carece de diversidad.

Tan importante como dejar espacio para la diversidad es la necesidad de compromiso para lo esencial. Para muchas congregaciones saludables (y otras organizaciones cristianas), lo esencial incluye:

- Creencias doctrinales básicas. El líder debe determinar la respuesta a la pregunta, "¿En qué creencias doctrinales y teológicas básicas la gente debe estar de acuerdo a fin de ser parte de esta iglesia?"
- Asuntos de visión y misión. La unidad viene cuando las personas se ponen de acuerdo y se comprometen con la misión de la iglesia (Mateo 28:18–20) o con su visión—la única manera en que la iglesia logrará esa misión. "¿Qué convicciones y acuerdos deben tener las personas sobre el *tipo* de iglesia que somos?"
- Estructura. La unidad también viene cuando la gente está de acuerdo sobre la política de la iglesia y las formas de liderazgo. "Hasta qué punto los congregantes deben estar de acuerdo con la forma en que la iglesia toma sus decisiones?"

En realidad, muchas iglesias carecen de unidad y crean conflicto dentro de sus culturas porque ellos no han clarificado estos asuntos esenciales. Lo mismo es cierto para otras organizaciones cristianas.

Una vez que lo esencial está delineado, existe ahora un mayor entendimiento de lo no esencial. Todo fuera de lo esencial es, por supuesto, no esencial. Aquí hay espacio para las convicciones, opiniones y creencias preferenciales de las personas con respecto a asuntos "interpretables" de la doctrina y aplicaciones específicas de la fe.

Otra nota: para aquellos que aspiran a roles en el liderazgo en la congregación u organización, las calificaciones deben extenderse más allá de solo lo esencial. En otras palabras, es justo y responsable esperar que los líderes tengan mejor acuerdo doctrinal y eclesiástico que los solo miembros de la iglesia y voluntarios.

Una Fuerza Invisible

La cultura eventualmente toma una vida propia. Una vez establecida, tiene el potencial de corregir el comportamiento errado; así como también, de reforzar lo que es correcto y bueno. Esto significa que en el principio de la formación de la cultura, las decisiones que un líder hace (o incluso elige no hacer) son de suma importancia. Los líderes deben tomar estas decisiones tempranas cuidadosa y fielmente. ¿Por qué? Porque estas decisiones establecen precedentes para las creencias que el grupo tendrá en el futuro. En esencia, *enseñan* al grupo qué creer, qué valorar y cómo comportarse. Los líderes hacen esto por lo que recompensan y castigan, lo que celebran y lo que lamentan, lo que alimentan y lo que dejan morir de hambre, lo que permiten y lo que no permiten, y de lo que ellos hablan y callan. En los primeros días, a menudo las decisiones son desafiadas y debatidas, pero más tarde, con la persistencia y el valor del líder, la cultura gana tracción. Cuando esto pasa, el nivel de potencia de la cultura crea dos herramientas valiosas para el líder:

Etiquetar "santos y pecadores". La cultura expresa un refuerzo positivo para aquellos que actúan dentro de ella. La cultura es una fuerza invisible que reafirma y apoya a las personas cuyas creencias, valores y comportamientos son consistentes con ella. Estos son personas que ganarán aceptación, estatus y posiblemente poder. A estos podemos llamar "santos". Por defecto, la cultura también destaca a aquellos que actúan inconsistentemente con ella. En efecto, la cultura castiga las creencias, los valores y los comportamientos que no se alinean con ella. Esto sirve como un oficio corrector cuando los pecadores se arrepienten.

(es decir, regresan a alinearse con la cultura). Cuando los pecadores no se arrepienten, la cultura sirve como una dinámica de purificación. Con el tiempo, estas personas salen porque la fuerza de la cultura eventualmente los expulsa hacía afuera.

Por sí sola, la cultura es una fuerza invisible que recompensa a aquellos que actúan congruentemente con ella y defiende contra aquellos que pudieran tratar de cambiarla. Esto crea una dinámica positiva para el líder ya que permite que la organización se corrija por sí misma sin la atención y la energía del líder y sin el conflicto que a menudo viene al tratar de regresar a la gente a alinearse. Sin embargo, esta realidad también se coloca como un baluarte contra el cambio y hace el trabajo difícil para los líderes que buscan transformar las culturas ya solidificadas.

Un efecto seductor. Similarmente, la cultura, dentro de su propio poder, posee una fuerza persuasiva para los que están fuera de ella. Tiene la habilidad de atraer y tentar. Cuando es evidente y convincente, una cultura positiva emite una energía inherente que atraerá hacia ella a los nuevos o a los que están fuera de ella. Las iglesias notan este poder en el trabajo cuando ellas se mueven del crecimiento numérico en forma de adición (una persona/una familia a la vez) al crecimiento en forma de multiplicación (numerosas personas/familias a la vez). El crecimiento llega a ser exponencial debido al efecto seductor de la cultura como es usada por el Espíritu Santo. Este dinamismo se va inculcando en un grupo y obliga a otros a unirse.

Las decisiones tempranas de liderazgo enseñan a un grupo qué creer, qué valorar y cómo comportarse.

Competencia #3: Dirigir el Cambio

El cambio está en el mismo corazón del liderazgo. Si usted no está dispuesto a aceptar el cambio, usted no está listo para dirigir. Además, los líderes no pueden simplemente tolerar el cambio; ellos deben ser catalizadores para este. Dios siempre tiene un futuro para que lo persigamos, y el busca usar líderes para llevar a la gente desde su estado actual a su futuro ideal. Bien lo dijo JFK: "El cambio es la ley de la vida. Y aquellos que sólo miran el pasado o el presente ciertamente perderán el futuro".[36]

La Razón para el Cambio

La centralidad del cambio para el liderazgo efectivo no significa cambiar por cambiar. No significa perseguir una moda de crecimiento de la iglesia o revolucionar un servicio de la iglesia cada semana. La idea aquí es mucho más amplia. Dentro de cada cambio en una iglesia o ministerio, hay una pregunta espiritual para ser contestada: *¿Qué quiere Dios que seamos?*

La respuesta a esta pregunta dirige naturalmente al grupo a descubrir lo que Dios quiere que ellos hagan para llegar a ser lo que él desea. La razón definitiva para el cambio no es que la iglesia sea ineficaz. *La razón definitiva para el cambio es que Dios nos está dirigiendo a cambiar.* Si el cambio se promulga por cualquier otra razón que esta, ese cambio tiene el potencial de fallar o de producir solamente resultados temporales mundanos.

Los líderes deben estar convencidos en sus corazones que un cambio particular está siendo dirigido por Dios, eso es una aventura espiritual y lo que ellos deben buscar para guiar a otros a través de la experiencia del cambio en una manera que al final produzca más fe y semejanza a Cristo que la que actualmente el grupo posee. Los líderes son llamados a ser agentes de cambio para propósitos eternos.

Los líderes no pueden simplemente tolerar el cambio;
ellos deben ser catalizadores para este.

La Cosa Nueva de Dios

Mientras que Dios y el evangelio nunca cambian, los métodos de Dios lo hacen. Dios es únicamente creativo. Él ha mostrado esta cualidad a través de la historia. Él ha elegido hacer muchas cosas diferentes en diferentes formas, todas con el propósito de revelarse él mismo y redimir a la humanidad. Piense acerca de algunos métodos creativos de Dios: los sueños de José, las diez plagas, la experiencia del Mar Rojo, el maná en el desierto, el vellón de Gedeón, la asna parlante de Balaam, el agua en vino, las sanaciones milagrosas por Jesús y los apóstoles, la revelación de San Juan—¡su creatividad es infinita!

Hay dos razones por las que Dios cambia sus métodos. Primero, el mundo está siempre cambiando y por lo tanto, las necesidades del momento cambian. La eficacia de un método será diferente en diferentes culturas y tiempos y con diferentes personas; y Dios parece estar muy al tanto de esto. Segundo, como con nuestra discusión sobre metodología, Dios quiere estar seguro que no tenemos fe en la *manera* en que él hace las cosas como lo opuesto a tener fe en *él*. Los creyentes pueden casarse con los métodos de tal manera que ellos comienzan a tener confianza en ellos. En esto, ellos a menudo buscan replicar el método para que la obra de Dios pueda ser repetida. Sin embargo, hacer eso toma poca fe. Cuando confiamos en Dios más allá de los métodos del pasado (incluso de los buenos o los milagrosos), entonces tenemos ojos para ver las cosas nuevas que él está haciendo y las nuevas formas en las que él quiere obrar. En esencia, Dios nos mantiene adivinando para que mantengamos nuestros ojos en él.

Dios es únicamente creativo y ha mostrado
esta cualidad por siglos.

Tome por ejemplo, Isaías 43:16–21:

> *Así dice el Señor,*
> *que abre camino en el mar*
> *y sendero en las aguas impetuosas;*
> *el que hace salir carro y caballo,*
> *ejército y fuerza*
> *(a una se echarán y no se levantarán,*
> *como pabilo han sido apagados y extinguidos):*
> *No recordéis las cosas anteriores*
> *ni consideréis las cosas del pasado.*
> *He aquí, hago algo nuevo,*
> *ahora acontece;*
> *¿no lo percibís?*
> *Aun en los desiertos haré camino*
> *y ríos en el yermo.*
> *Me glorificarán las bestias del campo,*
> *los chacales y los avestruces,*
> *porque he puesto aguas en los desiertos*
> *y ríos en el yermo,*
> *para dar de beber a mi pueblo escogido.*
> *El pueblo que yo he formado para mí*
> *proclamará mi alabanza.*

A través del profeta Isaías, Dios aquí le recuerda al remanente de los fieles judíos en exilio que él está haciendo algo nuevo. Sin embargo, la manera en que las palabras de Dios son presentadas aquí es fascinante. El pasaje comienza por calificar quien es el Señor. Él es quien "hizo un camino a través del mar", quien "saca los carros" y los "extingue", "para no levantarse". Esto por supuesto es una referencia a la experiencia del Mar Rojo bajo el liderazgo de Moisés. Puedo imaginar a la gente en los días de Isaías—un remanente buscando sobrevivir en su fe—diciéndose a sí mismos, "¡Si sólo tuviéramos un Moisés otra vez! Si sólo Dios obraría otro milagro del Mar Rojo!" Pero después de describir esto, el más grande milagro en la historia de Israel, en el siguiente verso Dios dice: "No recordéis las cosas anteriores, ni consideréis las cosas del pasado".

¿Qué? ¿Olvidarse de Moisés? ¿Olvidar acerca del Mar Rojo? Dios está diciendo que incluso este milagro maravilloso, con todo lo bueno que trajo en el pasado, no debiera ser habitado en el sentido que haciendo eso causaría a su pueblo querer repetirlo o depender en ello. No sólo las malas cosas del pasado nos pueden mantener alejados del futuro de Dios. También son las cosas buenas. Esta fe del tiempo pasado nos causa estar ciegos a las nuevas cosas que Dios está haciendo: "Mira, ¡estoy haciendo una cosa nueva! Está brotando, ¿la percibes?"

¿Qué es esa nueva cosa? En el v. 19 Dios dice: "Aun en los desiertos haré camino y ríos en el yermo" y "he puesto aguas en los desiertos." En el pasado, Dios proveyó *tierra seca en el agua*. En el futuro, Dios pondrá *agua en la tierra seca*. Dios hará en el futuro ¡exactamente lo opuesto que él hizo en el pasado! Por consecuencia, para nosotros permanece esa pregunta convincente de Dios: "¿No lo ves o lo percibes?"

A pesar de cualquier método que Dios quiera usar, los líderes deben ser conectados al fondo del corazón de Dios para estar seguros que ellos no están confiando en un método del pasado sino en Dios quien obró a través de ese método. Hoy necesitamos líderes que piensen fuera del marco de referencia de lo que ya ha sido hecho. Si los líderes hacen esto y dirigen a su gente efectivamente a hacer lo mismo, el cambio se convertirá en una aventura de fe con resultados eternos. Las personas no cambiarán solo por una necesidad, una crisis, o una moda. Ellos cambiarán como un acto de obediencia y alabanza a Dios en quien ellos confían y siguen.

No sólo las malas cosas del pasado nos pueden mantener alejados del futuro de Dios. También son las cosas buenas.

El Proceso del Cambio

Dirigir el cambio puede ser entendido en tres fases: visión, previsión y supervisión. La única constancia en cada fase es la palabra "visión", que se refiere a la dinámica de la visión. *La visión para el futuro es la característica principal y el motivador en cualquier esfuerzo de cambio mayor.* La visión inicia el cambio, es la fuerza que impulsa durante el cambio y sostiene el cambio a largo plazo.

Nehemías provee el mejor ejemplo bíblico de este proceso en las Escrituras.

La Visión se refiere a la fase de *evaluación* del cambio. Es expresada en Nehemías 1:1-2:10. Para Nehemías, la visión incluye estos elementos principales:

- El informe con respecto a los muros destruidos de Jerusalén (Nehemías 1:1-3).

- La oración de confesión de Nehemías, la reafirmación de los propósitos de Dios y la solicitud para la intervención de Dios (Nehemías 1:4-11).

- La repuesta de Dios a la oración de Nehemías. A través de una discusión divinamente señalada con Nehemías, el rey de Persia permitió que Nehemías regresara a Jerusalén, garantizando un pasaje seguro y madera para la obra. La respuesta inmediata de Nehemías al rey, revela que él había pensado y planeado lo suficiente para saber lo que él necesitaba para empezar este proyecto. Él esperaba que Dios contestara su oración y planeo de acuerdo a esa expectativa.

- La inspección de Nehemías de los muros. El viajó con su séquito a Jerusalén e inspeccionó la situación él mismo (Nehemías 2:11-16). Investigó y reflexionó sobre la necesidad, el alcance del proyecto y la forma en que podía llevarse a cabo el trabajo.

Antes de compartir la visión con otros y antes de comenzar cualquier labor física en los muros, Nehemías pasó por un extenso autoexamen, evaluación, solicitudes de provisión divina y contemplación sobre Dios y sus propósitos. Mientras que los líderes a menudo pasan por lo alto la fase de la visión y se apresuran a la implementación, esta de hecho puede ser la más importante de las tres.

Podemos deducir varios principios de la experiencia de Nehemías y de esta primer fase del proceso de cambio que aplican hoy:

1 **Evaluar la Realidad.** Max Depree dice, "La primera responsabilidad de un líder es definir la realidad."[37] El acto inicial de liderar el cambio es evaluar exactamente cuál es la necesidad. Charles Kettering, el inventor famoso y el jefe de investigación para GM, dice, "Un problema bien planteado es un problema ya resuelto a la mitad".[38] La evaluación no debe ser subestimada o rápidamente pasada por alto. Los líderes deben considerar no sólo las necesidades temporales, materiales a la mano, sino también las implicaciones espirituales más profundas. ¿Cuál es la necesidad presente en esta situación? ¿Qué quiere hacer Dios en y a través de esta crisis o desafío?

Nehemías escuchó las noticias de los muros derribados, inmediatamente se puso en oración por eso, y a través de la oración reafirmó los propósitos y las promesas eternas de Dios que aplicaban a esta necesidad. Más allá de edificar los muros físicos, Nehemías vio también una necesidad espiritual, construir y restaurar la fe judía. A medida que los muros fueran reconstruidos, así también lo serían su fe y su ánimo.

Para nosotros hoy en día, usando la Palabra de Dios como guía es la clave para evaluar la realidad actual a la luz de los propósitos de Dios. ¿Cuál es la misión eterna de Dios? ¿Cuál es la misión de la iglesia? ¿Cuáles son los propósitos que la iglesia debiera perseguir? Las imágenes e imperativos bíblicos tales como Mateo 28:18–20 y Hechos 2:42–47 son de valor aquí. Debiéramos comparar la realidad actual en el mundo con el ideal de Dios en la Palabra.

2 **Evaluar la Preparación.** Algunas veces el cambio falla no porque esté mal, sino porque es el tiempo incorrecto. El líder y/o la iglesia no estaban preparados ni listos. No había aún una disposición o deseo para el cambio. Nehemías oró y esperó en Dios. Con el tiempo, bajo la provisión y en su tiempo, él actuó con valentía y fe, pero no antes.

Esto asume que los líderes (los agentes del cambio) no siempre están inmediatamente listos para el cambio y que la iglesia o la organización (los receptores del cambio) pueden no estar inmediatamente listos para este. Ambos deben ser evaluados.

El cambio siempre demanda más del líder que de nadie más. La evaluación aquí incluye muchas preguntas personales. Como el líder, ¿Estoy listo para el cambio y el peaje emocional que puede exigir? ¿Estoy espiritualmente preparado en mi corazón y viviendo en conexión profunda con Dios? ¿Este cambio es acerca de los propósitos de Dios o de mis aspiraciones? ¿Estoy dispuesto a aceptar los comportamientos, creencias y sacrificios necesarios para dirigir este cambio? Mientras dirijo el cambio, ¿estoy dispuesto a cambiar yo mismo?

Los líderes también deben determinar el grado de preparación entre aquellos a quienes se les pide cambiar. Ellos preguntan: "¿Está lista mi iglesia para el cambio?" Por supuesto, cuando existe apatía o indiferencia, los líderes pueden ser usados para mover a una iglesia y a su gente al cambio deseado. Ellos pueden ayudar a crear un sentido de urgencia al resaltar las necesidades físicas y espirituales así como también el deseo de Dios de satisfacer esas necesidades. Ellos pueden comunicar la visión y un cuadro convincente de un futuro ideal. Esto crea un *apetito* para el cambio al colocar los deseos dentro de la gente de un estado privilegiado futuro. Los líderes pueden predicar y enseñar acerca de los propósitos eternos de Dios, cómo aplican esos propósitos al contexto de la gente y los beneficios que el cambio traerá mientras buscan hacer la voluntad de Dios. Todo esto prepara a un grupo para el cambio.

3. **Evaluar los Recursos.** Nehemías fue personalmente y cuidadosamente inspeccionó Jerusalén y su condición. Aun antes de llegar, él había estudiado la situación y adquirido cierto sentido de los recursos necesarios para el proyecto. En otras palabras, él hizo su tarea. Él llegó a entender a través de la investigación y el estudio que fue lo que exactamente se necesitaba en su contexto particular.

   Para los líderes de hoy en día este tipo de análisis es importante. Entenderse usted mismo, a la gente de su iglesia, a su comunidad y su marco de referencia particular para el cambio es vital. Esto puede incluir investigaciones demográficas (familia, estado civil, edad, raza, etc.), analizar tendencias financieras, hacer proyecciones numéricas y/o evaluar honestamente la condición espiritual de las personas. Entendiendo estos asuntos, los líderes entonces pueden llegar a saber qué recursos son necesarios para satisfacer las necesidades así como por qué orar pidiendo que Dios provea.

Previsión se refiere a la fase de *comunicación* del cambio. Aunque esta fase comenzó con la oración introspectiva de Nehemías, que está expresada principalmente en Nehemías 2:11–20.

- Nehemías discernió la visión (Nehemías 1:4–11). No hay duda que durante su periodo inicial de tres a cuatro meses de oración e introspección, él sintió un llamado de Dios. Él comenzó a darse cuenta que Dios quiso usarlo para reconstruir los muros de Jerusalén y de este modo restaurar una medida de fe al pueblo judío. Aprendemos esto por la petición específica de Nehemías hacia el final de ese periodo cuando pidió a Dios que interviniera en su reunión con el rey: "Haz prosperar hoy a tu siervo, y concédele favor delante de este hombre." (Nehemías 1:11). Esta fue la oración de Nehemías, que Dios obrara de tal manera que él consiguiera el permiso y los recursos del rey para ir y reconstruir. Es obvio, por lo tanto, que en su periodo de oración y autoanálisis, un llamado fue implantado en el corazón de Nehemías y con eso una visión de un estado ideal futuro.

- Nehemías comunicó la visión (Nehemías 2:11–20). Hasta este punto, Nehemías se había comunicado principalmente con el rey. En el tiempo apropiado, Nehemías expresó su llamado y la visión a otros. Él lo comunicó en cuatro maneras:
  - Como una necesidad urgente: "Vosotros veis la mala situación en que estamos, que Jerusalén está desolada y sus puertas quemadas a fuego." (v. 2:17a). Él comunicó su descontento con la situación actual. Su meta era que otros sintieran el mismo descontento y vieran que esta situación era inaceptable para el pueblo de Dios. Nehemías comunicó la urgencia al permitir que la gente viera la realidad negativa. Es interesante que él esperó para compartir su visión hasta que la gente pudo llegar a Jerusalén y ver los muros de cerca y en persona. Hablar acerca de una necesidad desde la distancia es una cosa, ver la necesidad de cerca proporciona un cuadro de la situación—y como dicen, una imagen pinta mil palabras. La elección de Nehemías de compartir la visión en el contexto de mostrar la necesidad fue una herramienta de comunicación sabia.
  - Con una declaración clara y convincente de la visión: "Venid, reedifiquemos la muralla de Jerusalén" (v. 2:17b). Basado en la situación y la necesidad, esta fue su solución positiva: "reedifiquemos la muralla de Jerusalén". Este fue un claro llamado para la acción. La visión no se queda en lo negativo. En cambio, siempre debe ser expresada como una solución positiva a la situación negativa.
  - Para un resultado espiritual: "… para que ya no seamos un oprobio." (v. 2:17c). Nehemías conectó la reconstrucción de la muralla física de Jerusalén a la reconstrucción de los muros espirituales de Israel. Jerusalén fue el símbolo de la obra y la

presencia de Dios con su pueblo. Al reconstruir la ciudad, el pueblo sentiría una vez más el firme fundamento de su seguridad y esperanza en Jehová. Su fe sería restaurada de nuevo.

- Con una provisión divina: "Y les conté cómo la mano de mi Dios había sido bondadosa conmigo, y también las palabras que el rey me había dicho. Entonces dijeron: Levantémonos y edifiquemos." (v. 2:18). En el contexto de comunicar la visión, Nehemías también declaró cómo Dios ya había provisto sobrenaturalmente para la visión. Decirle a la gente acerca de este milagro los entusiasmó y encendió la acción y el valor dentro de ellos por lo que pudieron comenzar el trabajo.

En el proceso de dirigir el cambio, la fase de la *previsión* es acerca de la obra futura de Dios en y a través del líder y su gente. Es en esta fase que el líder discierne la visión de Dios y comienza a comunicarla. Esta visión, cuando es expresada de manera clara, concisa y convincentemente y cuando es basada en un llamado claro de Dios, trae urgencia, deseo, esperanza y disposición para que la gente cambie. Por consiguiente, el poder de la visión para efectuar el cambio no puede ser exagerado.

Para las personas en el liderazgo hoy en día, esto significa:

1. Los líderes deben discernir cuidadosamente la visión de Dios. Los líderes necesitan obtener la mayor claridad posible acerca de su llamado y visión antes de compartirlos con otros (ver capítulo 4, "El Llamado").

2. Los líderes deben poseer ellos mismos la visión. La visión nunca será lograda más allá de la voluntad y el sacrificio del líder. La visión no está fuera de un líder, sino que arde dentro de él o ella. Hay una sensación dentro de los líderes de que esta visión *debe* realizarse. Es lo correcto y lo que es de Dios para hacer, y todo el esfuerzo y la energía debe ser llevado para apoyar la promulgación de la solución positiva a la situación negativa. Los líderes poseen la carga principal y primordialmente. Fluye de ellos hacia la gente que ellos dirigen.

Con respecto a comunicarla a los demás, *la visión no es enseñada por el líder, sino capturada desde el líder.*

3   Los líderes deben comunicar la visión con claridad y simplicidad. Algunas veces los líderes comunican la visión en formas complejas y largas. Las visiones deben ser declaradas en forma sucinta y sin ambigüedades. Si las declaraciones de visión no son lo suficientemente breves para ser memorizadas, pierden su poder. Por último, un líder debe llegar a una declaración de visión clara, concisa y convincente que en el tiempo correcto, pueda ser compartida con los otros. La visión de Nehemías fue sucinta: "Venid, reedifiquemos la muralla de Jerusalén."

4   Los beneficios espirituales de la visión creará deseo. Cuando los resultados espirituales están unidos a una visión, la gente está más dispuesta a sacrificarse por ella. La gente ve la importancia de una visión cuando la eternidad y la necesidad espiritual está claramente en peligro y cuando los beneficios de lograr la visión pesan más que el trabajo implicado.

5   La actividad de Dios que rodea la visión debe ser comunicada. Si la visión es verdaderamente de Dios, y si los líderes han orado para que la mano de Dios obre en y a través de la visión, debe haber ahí alguna evidencia de la actividad y provisión divina con respecto a ella. El líder debe tener ojos para ver a Dios obrando y en el contexto de compartir la visión, ellos deben comunicar a otros la actividad sobrenatural de Dios. Esto trae entusiasmo y valida el hecho que Dios ha ordenado la obra.

Supervisión se refiere a la fase de *implementación* del cambio. Esta es la fase de despliegue y requiere buena planificación, administración y determinación. La siguiente porción larga del libro de Nehemías (2:19 al capítulo 6) ilustra la espléndida ejecución de Nehemías para el proyecto del cambio. Los capítulos 7–9 describen la respuesta de la gente después que los muros fueron reconstruidos.

Aquí hay algunas características de la fase de implementación:

- Oposición inmediata (Nehemías 2:19–20). El primer evento registrado después de la decisión de comenzar esta obra fue la oposición. La parte vecina afuera del campamento de Nehemías, dirigida por Sambalat el horonita, Tobías el amonita y Gesem el árabe , se burlaron y despreciaron su trabajo. Nehemías permaneció firme, no en su propia fuerza, pero en la convicción que "El Dios del cielo nos dará éxito" (v. 2:20).

- Estructura y organización (Nehemías 3). El trabajo estaba bien organizado y repartido entre las familias. Cada unidad familiar tuvo una responsabilidad clara y estaba facultada para hacer las reparaciones necesarias a una puerta asignada y su sección acompañante del muro. Había un alto sentido de propiedad, empoderamiento y cooperación entre la gente.

- Más oposición (Nehemías 4:1–7). El mismo elenco de personajes regresaron con la oposición intensificada. Ellos ridiculizaron a la gente que estaba trabajando al cuestionar sus motivaciones (Nehemías 4:2) y al minimizar la calidad y la fuerza de su trabajo: "Aun lo que están edificando, si un zorro saltara sobre ello, derribaría su muralla de piedra." (Nehemías 4:3).

- El desánimo vence (Nehemías 4:9–23). El desánimo y el miedo causados por la oposición fue conquistado a través de la oración y el liderazgo visionario de Nehemías. A lo largo del proyecto, la gente tuvo una profunda dependencia en Dios a través de la oración (v. 4:9), el estímulo de Nehemías como líder (v. 4:14), la visión delante de ellos de los muros restaurados (v. 4:15), y la estructuración inteligente de Nehemías del proyecto que aseguraría su productividad y seguridad (vv. 4:16–23).

- Alineación e integridad (Nehemías 5:1–13). Los nobles y los gobernadores judíos en Jerusalén estaban agravando a los plebeyos mientras hicieron el trabajo en los muros. Esto condujo a la división dentro de la ciudad y a un clamor de la gente con referencia a estos abusos. Nehemías estaba indignado de que estos líderes hicieran tal cosa. Los reunió y les explicó cómo este acto estaba esclavizando a sus hermanos judíos justo como las naciones conquistadoras lo habían hecho. Les rogó que regresaran las viñas, las casas y el dinero que habían exigido de los plebeyos. Estos líderes vieron el error de sus actos y sinceramente acordaron hacer lo que Nehemías les había pedido.

- Ejemplo piadoso (Nehemías 5:14–19). Nehemías nos dice que desde el comienzo del proyecto, él como gobernador no tomó la ración de comida real a la que tenía derecho. Los gobernadores anteriores lo hicieron y así pusieron cargas en la gente. En contraste, Nehemías compartió su grande ración de comida con otros. Además él mismo trabajó como obrero en el muro.

- Un último intento para distraer (Nehemías 6:1–14). Sanbalat, Tobías y Gesem trataron una vez más de frustrar el trabajo del Proyecto. Invitaron a Nehemías a una reunión para acecharlo. Nehemías vio a través del complot y respondió, "Yo estoy haciendo una gran obra y no puedo descender" (v. 6:3). Ellos intentaron esto cuatro veces, y cada vez Nehemías respondió de la misma manera. Sanbalat entonces buscó asustar a Nehemías cuestionando sus motivaciones para la obra, diciendo que eso se estaba haciendo con el propósito de obtener poder para rebelarse contra Persia. Mientras temía que el rey pudiera oír este rumor y realmente creerlo, Nehemías ignoró la mentira y oró a Dios para que fortaleciera sus manos (v. 6:9). Finalmente, estos tres enemigos contrataron a alguien más dentro de Jerusalén para asustar a Nehemías con una amenaza contra su vida. El judío Semaías pidió a Nehemías que se escondiera en el templo para protegerse del peligro. Una vez más, este fue un intento para disuadirlo de la obra. Nehemías percibió el engaño y oró para que Dios se acordara de Sambalat, Tobías y Gesem de acuerdo a sus malas obras, así como también de cualquier profeta que estuviera tratando de atemorizarlo (v. 6:14).

- Finalización del proyecto (Nehemías 6:15–19). Los muros y las puertas que rodeaban la ciudad fueron restauradas con una eficacia increíble, ¡en sólo cincuenta y dos días! Nehemías había permanecido enfocado y mantuvo su fe hasta el final del Proyecto.
- El censo, la celebración, la confesión y el pacto (Nehemías 7–9). Ahora que el proyecto estuvo completo y el proceso del cambio finalizaba, hubo un tiempo para descansar y reflexionar. Se realizó un censo para propósitos históricos. La gente celebró su logro al hacer lo que era apropiado, ¡dar gloria a Dios! Ellos hicieron esto al poner a Esdras que leyera la ley delante del pueblo, señalando el día como santo y sagrado; y restaurando la Fiesta de los Tabernáculos, la cual conmemoraba el rescate de Israel de Egipto y sus días antes de que Jerusalén fuera dado a ellos. El libro de Nehemías termina con una larga confesión del pecado del pueblo contra Dios y su voto de seguir al Señor en el futuro. Ellos documentaron este pacto por escrito, con los nombres de los líderes, levitas y sacerdotes anexados a él.

Hay mucho que aprender de Nehemías en la fase de *supervisión* del cambio.

1. El cambio enfrentará oposición, cuente con eso. Satanás siempre intenta frustrar el cambio que honra a Dios desde el principio. Los líderes conocedores entienden esto y no se sorprenden o dejan el proyecto cuando esto viene. Debemos tener la misma disposición que el apóstol Pablo cuando escribió: "… para que Satanás no tome ventaja sobre nosotros, pues no ignoramos sus ardides" (2 Corintios 2:11). A veces, esta oposición vendrá de los de afuera: en forma de criticismo, preguntas acerca de nuestro carácter o desafíos a nuestras motivaciones. Otras veces, la oposición vendrá de adentro. Esta es a menudo la forma más desalentadora de oposición porque involucra rechazo y posible traición de aquellos que son parte de la obra.

2. Resistimos a la oposición a través de la fortaleza del llamamiento, la oración y la integridad. La fortaleza y estabilidad de Nehemías vino

como un resultado de la seguridad de su llamado a ir y reconstruir los muros de Jerusalén. Cuando está seguro de que Dios le ha llamado y provisto la visión, usted tiene la habilidad de resistir la dificultad. *En verdad, hay una correlación entre la valentía y el llamado.* Más allá de esto, a lo largo de todo el libro de Nehemías, vemos un patrón de dependencia en Dios constante y llena de oración. Si usted estudia estas oraciones, usted verá que estás peticiones fueron por fortaleza emocional y un espíritu de resistencia mientras Nehemías dejó la oposición a los pies de Dios para que él tratara con ella.

3. El cambio debe ser organizado y bien estructurado. Algunas veces los esfuerzos del cambio colapsan por la falta de planeación y/o porque son implementados pobremente. Una gran lección que aprendemos de Nehemías es que un proyecto de cambio bien estructurado tiene la habilidad en sí mismo para entusiasmar y capacitar. Esto significa:

- Instrucciones claras para que el trabajo sea hecho y quien lo hará.
- Un cronograma del proyecto y la estructura que se presenta de manera organizada.
- Se le da a la gente los recursos y las herramientas que necesitan para el trabajo.

4. Los líderes remueven las distracciones y protegen a su gente de la oposición. Un gran papel de los líderes durante el cambio es proteger a su gente de las amenazas a su estabilidad emocional así como también al proyecto del trabajo actual. En este sentido, los líderes evitan la interferencia para su gente y manejan los asuntos más feos que están fuera o contra el proceso del cambio. Los líderes en consecuencia liberan a su gente para enfocarse en las tareas más importantes a la mano.

5. Los líderes responden a momentos de calamidad con valentía y fe. Cuando la gente se desalienta, los líderes creen. Ellos creen que la

obra vale la pena; ellos creen que eso es de Dios; ellos creen que será logrado. Algunas veces la única manera de mantener el cambio vivo es que un líder se levante cuando ve el desánimo en otros y proporcione palabras audaces de esperanza y valor.

Cuando vi su temor, me levanté y dije a los nobles, a los oficiales y al resto del pueblo: No les tengáis miedo; acordaos del Señor, que es grande y temible, y luchad por vuestros hermanos, vuestros hijos, vuestras hijas, vuestras mujeres y vuestras casas.

—NEHEMÍAS 4:14, ÉNFASIS MÍO

6. Los líderes alinean todos los elementos de la organización con el cambio. En Nehemías 5, cuando los nobles actuaron de manera inconsistente con el carácter moral del cambio que Nehemías estaba dirigiendo, se enojó. Le horrorizaba que en esta noble obra, los líderes actuaran tan deshonrosamente. La lección aquí es que no hay excepciones. No sólo el cambio debe ser moral y honrar a Dios, pero también la gente y todo el proceso. Si se hacen excepciones, entonces todo el esfuerzo del cambio puede deshacerse como va perdiendo credibilidad.

7. Durante el cambio, los líderes no demandan de otros lo que no están dispuestos a dar ellos mismos. Nehemías proporcionó un modelo ideal de liderazgo de siervo cuando rechazó un privilegio de su posición de poder y en su lugar compartió con otros su comida real asignada. Él también pasó tiempo laborando al lado de la gente en el muro. Al hacer tales actos, los líderes ilustran su disposición de hacer lo que se les pregunta hacer a otros. Esto trae credibilidad al líder y confianza en el esfuerzo del cambio.

8. Los líderes mantienen el rumbo y no se rinden. Muchas cosas pueden distraer y causar que la misión se desvíe. Los buenos líderes se mantienen enfocados en la tarea a la mano y miden su actividad en términos de cómo esto contribuye al proyecto del cambio como un todo. Las distracciones causadas por la oposición, el cansancio y lo ocupado ,

así como las demandas regulares de un proyecto largo, no disuaden al líder de la meta final. Los líderes terminan lo que comienzan.

9   Al final del proceso del cambio, es correcto detenerse y dar Gloria a Dios. Fue Dios quien inicio el cambio en Nehemías cuando él lloró y oró; fue Dios quien sobrenaturalmente proveyó los recursos del proceso y fue Dios quien lo sustentó y lo llevó a su finalización. Este principio implica dos cosas: (1) Siempre debe haber una línea final para el proceso del cambio. En otras palabras, el cambio nunca debe ser continuo y constante. Las personas no pueden manejar el cambio perpetuo. Más bien, con cada esfuerzo de cambio, debe haber una línea de inicio y una línea final. Dirija a la gente de un punto de origen a un punto de destino claro. Entonces, si Dios guía, después del descanso y la celebración, una nueva aventura de cambio puede comenzar. (2) Es conveniente que una vez que el cambio haya sido logrado, que tome lugar una gloriosa reunión del pueblo de Dios con el propósito de atribuir adoración a Dios. Como Andy Stanley dice correctamente, "El fin de una visión ordenada por Dios es Dios".[39]

Visión, previsión, y supervisión. Cada fase juega un papel principal en el proceso del cambio. La Visión evalúa la visión misma al enfocarse en la necesidad y al definir la realidad actual así como el desafío exacto a la mano, siempre a la luz de los propósitos y las promesas de Dios. La Previsión comunica la visión, proporcionando así un deseo inspirador para un estado futuro positivo. La supervisión implementa la visión a través de la administración y la estructura del proyecto, asegurando que la gente que comenzó el proceso del cambio tendrá éxito al final. Las tres fases hablan de las facetas básicas acerca del cambio dentro de la gente: La gente cambia cuando está suficientemente *herida* y *tiene* que cambiar (realidad actual); cuando tiene suficiente *esperanza* y por lo cual, ellos *quieren* cambiar (visión del futuro); y cuando ellos *tienen* suficiente que *pueden* cambiar (estructura y recursos).[40]

Competencia #4: Resolver el Conflicto

Algunos entran al ministerio romantizando como será. Ellos se imaginan que todos siempre se llevarán bien y que la gente estará encantada con cada decisión del liderazgo que ellos hagan. Este mito es propagado por la noción que "Las cosas serán diferentes en mi iglesia". La cruda realidad es que cada iglesia u organización Cristiana tiene su parte de conflicto,

De hecho, por varias razones, el conflicto puede ser más prevalente y complicado en la iglesia que fuera de ella. Las razones de esto son positivas en un sentido, pero pueden tener efectos secundarios negativos.

Hay tres razones en particular significativas:

1 **Voluntarios.** La iglesia es una organización voluntaria magnífica donde la mayoría de la gente libremente da de ellos mismos para la obra del ministerio. Sin embargo, dado que los voluntarios no son remunerados, los líderes no tienen influencia para hacer decisiones y lidiar con el conflicto como aquellos que supervisan y dirigen en entornos donde las personas son pagadas. Las personas se alinean más rápido con líderes que tienen la habilidad de recompensarlos o castigarlos financieramente (salario, beneficios, etc.). El liderazgo de la iglesia, por otro lado, requiere un conjunto completamente diferente de habilidades para influir para poder ganar aceptación de las decisiones importantes y para lidiar con el conflicto cuando hay desacuerdo.

2 **"Mi opinión importa".** Porque trabajamos con voluntarios, y esta gente da voluntariamente en apoyo a la iglesia, muchos de ellos sienten que tienen el derecho de expresar su opinión y ser escuchados. Por supuesto, están en lo correcto, siempre y cuando la forma en la que expresen su opinión esté alineada con la Palabra de Dios (Efesios 4:15). Cuando se canaliza correctamente, la gente siente que la libertad de expresar su opinión es una cosa buena. Refleja un alto sentido de posesión y cuidado entre la familia de la iglesia.

Sin embargo, esto crea un desafío cuando hay una gran cantidad de personas interesadas y porfiadas y cuando lo que una persona desearía ver que pase difiere de la preferencia de otra. En la iglesia, a diferencia de un entorno de trabajo donde se es remunerado, las opiniones son a menudo más francas porque la posesión y la preocupación amorosa por la iglesia es más alto.

Los líderes deben crear canales legítimos y seguros Para que la gente exprese sus preocupaciones y preguntas.

---

3   **Cada uno puede hacer su trabajo.** Mucha gente en la iglesia siente que ellos son tan expertos en el ministerio como el líder. La gente a menudo no considera la experiencia y la capacitación que los pastores y los líderes en el ministerio han tenido, tampoco están conscientes de las sensibilidades envueltas en cómo deben ser hechas las decisiones. Esta realidad a menudo molesta de forma errónea a los líderes de la iglesia. Sin embargo, los líderes deben encontrar una manera de permanecer los suficientemente humildes para escuchar, a veces, a gente inexperta y sin información. Esto no significa que el pastor solamente debe entretener cada opinión de cada persona. Todavía, los líderes deben crear canales legítimos y seguros para que la gente exprese sus preocupaciones y preguntas.

Independientemente de las razones por las que pase en el ministerio, el conflicto debe ser respondido de manera efectiva y emocionalmente estable. Las respuestas saludables del conflicto son construidas sobre varias verdades principales que los líderes deben aceptar:

1   **El conflicto es normal.** Las iglesias están llenas con gente emocionalmente necesitada y manchadas de pecado quienes son diferentes una de otra en personalidad y perspectiva. Estos rasgos son también verdaderos en los líderes de la iglesia. Esto entonces significa que el

conflicto va a suceder. El conflicto entre cristianos ha pasado desde el principio de la cristiandad (Lucas 9:46, Hechos 15, 1 Corintios 3:1–8), y es bueno que los líderes lo normalicen hasta cierto grado y que lo acepten como un hecho de la vida de la iglesia.

2   **El conflicto es saludable.** El conflicto es realmente un signo de salud. Esto significa que la gente está hablando profundamente y que les importa profundamente las cosas. Una total falta de desacuerdo indicaría un bajo sentido de posición y carga acerca de la iglesia. En verdad, hay muchas iglesias muriendo que no experimentan conflicto. Esto es frecuentemente porque la gente tiene miedo de compartir sus pensamientos y sentimientos o de expresar proactivamente una preocupación. El líder puede no estar dispuesto a escuchar y ser insensible en actitud. Esto también puede indicar que a la gente simplemente no le importa mucho el bienestar y éxito de la iglesia. Como un signo de salud, uniformemente indudable e indiferente es mucho peor que un pequeño grado de conflicto.

3   **El conflicto es creativo.** El conflicto bíblicamente manejado, a menudo da origen a cosas positivas. No sólo es creativo sino que conduce a soluciones, pero tiene el potencial de traer unidad entre la gente a través del proceso de la resolución de problemas y la resolución del conflicto. Cuando el conflicto es manejado apropiadamente, las personas estarán más cerca una de la otra después del conflicto que lo que estuvieron antes. Dicho de otra manera, las iglesias no estarán tan unificadas sin el conflicto como pueden estar con el conflicto. Recuerde, la tolerancia no es lo mismo que la unidad. La tolerancia significa que las personas se están soportando una a otra. Es una realidad pasiva y reactiva que, aunque importa (Efesios 4:2-3), no logra lo mejor de Dios para la iglesia. El Señor quiere que hagamos más que tolerarnos uno a otro. Su deseo es que estemos unificados en corazón y propósito (Juan 17). La unidad es un activo, afirmando realidad donde la gente que es diferente se reúne para

unir corazones y manos en la gran misión de Dios. Tolerancia es sobrevivir. La unidad da vida. El proceso de la resolución de conflicto, en oposición a no experimentar conflicto en absoluto, tiene el potencial de traer unidad y vitalidad a la congregación.

El conflicto significa que la gente está hablando profundamente y que les importa profundamente las cosas. Este puede ser un signo de salud.

El Proceso y los Principios de la Resolución del Conflicto

La Escritura da principios claros y procedimientos para la resolución del conflicto. Estos son esenciales para el liderazgo bíblico efectivo y para capacitar al líder para enfrentar la dificultad y frecuentemente la cuestión compleja del conflicto con confianza profunda.

> *Habéis oído que se dijo a los antepasados: "No matarás" y "Cualquiera que cometa homicidio será culpable ante la corte." Pero yo os digo que todo aquel que esté enojado con su hermano será culpable ante la corte; y cualquiera que diga: "Raca" a su hermano, será culpable delante de la corte suprema; y cualquiera que diga: "Idiota", será reo del infierno de fuego. Por tanto, si estás presentando tu ofrenda en el altar, y allí te acuerdas que tu hermano tiene algo contra ti, deja tu ofrenda allí delante del altar, y ve, reconcíliate primero con tu hermano, y entonces ven y presenta tu ofrenda.*
>
> —MATEO 5:21–24

> *Y si tu hermano peca, ve y repréndelo a solas; si te escucha, has ganado a tu hermano. Pero si no te escucha, lleva contigo a uno*

o a dos más, para que toda palabra sea confirmada por boca de dos o tres testigos. Y si rehúsa escucharlos, dilo a la iglesia; y si también rehúsa escuchar a la iglesia, sea para ti como el gentil y el recaudador de impuestos. En verdad os digo: todo lo que atéis en la tierra, será atado en el cielo; y todo lo que desatéis en la tierra, será desatado en el cielo. Además os digo, que si dos de vosotros se ponen de acuerdo sobre cualquier cosa que pidan aquí en la tierra, les será hecho por mi Padre que está en los cielos. Porque donde están dos o tres reunidos en mi nombre, allí estoy yo en medio de ellos.

—MATEO 18:15–20

1. El Proceso Claro

La primera cosa que debe ser reconocida en estos pasajes es que las relaciones interpersonales y la resolución del conflicto son de suprema importancia para Dios. Del pasaje de Mateo 5, Jesús visualiza a los adoradores quienes adoran en armonía unos con otros. Aquí en su primer sermón público, él presenta la noción radical de que la verdadera adoración no es sólo acerca de nuestra relación vertical con el Padre sino también acerca de nuestra relación horizontal, de unos con otros. Jesús enseñó que nuestra relación con Dios es estorbada cuando nuestra relación con los otros está rota (ver Mateo 6:15, 1 Juan 4:20, 1 Pedro 3:7). Aun en el contexto de decoro que acompañó la adoración judía en el templo, Jesús animó a la gente de interrumpir sus actividades de adoración para ir y arreglar una relación con otros. Es obvio que la reconciliación es valorada por Dios más que el ritual religioso.

La misma idea es encontrada en el texto de Mateo 18. Uno puede deducir la suprema importancia en la economía de Dios para sus seguidores para arreglar las relaciones por el proceso explícito que Jesús describe para resolver el conflicto (vv. 15–17), la naturaleza atada y la afirmación divina que rodea los resultados del proceso cuando se hace correctamente (v. 18), y el placer de Dios asociado con la reconciliación como es evidenciado por la presencia poderosa de Cristo mismo dentro de estos esfuerzos (v. 20).

Aunque similar en muchos aspectos, hay algunas diferencias en estos pasajes que vale la pena señalar. En Mateo 5, el adorador reconoce que ha ofendido a alguien de alguna manera. El creyente aquí es el *ofensor*. En Mateo 18, el creyente es *el ofendido* por otro. La "ofensa" en Mateo 5 parece incluir incluso una ofensa menor—"y recuerdas que tu hermano tiene algo contra ti" (v. 23)— la idea es que aun si la ofensa no es seria por medida, si causa a alguien tener un rencor contra usted, usted como el creyente maduro e interesado debe ir y arreglarlo. En Mateo 18, la ofensa es seria: "Si tu hermano peca contra ti" (v. 15). La palabra "peca" denota la gravedad de la ofensa. La idea aquí en Mateo 18 es que nosotros debemos iniciar el proceso de reconciliación de Jesús cuando ha habido un pecado contra nosotros. (Podemos presumir que Jesús no anima a este proceso en el caso de las ofensas menores o hipersensibilidad). En ambos pasajes, ya sea que uno haya ofendido o que hayan pecado contra uno, el creyente no debe esperar para que la otra persona venga, sino que debe ir inmediatamente e iniciar la restauración de la relación.

Las relaciones interpersonales y la resolución del conflicto son de suprema importancia para Dios.

El proceso en Mateo18 es explícito y por lo tanto alentador. Si los líderes desafiaran a sus congregaciones y los sujetaran para rendir cuentas del empleo de este proceso, si modelaran con sus propias acciones cuando las desavenencias ocurren entre ellos y los otros y si ellos enseñaran y predicaran el poder de corazones rectos unos con otros en el cuerpo de Cristo, estos líderes encontrarían la unidad en sus congregaciones y el alivio del estrés del conflicto constante en el cuerpo de la iglesia.

Hay cuatro pasos involucrados en el proceso de reconciliación de Jesús en Mateo 18:15–20:

Paso 1: Ir en privado. Jesús claramente explica que el primer paso para resolver el conflicto es ir privadamente con quien tú tienes una ofensa y buscar restaurar la relación. Aquí, los creyentes explican uno al otro lo que se hizo mal y sus consecuencias, "ve y repréndelo" (v. 15), y ofrece dar y recibir perdón. La meta no es culpar o ganar el argumento, sino "ganar a tu hermano" (v. 15).

Puesto que Jesús dice que debemos *primero* ir en privado, esto significa que ningún paso en el proceso debe ir antes que este. De hecho, la primera cosa para hacer es lo mejor y lo más efectivo para hacer. ¿Por qué? Porque este primer principio mantiene el potencial para no adelantarse a todos los otros pasos. Si los líderes y aquellos en organizaciones cristianas simplemente siguieran este punto claro de orden, dos terceras partes de los conflictos que ellos encuentran pudieran desaparecer.

Los beneficios de practicar esta difícil pero simple acción son dobles para los líderes de la iglesia: (1) el conflicto es resuelto rápidamente (el conflicto se intensifica cuanto más tiempo se prolonga), y (2) el conflicto es resuelto privadamente (el conflicto se intensifica cuando hay más gente involucrada). Consecuentemente, este primer paso ofrece la mayor protección para la unidad de la iglesia, y los líderes deben tener un firme compromiso para verlo practicado.

Hay dos aplicaciones únicas de este texto que yo personalmente he practicado:

Primeramente, cuando la gente viene a mí como líder con una ofensa o problema que ellos tienen con alguien dentro de la iglesia, mi pregunta inicial es, "¿Has ido y hablado con la persona que te ofendió?" Muchas veces la repuesta es no. Mi respuesta es simple: "Por la enseñanza clara de la Escritura, yo no puedo entretener conversaciones acerca de alguien más hasta que primero hayas ido a esa persona tú mismo". Si están dispuestos a ir, los instruyo de las actitudes necesarias para que el creyente maduro resuelva el conflicto, y oramos juntos por la reunión. Si no están dispuestos a ir y hablar en privado, les advierto de la importancia ante los ojos de Dios de hacer esto y trato de ayudarlos a ver las posibilidades y beneficios positivos del encuentro. Si todavía no están dispuestos, yo oro con ellos y lo dejo fuera de mi corazón sin comprometerme en este conflicto otra vez, al menos que se convierta en algo más serio y más ampliamente conocido (ver los principios abajo). En obediencia a Cristo, mi primera obligación es asegurarme que como iglesia sigamos el plan inequívoco de Jesús.

Segundo, cuando el conflicto se desarrolla hacia mi (o de mi hacia otros), yo aplico este principio en una manera bastante literal. Algunas veces yo recibo un correo electrónico diciendo como he ofendido a alguien. He aprendido de la manera difícil, a no resolver un conflicto por medio del correo electrónico. El texto escrito es a menudo mal entendido porque la gente asigna el significado y el énfasis a las palabras de una manera en la que el escritor nunca intentó. Las personas también son mucho más valientes detrás del teclado y escribirán cosas que nunca dirán cara a cara. Las palabras escritas son permanentes, y no deberíamos hacer nada permanentemente tonto porque estamos temporalmente molestos.

De igual manera, las llamadas telefónicas no son lo mejor para el propósito de resolver el conflicto. Las personas no pueden ver las expresiones faciales cuando hablan por teléfono y algunas veces el significado es mal entendido. Por lo tanto, cuando yo recibo un correo electrónico, un "comentario" en el pasillo de la iglesia, o un mensaje de voz comunicando la ofensa, tengo una repuesta simple y corta: "Por favor juntémonos y hablemos esto cara a cara".

A menudo he sido maravillado por la transformación en la gente cuando pido esto. Muchos se disculpan y dicen que no era algo grande después de todo, o que ellos sólo estaban teniendo un mal día. Algunos dicen que no quieren convocar a una reunión y continúan su vociferación y si ellos no están dispuestos a reunirse, simplemente borro el correo electrónico sin leerlo enteramente. Algunas veces, nunca escucho de ellos nuevamente. Y algunos realmente entran para hablar del asunto. La versión más suave y amable de la persona usualmente se presenta y la mayor parte del tiempo, los asuntos se resuelven de una manera piadosa y restauradora.

> En obediencia a Cristo, mi primera obligación es asegurarme que como iglesia sigamos el plan inequívoco de Jesús.

Paso 2: Lleva contigo a uno o dos. Si después de un encuentro en privado, el conflicto no es resuelto, los creyentes deben llevar uno o dos que pueden ayudar como terceros facilitadores objetivos del caso (v. 16). No se trata de "agruparse" o acusar, sino más bien de identificar claramente la falta y de usar el consejo de los testigos para discutir imparcialmente la validez de una acusación. Ellos deben poder verificar lo que realmente fue hecho, así como también el peso de la ofensa, y ellos pueden observar lo que es dicho y cómo es dicho en la conversación. En este sentido, este paso proporciona protección de acusaciones falsas para ambos, el ofendido y el ofensor. Estos "uno o dos" puede incluir alguien del personal de una área en particular del ministerio impactado, un líder espiritual respetado por ambas partes o hasta un consejero cristiano puede proporcionar sabiduría y percepción espiritual.

Paso 3: Dilo a la iglesia. Puesto que Jesús está recomendando un proceso creciente que incluye más gente solo mientras el conflicto continua existiendo, es apropiado asumir que él fomentaría la "necesidad de saber" la naturaleza de este proceso para continuar aun a este tercer nivel. En otras palabras, cuando Jesús dice, "dilo a la iglesia" (v. 17), él no está necesariamente abogando por una reunión pública de toda la congregación. La idea es que el liderazgo de la iglesia sea involucrado en este punto debido a la posibilidad y necesidad para que una disciplina formal de la iglesia tome lugar. Estos líderes pueden entonces determinar a qué grado la congregación debe estar informada, haciendo este juicio basado en la seriedad de la ofensa y el nivel de amenaza a la unidad de la iglesia. Aquí los líderes de la iglesia y/o los ancianos pueden actuar como facilitadores dando una guía más seria para la resolución de lo que puede ser hecho en privado o con otros terceros, o si se fracasa en esto ellos pueden moverse al siguiente nivel en el proceso de resolver el conflicto como es establecido en el versículo 17.

Paso 4: Aislar al impenitente. Así como un compromiso para restaurar las relaciones es importante para la salud de una congregación, también lo es el compromiso para que los líderes de la iglesia protejan al rebaño de Dios de gente perjudicial. Después de haberse tomado grandes pasos para resolver el conflicto en el cuerpo, hay una clara enseñanza de Jesús aquí en cómo tratar a alguien que no está dispuesto y arrepentido. Esto asume que *existen* tales personas en el mundo. En realidad, hay gente que realmente no quiere que el conflicto sea resuelto y que no están dispuestos a hacer las paces. Los líderes no deben ser tan ingenuos como para pensar que nunca habrá personas quienes, ya sea intencionadas o subconscientemente, atacaran y dañaran a la familia de la iglesia si se deja sin supervisión. Tales personas deberían ser tratadas con perspicacia y siempre con motivación de proteger a la iglesia de Dios. Algunas veces, una de las funciones de un líder bíblico es mostrar a la gente la puerta trasera metafórica. Aquí, aunque la restauración no haya tomado lugar, el conflicto ha sido resuelto y tratado de manera concluyente. Los líderes deben entender que aunque la reconciliación es el objetivo, no siempre ocurre. En consecuencia, resolver un conflicto no siempre es lo mismo que la reconciliación y no siempre incluye la restauración. Está resuelto, pero sin reconciliación. Esta manera de resolución es consistente con otras enseñanzas del Nuevo Testamento acerca de tratar con el impenitente (ver Romanos 16:17–18, 1 Corintios 5:1–13, Tito 3:9–11, 2 Tesalonicenses 3:13–15).

Cuando Jesús dijo acerca del impenitente, "sea para ti como el gentil y el recaudador de impuestos" (v. 17), las palabras son importantes. La idea es tratar a ellos como *tú*, las personas judías de su tiempo, sería un gentil y un recaudador de impuestos. Jesús ciertamente se hizo amigo de tales personas y fomentó amor hacia ellos como forasteros. Pero él sabía cómo vio su audiencia a los gentiles y a los recaudadores de impuestos y usando la forma en que ellos se aislaron de tales personas como un ejemplo, él instruye a la iglesia a separarse del creyente impenitente.

Los Resultados del Proceso: La Confianza y la Presencia de Cristo

Jesús infunde gran confianza en aquellos que caminan a través del proceso de resolución del conflicto asegurándoles que cuando es practicado como él lo indica, todos los resultados pueden ser confiados al Señor (vv. 18–19). Cualquier cosa que sea decidida por la iglesia con respecto a los creyentes y sus conflictos está conectada a la autoridad y aprobación celestial: "todo lo que atéis en la tierra, será atado en el cielo; y todo lo que desatéis en la tierra, será desatado en el cielo" (v. 18). Si un arrepentido es restaurado, esa restauración es sellada en el cielo también. Si alguien no está arrepentido y por lo tanto expulsado, el cielo afirma tales decisiones, por supuesto, con tal que, este progreso haya tomado lugar con la meta del perdón y la redención.

Además cuando el proceso de Jesús es seguido, Cristo promete su presencia en y a lo largo de este. El versículo 20 es a menudo citado como una promesa acerca de la oración: "Porque donde están dos o tres reunidos en mi nombre, allí estoy yo en medio de ellos". Sin embargo, el contexto bíblico revela que la promesa se relaciona con la resolución del conflicto. A través de su Espíritu Santo, Cristo está poderosamente presente cuando los creyentes se reúnen con el propósito de formar las relaciones ¡correctas! Cuando sus seguidores se reúnen para intercambiar perdón y orar juntos por la reconciliación, Cristo está "del todo en" esta clase de encuentros. Su corazón permanece cerca de aquellos que siguen sus instrucciones claras para restaurar relaciones, y aun cuando tales reuniones no produzcan la reconciliación, los líderes pueden alejarse completamente seguros de que lo que fue decidido en la tierra es afirmado en el cielo y que Dios está en medio de sus esfuerzos.

Cuando el proceso de Jesús es seguido,
Cristo promete su presencia en y a lo largo de este.

Los líderes que confían en la Palabra de Dios aplicando el proceso de resolución que Jesús bosquejó en Mateo 18 verán varios beneficios:

1 **Cristo es honrado.** Cuando hacemos lo que Jesús nos dijo hacer, él es honrado y nosotros nos hemos colocado y hemos colocado a nuestra iglesia en un contexto para su bendición y favor.

2 **Funciona.** Este proceso permite la mayor posibilidad de reconciliación y restauración entre el pueblo de Dios así como también la mayor protección para la iglesia.

3 **Protege al líder.** Los líderes que practican el proceso de Jesús van a encontrar que con el tiempo, la gente aprende las expectativas. La voz se extenderá al grado que aquellos que lleguen al líder con una ofensa serán devueltos y amonestados a ir a enfrentar a quien los ha ofendido. Ellos también aprenderán que si la ofensa es incluso con el líder, será requerida una reunión cara a cara. La mayoría de la gente quiere desahogarse, pero lo quieren hacer a distancia. Ellos a menudo no desean la reconciliación tanto como la plataforma para expresar su frustración. Como tal, un compromiso con el proceso de Jesús mantendrá muchos conflictos alejados de la puerta del líder. Cuando ocurran, el líder tendrá que tratarlos de la manera que el conflicto debe ser tratado de acuerdo a la Palabra de Dios. Independientemente si el proceso termina en la reconciliación, el líder habrá honrado a Cristo al hacer lo que él claramente enseñó. Aun en esas instancias raras cuando el proceso de Mateo 18 no termina bien (Jesús nunca garantizó que así sería), el líder puede alejarse con la integridad intacta, sabiendo que él o ella actuó en obediencia a Dios.

4 **Construye una cultura sana.** Cuando los líderes apuntan a las personas hacia los otros y modelan el proceso de Mateo 18 en sus propios conflictos, el resultado es una iglesia u organización que está condicionada a manejar el conflicto de las maneras que honran a Dios. La cultura es formada, y el espiral positivo de

unidad y gracia llega a ser implantado en el ADN del grupo. En este sentido, los líderes estructurarán al grupo alejados del conflicto en lugar de "alimentar al monstruo". Ellos enseñan a la iglesia el valor de seguir la Palabra de Dios y permitir que su gente experimente los beneficios de caminar a través del conflicto de una manera saludable.

Cuando estas prácticas están en su lugar, el conflicto llega a ser vivificante. El conflicto vivificante es redimible y corregible. Tiene el potencial de producir soluciones creativas, crear unidad y traer más poder a una iglesia u organización y a su gente. El conflicto vivificante se da cuando la gente que es ofendida encuentra la madurez y la seguridad emocional de sentarse juntos y resolver el problema bajo la guía de un líder.

En organizaciones saludables, la gente se reúne para resolver las cosas debido a un fuerte sentido de la necesidad de proteger la unidad del grupo. Este sentido es impartido por líderes que enseñan sobre la importancia de proteger la unidad; que comunican el poder positivo y la visión de una comunidad cristiana amorosa y solidaria; y modelan la resolución del conflicto saludable al resto del cuerpo. Aquí las personas se sientan unos con otros porque "nuestra unidad es más importante que nuestras diferencias". El compromiso con la unidad conduce a conversaciones difíciles y a veces llenas de lágrimas, pero siempre con el tema de la redención y la restauración a través del diálogo. "Hacerlo correctamente por el bien del cuerpo y para la Gloria de Dios" es la pasión y el objetivo primordial.

El compromiso con la unidad siempre tiene como prioridad la redención y restauración.

Estrategias para la Respuesta de un Líder al Conflicto

Uno de los principios primordiales de Mateo 18 es que existen niveles de conflicto. En otras palabras, no todos los conflictos son iguales. Algunos conflictos amenazan la vida de la iglesia, es decir, la unidad y la salud de la familia de la iglesia están en riesgo. Otros conflictos son leves en su intensidad y nivel de daño potencial. Puesto que esto es verdad, no todos lo conflictos deberían ser tratados de la misma manera. De hecho, algunos conflictos no deben ser tratados en lo absoluto *por los líderes*. Categorizar el tipo de conflicto enfrentado proporciona una estrategia para los líderes en cómo tratar con él.

Una manera en que el conflicto puede ser categorizado es entendiendo su escala y su alcance (o su intensidad y el impacto, si lo desea). *La escala* tiene que ver con la seriedad de la ofensa. *El alcance* tiene que ver con el número de gente tocada por el conflicto. Mateo 18 enseña que el nivel de intensidad de un conflicto está a menudo relacionado al impacto sobre el número de personas involucradas. Lo que comienza como un asunto de dos personas para resolver entre ellas mismas puede escalar hasta la involucración de liderazgo de la iglesia. En consecuencia, la intensidad del conflicto incrementa. En realidad, el conflicto que no es de una *escala* espiritual, teológica y moral e influye solo a una o dos personas en su *alcance* requiere una estrategia de respuesta completamente diferente a la de un conflicto que impacta a mucha gente y es importante en su ofensa. Los líderes deben buscar limitar el alcance del conflicto tanto como sea posible para contener su impacto sobre una organización.

La resolución del conflicto como Jesús lo trazó en Mateo 18 es un proceso que escala. El pasaje comunica la idea de que la gente debe reunirse primero cara a cara para resolver sus diferencias. Aquí, los líderes de la iglesia no están involucrados, lo cual significa que en un modelo bíblico, los líderes no saltan inmediatamente en cada conflicto. Sólo cuando la intensidad y el impacto del conflicto incrementa, los líderes se involucran ("Y si rehúsa escucharlos, dilo a la iglesia" v. 17).

Aplicando el principio que va en escala de este pasaje, somos capaces de trazar las respuestas posibles del líder basadas en la intensidad y el impacto. Esto no es una ciencia exacta; más bien, esta gráfica es dada para permitir a los líderes una forma de categorizar el conflicto de una manera que los ayude a saber cómo tratarlo en cada nivel.

	H	
Alto/Bajo *"dilo a la iglesia"* El líder se involucra y resuelve		**Alto/Alto** *"sea para ti …"* El líder protege y decide
Bajo/Bajo *"entre tú y él a solas"* El líder se retira y lo pasa por alto		**Bajo/Alto** *"lleva contigo a uno o dos"* El líder instruye e informa
L		H

Escala—grado de seriedad del conflicto

Alcance—número de gente tocada por el conflicto

1 **Bajo/Bajo (escala baja, alcance bajo).** Cuando el conflicto ocurre entre otros y tiene poca seriedad en términos de su composición espiritual, teológica o moral, y cuando toca solo a un puñado de gente, los líderes deben retirarse y pasarlo por alto. El conflicto de la escala baja y el alcance bajo resulta de diferencias de personalidad, preferencias en cosas no esenciales de fe y práctica, o desacuerdos a cerca de asuntos menores. Algunas veces las personas traen un conflicto de baja intensidad y bajo impacto al líder. Cuando un asunto no involucra directamente al líder, él o ella no deben entretenerlo, sino en su lugar deben autorizar a la gente a que vayan uno a otro en privado y lo resuelvan ellos mismos. "Y si tu hermano

peca, ve y repréndelo a solas" (Mateo 18:15). El líder debe simplemente ignorar esta forma de conflicto leve. No ayudará a la iglesia involucrándose ni tampoco la perjudicará ignorándolo. En verdad, involucrándose en el conflicto de este nivel podría posiblemente dañar a la iglesia, porque cuando el líder se involucra alimenta al conflicto, habilita a la gente de alto mantenimiento y eleva la seriedad del asunto innecesariamente. Los líderes simplemente no tienen el tiempo ni la energía para involucrarse en el conflicto a este nivel.

2   **Bajo/Alto (escala baja, alcance alto).** Cuando el conflicto es menor en su escala, su peso e intensidad, pero muchos han sido tocados por él o saben acerca de él, los líderes deben actuar como maestros para instruir e informar a otros en cómo responder y resolverlo. Esta es una gran oportunidad para capacitar y enseñar acerca de cómo debe responder la iglesia unos a otros cuando los problemas ocurren. Aquí, el líder *principal* no está an vinculado en términos de involucramiento activo. Sin embargo, él o ella delega la responsabilidad a un miembro del personal o a una persona laica acerca de cómo el conflicto puede ser rápidamente resuelto: "lleva contigo a uno o a dos más" (Mateo 18:16). Dependiendo del tamaño de la iglesia, el líder ni siquiera puede estar enterado de la situación, siempre que el entrenamiento proactivo haya ocurrido con otros en cómo manejar el conflicto.

3   **Alto/Bajo (escala alta, alcance bajo).** Cuando el conflicto es significativo en escala, teniendo importancia moral, espiritual o teológica, los líderes deben involucrarse y resolverlo aun cuando el número de personas tocadas o informadas acerca de este sea bajo. Es la seriedad de la ofensa lo que llama para el involucramiento del líder. Ignorarlo envía mensajes inapropiados acerca del grado de su seriedad y abandona la responsabilidad del líder de proteger a la iglesia de la inmoralidad, la calumnia o la herejía. Para proteger a la iglesia, el líder debe lidiar con el conflicto *en privado,* tratando

sólo con aquellos involucrados en la ofensa y aquellos que han sido directamente impactados por ella. En esta situación, un líder puede sentarse con el ofensor y con el ofendido para juntarlos y arreglar las cosas. La meta, como siempre, es restaurar. En el caso de una falla moral seria, descuido deliberado de otros, y/o la falta de arrepentimiento, los líderes pueden necesitar expulsar al ofensor de la congregación o cesar su posición del personal (Mateo 18:17, 1 Corintios 5:1–12). Esto depende del grado de seriedad de la ofensa y de la respuesta del ofensor. En algunos casos, la reconciliación puede suceder pero las consecuencias de una acción todavía requieren la suspensión. Esto es particularmente verdad de aquellos en el liderazgo. Los líderes se pueden descalificar ellos mismos de las posiciones del liderazgo por un periodo de tiempo. Si alguien en el liderazgo está arrepentido y todavía necesita renunciar, la iglesia debe buscar apoyarlos con consejería, mentores, cuidado o recursos financieros. La meta permanece en su restauración. Por su puesto, el consejo sabio de otros líderes principales en la iglesia debe ser beneficioso en esta decisión.

4   **Alto/Alto (escala alta, alcance alto).** Este es el más serio de los conflictos, significativo tanto en la escala como en el alcance. Este es donde el conflicto es público y severo. La regla general respecto al conflicto a cualquier nivel es que los líderes deben involucrarse *cuando la unidad de la iglesia es amenazada*. Los conflictos de escala alta y alcance alto tienen el potencial más grande para dañar a la congregación. Un líder aquí debe actuar como alguien que dirige la conversación apropiadamente y decide lo que debe ser hecho; de lo contrario, la iglesia entera puede ser dañada. Aquí, el líder tiene una gran oportunidad para dirigir a un grupo o incluso a la iglesia entera a experimentar "todas las cosas cooperan para bien" (Romanos 8:28). Este también es el momento en que un líder debe levantarse con valor para proteger a la iglesia de las personas perjudiciales, "y si también rehúsa escuchar a la iglesia, sea para ti como el

gentil y el recaudador de impuestos" (Mateo 18:17). El líder puede mostrar una presencia calmada y un espíritu de oración y todavía una protección determinada para la iglesia. Esto enseña al grupo cómo lidiar con la decepción o la amenaza, ejemplifica el liderazgo saludable (proveyendo más credibilidad a aquellos en el liderazgo) y tiene el potencial de unificar a todos los afectados por el conflicto.

Otros Principios de Resolución del Conflicto

1   **El Conflicto Revela el Carácter.** El conflicto es a menudo el espejo que Dios usa para mostrarnos áreas de crecimiento de carácter necesarias. *Puede ser en efecto la manera principal.* A través del conflicto, la fortaleza del carácter, o la falta de este en un líder es revelado. Dios usa el conflicto para alumbrar sobre nuestras más profundas motivaciones, nuestro nivel de seguridad interna y el grado de integridad en nuestro liderazgo. Es por esto que los líderes bíblicos deben asimilar el carácter de Cristo en el tejido de su liderazgo cotidiano. Sólo a través del fundamento firme de la seguridad interna, la más profunda integridad y el servicio confiable pudieran los líderes encontrar la fortaleza interna para soportar estos encuentros.

2   **Mantenga el Conflicto "Afuera."** El conflicto asociado con el ministerio requiere límites emocionales seguros de parte del líder. Es por eso que los líderes a menudo asocian erróneamente el conflicto con la amenaza personal, el fracaso profesional o el miedo de ser hallados incorrectos o inadecuados. Ciertamente, el conflicto nos enseña acerca de nosotros mismos, pero si no es visto objetivamente o procesado apropiadamente, este puede generar derrota o condenación.

Jesús poseía tal seguridad interna que pudo resistir emocionalmente los ataques personales de otros y aun así darse emocionalmente a aquellos en necesidad. ¿Cómo es que, con tales criticismos hostiles y asaltos verbales viniendo a él, Jesús no retrocedió al aislamiento emocional? Su increíble sentido de seguridad vino de saber profundamente quién era, de poseer integridad en lo que él hizo y de lo profundo de su intimidad en su relación con su Padre (Juan 13:3–5, Juan 17). Esto proporcionó un combustible interno por lo cual él pudo vivir para una audiencia de Uno, incondicionalmente amar a otros que estuvieron en necesidad e intimar con los más cercanos a él y todavía proteger su corazón del colapso cuando el conflicto surgió.

Similarmente, los líderes bíblicos deben encontrar la manera de erigir límites emocionales cuando el conflicto ocurre, los límites que protegen sus corazones de la sobre exposición y la vulnerabilidad, mientras al mismo tiempo mantener la habilidad de bajar esos límites para dar, servir y amar a otros libremente. Esto significa inherentemente que los líderes bíblicos mantienen el conflicto "afuera", es decir, fuera de ellos emocionalmente. Ellos lo hacen al no tomar el conflicto personalmente, al verlo objetivamente y cultivando una seguridad interna que les permite permanecer imparciales cuando esto ocurre. Esto les permite tener la capacidad de escuchar las opiniones de otros sin depender de esas opiniones; de caminar a través y aprender de los errores sin condenarse ellos mismos como fracasados; de respetar a la gente sin temerles; de permitir el conflicto para refinar su raciocinio en toma de decisiones sin llegar a ser volubles e indecisos; y de aprender que ellos pueden amar a otros mientras al mismo tiempo proteger sus propios corazones de la gente disfuncional.

La seguridad de Jesús vino de saber profundamente quién era, de poseer integridad en lo que él hizo y de su profunda intimidad con el Padre.

---

3. **Aprenda del Conflicto; No lo Deje Siempre.** Con todo lo dicho, mantener el conflicto "afuera" no significa que la fuente del conflicto sea siempre la falta de alguien más. En verdad, a menudo experimentamos el conflicto en nuestras vidas y el liderazgo por nuestras propias acciones, inseguridades y las decisiones mal motivadas. En estos casos, el conflicto con otros viene dentro de uno mismo.

Puesto que esto es cierto, es importante que los líderes aprendan a considerar esta clase de dificultades examinando primero internamente lo que podría estar causando el conflicto con otros, incluyendo su propia falta de carácter y/o su competencia. Las preguntas a considerar incluyen: ¿Este conflicto es causado por una decisión pobre, comunicación inadecuada o por otra falta de competencia de mi parte? ¿Estoy actuando como un líder siervo en nombre de otros o todo esto es sobre mis ambiciones, hacerlo a mi manera y probándome a mí mismo? ¿Este conflicto resultó de mi necesidad de la aprobación de otros o del temor a la gente? ¿Permití que ocurriera este conflicto al permitir que se desarrollara una cultura disfuncional? ¿La manera en que estamos estructurados para las decisiones incorpora el conflicto sistemáticamente en nuestra organización? La pregunta más honesta y primordial que un líder puede hacerse es, "¿Cuál es la verdadera y más profunda fuente de este conflicto?".

El primer trabajo del liderazgo bíblico es tomar la responsabilidad. Aun si un líder no causa directamente un problema, su trabajo es arreglarlo y establecer estructuras para que no pase otra vez. Los líderes bíblicos no renuncian a la responsabilidad. Sólo cuando ellos reclaman la porción que traen a los retos y al conflicto son capaces de desarrollarse como los influyentes que Dios quiere que sean (2 Timoteo 2:21, Filipenses 2:13, Hebreos 13:21) y cambiar sus organizaciones para lo mejor. Usted puede aprender grandes cosas de sus errores cuando no está ocupado negándolos.

Cuando los líderes reconocen sus errores y los confiesan al Señor, ellos mismos se colocan en un contexto para la santificación divina. El proceso del verdadero crecimiento interno comienza. La santificación toma lugar cuando los líderes admiten ante de Dios y ante los otros sus errores, llegando a ser más conscientes ellos mismos para el futuro; creciendo más profundamente en el carácter de Cristo como administradores, pastores y siervos; y caminando en la gracia de Dios diariamente. Desafortunadamente, lo que sucede a menudo en su lugar, es que los líderes roban a Dios la habilidad de transformarse, porque ignoran cada situación de conflicto que surge, fallan en tomar la responsabilidad y nunca consideran la posibilidad de que Dios ha traído una situación a su camino para usarla para bien. Si no vemos el conflicto a través de los ojos de Dios y lo reconocemos como algo que ha sido filtrado a través de sus manos soberanas y amorosas, nunca creceremos a partir de esto. En realidad, sin importar donde esté la culpa en cualquier conflicto dado, Dios está tratando de hablarnos en este, para revelarnos algo acera de nosotros mismos, para hacernos más dependientes de él y para transformar nuestro carácter a través de la experiencia.

Usted puede aprender grandes cosas de sus errores cuando no está ocupado negándolos.

Cuando ignoramos el conflicto o dejamos las situaciones en donde este ocurre, en lugar de enfrentarlo, *nos tomamos a nosotros mismos*. Como Yogi Berra dijo correctamente, "Donde quiera que vayas, ahí estas". En otras palabras, aunque tengas un nuevo contexto, todavía te traes a ti mismo en este, y si eres la verdadera causa del conflicto, ese conflicto volverá aparecer. Los líderes cambian empleos, iglesias, roles y hasta lugares geográficos, pero casi nunca cambian ellos mismos. Sorprendentemente, Dios tiene una manera amorosa de traer personas y situaciones similares de vuelta a nuestras vidas para enseñarnos las lecciones que escogemos ignorar. Más que cualquier otra prioridad que tiene para nosotros como creyentes, es su deseo amoroso y su propósito de desarrollar en nosotros el carácter de Cristo (Romanos 8:29). El desarrollo del carácter es un curso previamente requerido en el cristianismo. Si decidimos retirarnos de la clase, Dios automáticamente nos matriculará en una nueva. La gente puede ser diferente; el contexto puede ser diferente; pero Dios traerá el mismo conflicto a nuestro camino, o mejor dicho, él revelará una vez más el conflicto que estaba dentro de nosotros todo el tiempo. Como Walt Kelly lo escribió, "Hemos conocido al enemigo, y somos nosotros".[41]

Tristemente, algunos líderes pasarán años sin nunca aprender las lecciones encontradas en el conflicto y terminan repitiendo el mismo tipo de errores una y otra vez, sólo con gente diferente. Se cuenta la historia de un hombre quien en el transcurso de veinte años, tuvo numerosos empleos. Él dejó cada empleo debido a problemas similares. Él afirmó tener veinte años de experiencia, pero en realidad, él tuvo *una experiencia repetida veinte veces*. ¿Por qué? Porque nunca aprendió las lecciones que necesitaba a través de esas experiencias.

Competencia #5: Desarrollar a los que Dirigimos

Los líderes tienen una opción en cómo manifiestan su liderazgo. Primero, pueden elegir *hacer*, es decir, hacer todo ellos mismos. Esta estrategia limita lo que se puede lograr con los esfuerzos y el tiempo del líder. También desafía el corazón del liderazgo, es decir, la habilidad de influenciar a *otros* para lograr un objetivo que honre a Dios. En segundo lugar, los líderes pueden *delegar*, es decir, pueden decir a otros que hagan tareas que preferirían no hacer ellos. Delegar es una noción popular en el liderazgo hoy en día y a menudo es discutido como una estrategia necesaria para la efectividad. Mientras que el delegar libera al líder para hacer otras cosas, esto no refleja las más nobles expectativas del liderazgo. Después de todo, puede decirle a un perro que vaya por (es decir, delegar en él), pero esto no es realmente "dirigir" al perro, por lo menos no como la Biblia describiría el liderazgo. En cambio, la palabra que personifica lo que los líderes bíblicos hacen en relación a otros es *desarrollar*. Los líderes bíblicos están llamados a desarrollar a quienes ellos dirigen, ayudándolos a crecer y alcanzar su pleno potencial en Cristo y en su reino. Esta meta se conecta con el carácter amoroso del líder bíblico y dignifica al seguidor al afirmar que las personas son más que peones para el uso de otra persona. Desarrollar a aquellos que guiamos va al corazón del liderazgo de servicio, dirigiendo para el beneficio de los otros. Esto también establece un patrón para levantar algo necesario en cada congregación: más gente que dirija. Al final, los líderes bíblicos crean más líderes bíblicos.

El corazón del liderazgo es la habilidad de influenciar a otros para lograr un objetivo que honre a Dios.

En Mateo 4, Jesús llama a sus primeros discípulos, Pedro y Andrés. El versículo 19 dice, "Seguidme, y yo os haré pescadores de hombres". La palabra ποιέομαι, "los haré", es un verbo activo en futuro y puede ser traducido como "causará que sea" o " hará que llegue a ser"[42] Jesús está diciendo que él hará algo hacia estos hombres que causará que "pesquen" a otros (un juego de palabras relacionadas con su vocación original e indicando que reunirían a hombres en el reino de Dios). Avanzando rápidamente tres años, después de la resurrección, al final del ministerio terrenal de Jesús. En Mateo 28:19–20, Jesús les dice a sus discípulos, reunidos en el monte en Galilea, "Id, pues, y haced discípulos de todas las naciones, bautizándolos en el nombre del Padre y del Hijo y del Espíritu Santo, enseñándoles a guardar todo lo que os he mandado; y he aquí, yo estoy con vosotros todos los días, hasta el fin del mundo". Al inicio del ministerio de Jesús, era "los haré". Al final de su ministerio, fue "Ir y hacer". Estos son los sujeta libros para el tiempo de Jesús en la tierra y en sus interacciones con los discípulos.

La pregunta obvia es: ¿qué hizo Jesús en medio de esto? En otras palabras, ¿Qué hizo para llevar a los discípulos de la materia prima de los principiantes ingenuos a los campeones valientes del mensaje del evangelio? Al mirar de cerca a través de los evangelios y a los intercambios de Jesús con los discípulos, somos testigos de tres ideas clave que alcanzan la meta de desarrollar a aquellos que dirigimos. Ellos están *equipando, potenciando y estimulando*.

Equipar	Potenciar	Estimular
Marcos 6:1–6 Jesús enseña en la sinagoga	Marcos 6:7–12 Jesús envía a los doce	Marcos 6:14–29 Muerte de Juan el Bautista
Marcos 7:1–13 Jesús reprende a los fariseos	Marcos 6:30–43 Jesús alimenta a 5,000	Marcos 6:45–52 Jesús camina sobre el agua
Marcos 7:14–22 Jesús enseña a los discípulos acerca de los asuntos del corazón	Marcos 8:1–10 Jesús alimenta a 4,000	Marcos 7:24–37 Jesús sana a la hija de una mujer y a un sordo
Marcos 8:11–20 Jesús enseña sobre la incredulidad		Marcos 8:22–26 Jesús sana a un hombre ciego
Marcos 8:31–37 Jesús predice su muerte		Marcos 8:27–30 Pedro confiesa a Jesús

Marcos 6–8 proporciona el mejor resumen del desarrollo de los discípulos de Jesús. En estos capítulos, Jesús emplea la estrategia "equipar, potenciar y estimular". Su desarrollo de los discípulos a través de esta estrategia es caracterizada en al menos cuatro formas:

1   *Fue planeado y espontáneo.* Aparece en muchas instancias que Jesús preparó y predeterminó el tipo de experiencias que desarrollaron

a los discípulos. Pero él no siempre los cultivó de una manera lineal. Más bien, a menudo su equipamiento, potenciación y estimulación ocurrieron basados en las necesidades y oportunidades del momento. Él utilizó situaciones no arregladas como lecciones poderosas de objeto para su aprendizaje y crecimiento.

2   *Fue intencional.* Es obvio en estos capítulos que Jesús estaba preparando a los discípulos a propósito. Necesitaba que "lo entendieran" y utilizó experiencias ministeriales tanto planeadas como improvisadas con la intención de lograr un objetivo particular. Colocándolos en un contexto para experimentar el ministerio (al invitarlos a seguirlo) él fue capaz de proporcionarles el desarrollo intencional. Con cada encuentro en este pasaje, vemos una secuencia consistente de propósito. Él estaba preparándolos para el tiempo cuando él dejaría esta tierra y quiso que entendieran que cualquier necesidad que enfrentaran sería satisfecha a través de la fe en su poder sobrenatural. Esta lección resultaría vital para su ministerio después de la resurrección y ascensión de Jesús.

3   *Fue diverso.* Jesús no era monolítico en su enfoque de desarrollo. Como un profesor maestro, él usó diferentes técnicas de aprendizaje en diferentes momentos y lugares y las ordenó para cultivar a los discípulos en maneras potentes y duraderas. Algunas veces los discípulos fueron meros observadores. Otras veces ellos fueron realmente participantes en la lección. Jesús los desarrolló en la ladera, en el mar, en una casa y en el templo. Su capacitación tomó lugar en la mañana, durante el día y por la noche.

4   *Fue experimental.* El desarrollo de los discípulos de Jesús tomó lugar durante el curso del ministerio. Ellos fueron reclutados y matriculados en un proceso, no simplemente se sentaron y escucharon. Jesús utilizó las experiencias contenidas dentro de la aventura del ministerio para hacerlos crecer a la madurez. Fue un verdadero desarrollo sobre la marcha del trabajo.

Cuando hablamos de equipar, potenciar y estimular como dinámicas necesarias en el desarrollo de aquellos a quienes dirigimos , estamos hablando acerca de un enfoque de los líderes hacía sus seguidores. El desarrollo de otros significa dar a quienes dirigimos lo que necesitan para poder alcanzar su potencial en Cristo y en el ministerio. Pero ¿Qué significa exactamente cada componente?

Equipar. Esta es la dimensión del conocimiento del desarrollo. Incluye conductas directivas de los líderes a los seguidores tales como la enseñanza, la formación, la información, y la demostración. La idea aquí es que a quienes dirigimos deben desarrollar en sus mentes el conocimiento necesario para las tareas asignadas a ellos para saber qué hacer y cómo hacerlo. Jesús equipó a sus discípulos al enseñarles y permitirles que lo escucharan enseñando a otros (Marcos 6:1–6, Marcos 7:1–13, Marcos 8:11–20, Marcos 8:31–37). También pudieron aprender cómo manejar diferentes situaciones en el ministerio al observar sus interacciones con todo tipo de personas. Los líderes de hoy equipan a otros al instruirlos y capacitarlos a través de secciones individuales de "demostrar e informar", aprendizajes, tutorías en el trabajo o talleres, conferencias y seminarios. La meta es que la gente claramente sepa qué hacer y cómo hacerlo.

Potenciar. Esta es la dimensión volitiva del desarrollo, es decir, el compromiso de la voluntad del seguidor hasta al punto de la acción. Aquí, el líder busca emplear a sus seguidores en hacer cosas que llenen las necesidades en el ministerio pero que también conducen a su crecimiento individual. Esto va más allá de tenerlos simplemente escuchando y observando. Potenciar significa involucrar a los seguidores en el ministerio con la meta de incrementar sus posesiones y responsabilidad de este. Potenciar puede incluir delegar, pero no es simplemente delegar con el propósito de aliviar al líder de una tarea. Es delegar con la intención de incrementar la confianza, la eficacia y la auto-actualización del individuo. Es desarrollar a los seguidores de tal manera que sean menos dependientes del líder, al grado que eventualmente ellos sean capaces de hacer el trabajo por ellos mismos. Aquí los seguidores están inherentemente motivados porque ellos conectan su conocimiento a su desempeño real y se demuestran a ellos mismos ser capaces.

Jesús autorizó a sus discípulos al sacarlos de sus nidos. Él los empleó para ir y hacer ministerio (Marcos 6:7–13) y participar en la realización de sus milagros (Marcos 6:30–43, Marcos 8:1–10). En efecto, las personas se desarrollan mejor al hacer cosas, pero también por tener el título de propiedad en lo que hacen.

Los líderes hoy en día capacitan a otros al darles la responsabilidad clara (descripciones de trabajo o ministerio por escrito, objetivos, etc.), al permitirles tener éxito o fracasar en tales responsabilidades, y al reconocer sus logros asegurándose que las recompensas por su trabajo lleguen a ellos y no al líder. Esto permite que los seguidores conecten los puntos entre sus esfuerzos y habilidades y su efectividad real. Cuando esto pasa, empiezan a sentir que aportan algo valioso a la organización y por lo tanto se esfuerzan más por alcanzar su potencial en el trabajo y ministerio.

Estimular. Esta es la dimensión emocional del desarrollo. Los teóricos han concluido que el cambio individual y el desarrollo es mucho más duradero y exitoso cuando el apoyo emocional y relacional están presentes.[43] Aquí, los líderes hacen mucho más que impartir conocimiento y emplear a personas en el ministerio. Ellos contribuyen con conductas de apoyo para aquellos a quienes dirigen, conductas tales como escuchar, elogiar, resolver problemas, pedir sus opiniones, compartir la razón de ser y proporcionando perspectivas de esperanza cuando los seguidores están desanimados. Juan 13–15 revela el apoyo amoroso de Jesús a sus discípulos en la preparación para su crucifixión y partida. Él comparte una comida íntima con ellos, lava sus pies como símbolo de su espíritu de servicio hacia ellos y proporciona palabras tranquilizadoras acerca del futuro: "No se turbe vuestro corazón" (Juan 14:1).

Las personas también son animadas y llenadas de valor cuando son espectadores de aquellos que siguen actuando en maneras consistentes y competentes. Cuando los líderes ejemplifican el mensaje que predican (es decir, ellos realmente hacen lo que les piden hacer a sus seguidores), y cuando los beneficios y resultados realmente suceden como los líderes dijeron que pasarían, los seguidores son inspirados y animados. Ellos creen que pueden "hacerlo también" y ver resultados similares. No hay duda que cuando Jesús realizó los milagros delante de los ojos de los discípulos, ellos fueron profundamente animados por el poder del mensaje en el que se les pidió que creyeran y por la credibilidad del líder que estaba pidiéndoles que lo creyeran (Marcos 6:14–29, Marcos 6:45–52, Marcos 7:24–37, Marcos 8:22–26, Marcos 8:27–30). Tal estímulo dio a los discípulos los recursos emocionales para pasar de cualquier confusión o dificultad que afrontaron y empezar a practicar lo que vieron en su líder.

Los líderes de hoy pueden estimular a aquellos que dirigen al escucharlos, compartiendo las razones sobre lo que está pasando en la organización y por qué está pasando, elogiándolos, mostrándoles respeto, preguntándoles acerca de sus necesidades personales y familiares, y proporcionándoles estímulo cuando pierden el ánimo. Además, cuando los líderes viven delante de sus seguidores las creencias y comportamientos consistentes con su mensaje y cuando los resultados positivos de tales acciones son evidentes, los seguidores son alentados en lo que son llamados a hacer y son emocionalmente animados a actuar del mismo modo.

En conclusión, los líderes bíblicos *equipan la cabeza, dan poder en las manos, y estimulan el corazón* de aquellos a quienes dirigen. Cuando lo hacen, ayudan a los seguidores a desarrollar su máximo potencial en Cristo y en el ministerio. Las personas bajo ellos están satisfechas, llegan a ser fructíferas en el ministerio y pueden llegar a ser líderes ellos mismos. Esto mueve la práctica del liderazgo al bien más alto posible y refleja el corazón de Cristo en su liderazgo hacia nosotros. Vamos más allá de ser líderes que lo hacen y en su lugar llegamos a ser *líderes de líderes*. Haciendo eso provee oportunidades ilimitadas para el crecimiento numérico dentro de una organización, con un grupo capaz de soportar más números porque su crecimiento no está limitado por los esfuerzos, dones y habilidades de una persona, y por la salud cualitativa como la organización está infundida de vida y salud como personas motivadas que emplean sus dones, crecen en carácter y competencia, y sienten posesión del ministerio. Además, los líderes que equipan, potencian y estimulan a otros encuentran gran satisfacción personal. Ellos tienen el privilegio de ver a otros bajo ellos florecer y sobresalir. Al igual que Jesús, estos líderes dejan un legado de personas que una vez necesitaron el cambio, creciendo para convertirse ellos mismos en agentes del cambio.

Preguntas de Repaso del Capítulo

1. Liste y explique brevemente los cinco principios de la comunicación de Efesios 4 y lo que los líderes pueden hacer para aplicarlos.
2. ¿Cuáles son las tres maneras en las que un líder puede llegar a ser un gran maestro? Explique cada una.
3. Explique el principio de la energía en la comunicación.
4. ¿Qué significa decir "el problema raramente es el problema"?
5. ¿Qué es la cultura de acuerdo a Edgar Schein?
6. ¿Qué significa la habilidad del ministerio de crear la cultura? Explique.
7. Ilustre cómo Jesús entendió y utilizó las dinámicas de la cultura.
8. .¿Cuál es el "efecto de la bola de nieve" de la cultura?
9. ¿Cómo posee diversidad una organización y todavía disfruta una fuerte cultura organizacional?
10. ¿Cómo la cultura corrige y alinea a la gente que está en ella?
11. ¿Cuál es la única razón que vale la pena para dirigir el cambio? Explique.
12. ¿Cuál es la diferencia entre nuestra fe en la manera que Dios obra y nuestra fe en el Dios que obra?
13. Liste las tres fases del cambio, explique lo que significa cada una, e ilustre cada fase con la experiencia de Nehemías.
14. ¿Qué es lo más importante que ha aprendido de la vida de Nehemías acerca de dirigir el cambio?
15. ¿Cuál es una razón por la cual el conflicto puede ser más prevalente y complicado en la iglesia, que fuera de ella?
16. ¿Cuál es la diferencia entre la tolerancia y la unidad?

17 Liste los cuatro pasos de la resolución del conflicto que Jesús trazó como se registra en Mateo

18 ¿Cuáles son dos de los beneficios para aquellos que siguen este proceso como es descrito por Jesús?

19 ¿Qué es entendido por los términos "alcance del conflicto" y "escala del conflicto"? Explique la relación entre los dos.

20 Liste las estrategias para la respuesta apropiada del líder a cada categoría del conflicto: (1) baja escala/bajo alcance; (2) baja escala/alto alcance; (3) alta escala/bajo alcance; (4) alta escala/alto alcance.

21 ¿Qué significa decir, "Aprender del conflicto; no siempre se deja"?

22 Liste y explique cada uno de los tres componentes de desarrollar a quienes dirigimos.

CAPÍTULO SEIS

Comunidad: La Gente Del Líder

"Cuando los ministros y sacerdotes viven su ministerio principalmente en sus cabezas y se relacionan con el Evangelio como un conjunto de ideas valiosas para ser anunciadas, el cuerpo rápidamente toma revancha pidiendo en voz alta afecto e intimidad. Los líderes cristianos están llamados a vivir en la Encarnación, es decir, vivir en el cuerpo, no sólo en sus propios cuerpos sino también en el cuerpo corporativo de la comunidad y descubrir ahí la presencia del Espíritu Santo".

–HENRI J.M. NOUWEN

No puede haber duda que Jesús vivió, murió y resucitó con la meta de ver a las personas transformadas. Esa es la principal forma en la que él trajo gloria al Padre. La gente, su redención y transformación, estaban en el corazón del ministerio de Jesús, a pesar de todos los desafíos, frustraciones y distracciones que él enfrentó, su liderazgo estaba intencionalmente dirigido hacia estos resultados. Como fue mencionado anteriormente en este libro, el liderazgo bíblico es orientado a Dios y enfocado en la gente.

Sin embargo, el liderazgo en nuestros días lleva consigo muchas diversiones potenciales. Irónicamente, lo más perjudicial y sutil es el alejamiento del liderazgo mismo. Es decir, si no tenemos cuidado, nos encontramos haciendo muchas cosas como líderes, todo, en efecto, excepto dirigir.

Este desvío está mayormente caracterizado por la falta de enfoque en la gente. A medida que las organizaciones continúan existiendo con el tiempo, demandas burocráticas y administrativas se vuelven prevalentes y los problemas deben ser resueltos. "Apagar incendios" captura el tiempo y la atención del líder. Las necesidades del programa necesitan ser dirigidas y poner en marcha los procesos efectivos, es decir, la maquinaria de la organización debe funcionar apropiadamente. Estos detalles están en el corazón de una buena administración. Frecuentemente, las tareas *importantes* de influenciar a la gente en la organización son sacrificadas por las tareas *urgentes* de la administración. Con el tiempo, los líderes comienzan administrando cosas más que dirigiendo a las personas. Esta tendencia de alejarse de las personas u otras prioridades del liderazgo es un error costoso.

La distracción más perjudicial y sutil del liderazgo en nuestro tiempo es el alejamiento del liderazgo mismo.

¿Administrar Cosas o Dirigir Personas?

Mientras que cada entidad debe estar bien administrada y el éxito de una organización será de hecho quebrantado sin una buena administración, la administración no debe ocurrir al costo de dirigir. Más bien, los líderes deben asignar a la administración su lugar adecuado y su prioridad. Desafortunadamente, muchas organizaciones hoy en día están sobre administradas y sub-dirigidas.

Las organizaciones están sobre administradas por dos razones principales. En primer lugar, muchas personas equivocadamente igualan la administración con el liderazgo. No han aprendido las creencias y comportamientos esenciales del liderazgo que lo distingue de la administración, con el enfoque en la gente siendo la mayor de las distinciones. Segundo, es realmente más fácil administrar cosas que dirigir personas. Crear programas, mantener procesos, establecer políticas, ninguna de estas cosas es tan desafiante o lleno de problemas como las cosas del liderazgo, lo que incluye modelar el carácter, dirigir a las personas a cumplir con sus llamados, inspirarlos con la visión, construir la comunidad y desarrollar a las personas a su potencial.

La administración busca traer estabilidad y predictibilidad a una organización a través de sistemas y regulaciones administrativas. Mucha gente recibe bien tal burocracia porque provee un sentido de control y consistencia y por lo tanto reduce la ansiedad. El liderazgo, por otro lado, desafía el estado del momento actual ("statu quo"). Es perturbador en naturaleza porque a menudo provoca el cambio. Esto puede causar tensión y ambigüedad en lugar de estabilidad y predictibilidad. La administración es principalmente una orientación en tiempo presente y pregunta: "¿Qué puede ser hecho ahora para asegurar una organización que funcione bien?" El liderazgo tiene una orientación futura: visualiza un futuro ideal y mueve a la gente hacia él. La administración trae control a través de reglas y regulaciones. El liderazgo busca dar permiso y poder a la gente en lugar de regularla.

A diferencia de la administración, el liderazgo no está preocupado acerca de la *eficiencia* de una organización tanto como de la *efectividad* del resultado. En lugar de preguntar "¿Cómo estamos haciendo lo que hacemos?" (una preocupación por la manera en que las cosas son hechas), el liderazgo inherente pregunta, "¿Por qué hacemos lo que hacemos?" (una preocupación por el propósito detrás de las acciones). El liderazgo está enfocado en la gente, siendo el resultado su transformación. La administración se enfoca en la gente también, pero lo hace desde el punto de vista en cómo encajan y funcionan en la organización más que en su realización y productividad. El liderazgo se enfoca en la gente sobre la gente. La administración tiende a enfocarse en la gente sobre los procesos. Los administradores pueden ver una organización como una máquina funcionando. Los líderes la ven como un organismo vivo. En las palabras de ambos, tanto de Peter Drucker y Warren Bennis: "La administración es hacer las cosas de manera correcta; el liderazgo es hacer lo correcto".[44]

Tabla: Referencias de la Administración vs. el Liderazgo

Administración	Liderazgo
Cosas (Programas, Procesos, Políticas)	Gente
Eficiencia	Efectividad
Mantenimiento	Misión
Control	Potenciar
Estabilidad	Cambio
Recursos Humanos	Transformación Humana
Pregunta: ¿Cómo?	Pregunta: ¿Por qué?

A pesar de las diferencias marcadas entre ellos, la administración y el liderazgo no son mutuamente excluyentes. Para ser un buen líder, uno debe administrar un poco; y para ser un buen administrador, uno debe ser capaz de guiar a cierto nivel.

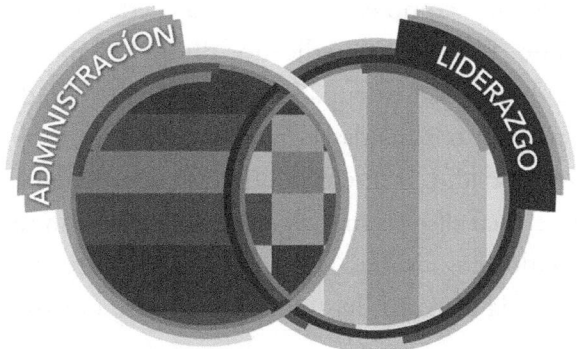

Sin embargo, cuando son llevados a sus extremos, es fácil ver como la administración puede robar a un líder el hecho de dirigir, es decir, la administración tiende a resistir al liderazgo. Por lo tanto, con todo el debido respeto por los administradores, los líderes deben ser quienes actualmente dirijan una organización y en última instancia decidan sus prioridades. Sí no, como el proverbio dice, el perro será sacudido por su cola. La *manera* en que las cosas son hechas llega a ser más importante que el *por qué* son hechas. Los líderes señalan a las personas y los recursos hacia lo que mueve a la organización a avanzar para lograr la misión, no necesariamente hacia lo que la mantiene como actualmente existe. Las organizaciones sin liderazgo experimentan un espiral sutil de muerte lenta. Las burocracias se alimentan en base a ellas mismas, creciendo más invasivas y atrincheradas. Las políticas tienden a tener exceso de políticas (note la similitud en las palabras), y nunca hay suficientes procesos en vigor para satisfacer aquellos que deben tener el control. Tristemente, las energías y la atención que deberían enfocar a la gente hacia el crecimiento y el progreso son gastadas en asuntos de la administración. La atención de la gente será capturada por algo. Es el trabajo de los líderes asegurarse que es capturada por lo correcto.

El deslizamiento fuera del liderazgo viene a través de un engaño sutil: muchos de nosotros pensamos que la actividad es lo mismo que la productividad. No lo es. Estar ocupado no necesariamente es ser efectivo. La administración mantiene a la gente ocupada y las burocracias crean actividad, pero como el hámster en la rueda, todo esto puede no ir a ningún lado. El antiguo predicador dijo: "Si Satanás no te puede hacer malo, él te mantiene ocupado". ¿Por qué es verdad esto? Porque Satanás sabe que tanto la maldad como la ocupación cumplen el mismo objetivo: la inutilidad. Los líderes bíblicos se mantienen claros sobre el propósito por el cual ellos están dirigiendo. Ellos alinean todas sus actividades de acuerdo a los resultados que ellos buscan y resisten a cualquier rival que los pueda disuadir del trabajo de dirigir a otros realmente.

El liderazgo enfoca a la gente sobre la gente.
La administración enfoca a la gente sobre los procesos.

Esta batalla entre *hacer las cosas correctamente* y *hacer las cosas correctas* estuvo en el corazón del ministerio de Jesús y la mayoría del tiempo, la elección entre las dos involucró la prioridad principal de la gente. Los fariseos repetidamente ridiculizaron el comportamiento de Jesús porque, mientras él hizo lo correcto, él a menudo no hizo las cosas en la manera correcta desde la perspectiva de ellos. Por ejemplo, en lugar de proteger su reputación religiosa, Jesús fue criticado por estar cerca de "recaudadores de impuestos y pecadores" (Mateo 11:19). Él fue juzgado por sanar en sábado (haciendo cosas correctas) en lugar de ignorar a un hombre en necesidad debido a guardar la regla religiosa (haciendo las cosas correctamente) (Marcos 3:1–6). Jesús, por supuesto, supo que "el día de reposo se hizo para el hombre, y no el hombre para el día de reposo" (Marcos 2:27). Hoy en día podemos decir, "la administración fue hecha para el liderazgo, no el liderazgo para la administración". Además, en lugar de estar obsesionados con cada ley oral diminuta que refleja las tradiciones de los hombres, Jesús se enfocó sobre el asunto más grande, el de reflejar el corazón de Dios (Marcos 7:1–13). *Jesús rompió casi cada código de conducta apropiada para asegurarse que él hizo lo correcto.* Él mantuvo la ley en la perspectiva apropiada y por lo tanto mantuvo la ley en su lugar correcto.

Mirando de cerca sus opciones, en la mayoría de los casos, podemos ver que hacer lo correcto giraba alrededor del tema central de la *gente* y el ministerio hacia ellos. La razón por la cual esta discusión es tan importante, es porque, desde la perspectiva bíblica como en la vida de Jesús, el liderazgo debe ser expresado en términos de impacto y relación con la gente. *La gente es la cosa correcta.* Esta verdad debe ser central en la mente del líder bíblico; debe ser el enfoque de sus energías. Como se ilustró anteriormente, si no tenemos cuidado, podemos fácilmente perder nuestro camino a la verdadera meta del liderazgo. La gente es de inmenso valor para Dios, más importante que cualquier cosa numérica, programática, administrativa o material y nuestro liderazgo debe tener el desarrollo y la transformación de la gente como su objetivo. *Es por la gente que Jesús murió. Es por la gente que nosotros dirigimos.*

Por lo tanto, construir la comunidad cristiana está en el corazón del liderazgo bíblico. El líder bíblico sabe que el liderazgo verdaderamente satisfactorio y fructífero fluye de la virtud del amor; que la gente prospera, se beneficia, y son mejor influenciadas con el poder de la comunidad cristiana; y que el resultado del liderazgo bíblico siempre se trata de la transformación de las vidas de los seres humanos.

La Virtud del Amor en el Liderazgo

Como su líder, Jesús amó a sus discípulos. De hecho, el amor fue el principal valor motivante en su liderazgo hacia ellos. Fue el amor lo que impulsó su deseo de invertir en ellos, de mostrar gracia y misericordia hacia ellos, para pacientemente desarrollarlos, y aun corregirlos y regañarlos cuando estuvieron equivocados. Jesús fue la deidad y poseyó todo el poder y privilegios asociados con esa naturaleza. Sin embargo, él contrastó la caricatura legalista, distante, y dura de Dios común en sus días con una imagen sin precedentes de Dios que incluyo amor, cuidado e intimidad. Como su Dios y líder, Él les dijo a sus discípulos que no los había llamado siervos sino amigos. (Juan 15:15).

Igualmente, los líderes bíblicos aman a la gente que guían. Son motivados por el amor a cada persona que influyen. En sus relaciones más cercanas con sus seguidores, hay una conexión profunda, hay vulnerabilidad, entendimiento y una inversión personal. Pablo describió su relación con los Tesalonicenses así: "Teniendo así un gran afecto por vosotros, nos hemos complacido en impartiros no sólo el evangelio de Dios, sino también nuestras propias vidas, pues llegasteis a sernos muy amados" (1 Tesalonicenses 2:8). El liderazgo bíblico está basado en la suprema virtud moral del amor ágape.

El amor fue el valor motivador principal en el liderazgo de Jesús.

Entendiendo el Amor Ágape

Ágape es la forma del sustantivo del verbo griego *agapao* y es "Un amor llamado fuera del corazón de uno por una sensación despertada por el valor en el objeto amado que hace que uno lo aprecie mucho".[45] La palabra es única en el contexto de su tiempo y es "prácticamente una creación de la iglesia cristiana" como "nunca ha aparecido en el griego clásico".[46]

Weust explica más:

> *Agapan (Ἀγαπαν) nunca fue una palabra común en la literatura clásica, aunque estaba usada desde el principio y ocupó un lugar distintivo propio. En Homero, sólo es usado diez veces, en Eurípides solo tres. La forma sustantiva agapesis (ἀγαπεσις) es rara. La forma ágape (ἀγαπε), frecuentemente encontrada en el Nuevo Testamento, nunca ocurre. Su primera aparición es la traducción griega del Antiguo Testamento. Comunica las ideas de asombro, maravilla, admiración y aprobación cuando está conectada con la palabra agamai (ἀγαμαι) que significa "maravillarse o admirar". Fue usada en la literatura clásica*

en la misma oración con philein (φιλειν) y tiene su sentido distintivo de "un amor de premiación" contrastado con philein (φιλειν), "un amor de afición". Pero por su uso no muy frecuente, fue una palabra admirable que puede ser usada para comunicar la concepción nueva y superior del amor divino que el Nuevo Testamento presenta. Su vacío relativo, hasta aquí como el conocimiento general de la persona fue relacionado con quien habló griego como su segundo idioma, lo hizo el receptáculo ideal dentro del cual el nuevo contenido moral y ético de cristiandad pudo ser derramado ... Los grecos paganos no supieron nada del amor de sacrificio propio para el enemigo de alguien que fue exhibido en el Calvario. Por lo tanto, no tuvieron la palabra para esa clase de amor. Ellos no supieron nada acerca del análisis divino de este amor que Pablo nos da en I Corintios 13.[47]

En inglés, podemos usar la única palabra *amor* para describir el afecto por una persona ("amo a mi esposa") y el afecto por un objeto inanimado ("amo mi barco"). Nosotros, inherentemente entendemos que aunque es usada la misma palabra, los significados detrás de la palabra son diferentes. En griego, el lenguaje principal del Nuevo Testamento, hay cuatro diferentes palabras para describir el amor. Una describe el amor sexual. Otra intenta expresar un amor interpersonal o simpatía basado sobre recibir placer o disfrutar. Otro más, describe el amor familiar. Sin embargo en el texto bíblico, el término *ágape* resalta como una manifestación única de amor. Es una palabra noble expresando la más alta forma del concepto. Weust lo afirma elocuentemente:

(Agapao) habla de un amor de aprecio y aprobación. La calidad de este amor está determinada por el carácter del que ama y por eso el del objeto amado.[48]

Ágape es popularmente considerado como el amor desinteresado o altruista. En el Nuevo Testamento, a menudo describe el tipo de amor que Dios tiene por los humanos. Su énfasis es sobre el valor colocado sobre el objeto amado, independientemente de si el objeto es inherentemente valioso, digno o merecedor. Así el término también abarca el concepto del amor incondicional.

La singularidad de ágape a través de todas las definiciones es que fluye del carácter del que lo da. Esto es consistente con la perspectiva de Scott Peck cuando dice que una de las principales características distintivas del amor parece ser el "propósito consciente o inconsciente en la mente del amante".[49]

El Amor y el Liderazgo

La Roma del primer siglo comprendió que el hombre podría morir por Dios. *Lo que difícilmente podía comprender era que Dios moriría por el hombre* (Romanos 5:7–8). La idea que alguien en poder y autoridad se daría él mismo por el beneficio de otros es una noción radical aun en el mundo de hoy. Pero esto es exactamente lo que la Biblia enseña al describir la idea de liderazgo. Mire estos ejemplos del apóstol Pablo (el primero es de su despedida de los ancianos de Éfeso en Hechos; los otros vienen de sus cartas):

> *Por tanto, estad alerta, recordando que por tres años, de noche y de día, no cesé de amonestar a cada uno con lágrimas. Ahora os encomiendo a Dios y a la palabra de su gracia, que es poderosa para edificaros y daros la herencia entre todos los santificados. Ni la plata, ni el oro, ni la ropa de nadie he codiciado. Vosotros sabéis que estas manos me sirvieron para mis propias necesidades y las de los que estaban conmigo. En todo os mostré que así, trabajando, debéis ayudar a los débiles, y recordar las palabras del Señor Jesús, que dijo: "Más bienaventurado es dar que recibir." Cuando terminó de hablar, se arrodilló y oró con todos ellos. Y comenzaron a llorar desconsoladamente, y abrazando a Pablo, lo besaban, afligidos especialmente por la palabra*

que había dicho de que ya no volverían a ver su rostro. Y lo acompañaron hasta el barco.

—HECHOS 20:31–38)

Doy gracias a mi Dios siempre que me acuerdo de vosotros, orando siempre con gozo en cada una de mis oraciones por todos vosotros, por vuestra participación en el evangelio desde el primer día hasta ahora, estando convencido precisamente de esto: que el que comenzó en vosotros la buena obra, la perfeccionará hasta el día de Cristo Jesús. Es justo que yo sienta esto acerca de todos vosotros, porque os llevo en el corazón, pues tanto en mis prisiones como en la defensa y confirmación del evangelio, todos vosotros sois participantes conmigo de la gracia. Porque Dios me es testigo de cuánto os añoro a todos con el entrañable amor de Cristo Jesús. Y esto pido en oración: que vuestro amor abunde aún más y más en conocimiento verdadero y en todo discernimiento, a fin de que escojáis lo mejor, para que seáis puros e irreprensibles para el día de Cristo; llenos del fruto de justicia que es por medio de Jesucristo, para la gloria y alabanza de Dios.

—FILIPENSES 1:3–11

Así que, hermanos míos, amados y añorados, gozo y corona mía, estad así firmes en el Señor, amados.

—FILIPENSES 4:1

Pero nosotros, hermanos, separados de vosotros por breve tiempo, en persona pero no en espíritu, estábamos muy ansiosos, con profundo deseo de ver vuestro rostro. Ya que queríamos ir a vosotros (al menos yo, Pablo, más de una vez) pero Satanás nos lo ha impedido.

—1 TESALONICENSES 2:17–18

Jesús mandó y comisionó ágape a sus discípulos. Él dijo, "Un mandamiento nuevo os doy: que os améis los unos a los otros; que como yo os he amado, así también os améis los unos a los otros" (Juan 13:34). Nuestro amor, unidad y ayuda mutua fue una prioridad para Jesús puesto que una de sus últimas oraciones sobre la tierra contenía la súplica, "Padre santo, guárdalos en tu nombre, el nombre que me has dado, para que sean uno, así como nosotros" (Juan 17:11b). En la mente de Jesús, ágape sería la marca distintiva que nos identificaría como sus verdaderos seguidores: "En esto conocerán todos que sois mis discípulos, si os tenéis amor los unos a los otros" (Juan 13:35). Amor, unidad y comunión están en el corazón de seguir a Jesús y por lo tanto deben ser centrales tanto para la práctica del liderazgo como para el producto que el liderazgo gana.

La Roma del primer siglo comprendió que el hombre podría morir por Dios. Lo que difícilmente podía comprender era que Dios moriría por el hombre.

El ágape sirve como el catalizador para un tipo de liderazgo que beneficia a otros y evoca una respuesta dentro de ellos para seguir y confiar en el líder. El propósito principal en la mente de un líder siervo es colocar valores auténticos sobre la gente, afirmar su valor y premiarlos, y hacer eso en tal manera que él o ella influya en ellos de una manera que sea lo mejor para ellos. El liderazgo basado en el ágape traspasa el liderazgo para el beneficio de uno mismo y se mueve hacia el liderazgo para el beneficio de otros. Y como cada discusión acerca del liderazgo es una discusión acerca de la habilidad para influir a gente, debemos entender que el ágape mantiene el más grande poder para hacer exactamente eso. *El amor cambia a la gente a diferencia de cualquier otra fuerza.* También asegura que la influencia de un líder es moral. El ágape proporciona una motivación moral para la influencia y un ímpetu para las decisiones morales en los medios por los cuales uno influye, y al final de esa influencia, casi seguramente produce un resultado moral. Nada encarna la piedad tal como una influencia amorosa como esta.

El valor de tal virtud puede ser atractivo más allá de la Biblia. Hay una fuerte evidencia externa para sugerir el valor del amor en el liderazgo, la administración y la efectividad organizacional. Mitroff y Denton, en sus noventas entrevistas con administradores de alto nivel y ejecutivos, encontraron que "términos tales como amor, respeto, confianza y sabiduría son usados libremente y los conceptos que ellos representan son fácilmente aceptados".[50] Waitely, hablando de éxito en un mundo basado en el conocimiento, ve al amor como el tema que subyace todos los temas en liderazgo: "Los líderes responden a las necesidades de los otros. La mayoría de los líderes solían demandar respeto por ellos mismos; el nuevo líder cuida mucho más acerca de crear oportunidades para que las personas se respeten a ellos mismos".[51] En su trabajo formativo sobre liderazgo, Kouzes y Posner afirman que los buenos líderes muestran con pasión a los seguidores.[52] DePree incluye el amor entre los atributos de líderes eficaces.[53] Steven Covey, En su libro pionero sobre la efectividad del líder, habla de la necesidad del amor incondicional en los corazones de todo el que busca influir:

> *En otras palabras, cuando verdaderamente amamos a otros sin condiciones, sin lazos, los ayudamos a sentirse seguros, a salvo, con validez y afirmados en su valor esencial, identidad e integridad. Se fomenta su crecimiento natural. Lo hacemos más fácil para que ellos vivan las leyes de vida, la cooperación, la contribución, la autodisciplina, la integridad, y para descubrir y vivir verdaderamente a lo más alto y mejor dentro de ellos.*[54]

En la mente de Jesús, el ágape debía ser la marca distintiva de sus verdaderos seguidores.

Finalmente, James A. Autry en su libro *Amor y Lucro: El Arte del Liderazgo que Cuida* Proporciona historias de la vida real del poder del amor en el trabajo en organizaciones. En un ejemplo, él habla de un líder en una compañía de Fortune 500 que elige el amor hacia sus empleados al satisfacer sus necesidades en momentos especiales, críticos en la vida:

> *Algunos años atrás, una vendedora muy brillante y productiva en mi grupo vino a mí con un solicitud especial. Su esposo fue trasladado a unas cien millas de la ciudad en la que se encontraban nuestras oficinas. Debido a los problemas de cuidado de niños en la nueva ubicación, ella quería que se le permitiera permanecer en el empleo a tiempo completo, pero trabajar en casa dos días a la semana, viniendo a la oficina sólo tres días a la semana. Ella prometió mantener sus cuentas y seguir siendo tan eficaz como siempre. Estuve de acuerdo en darle una oportunidad. Había resentimiento, la mayoría de los cuales, sorprendentemente, vinieron de otras mujeres en el personal. Al director de personal no le gustaba para nada. "Mal precedente y política fuera de lugar". Y a mi jefe tampoco le gustó mucho, por las mismas razones.*
>
> *En este punto piensas que estoy a punto de gloriarme en mi vindicación. No es verdad. Esto no funcionó. Pero eso no me impidió intentar otra acomodación de política fuera de lugar para una nueva madre que convenció a sus directores y a mí de que podía hacer un trabajo productivo y de alta calidad mezclando tiempo de oficina y tiempo de casa. Simplemente quería estar con su primer hijo en casa, más tiempo de que la póliza permitía. Su registro era bueno. Su compromiso con su trabajo y con la compañía era inflexible, y su trabajo mismo era de una calidad excepcional. Y en este caso el trato especial funcionó perfectamente: para la compañía, para ella, y confío, que para el bebé.*

> *He hecho excepciones a las reglas corporativas para ayudar a que la familia de un empleado consiga pasar a través de la pesadilla de la abrumadora aflicción financiera y emocional. He hecho excepciones similares para los empleados que necesitan ayuda para recuperarse del abuso de sustancias ... En todas las oficinas usted escucha los hilos de amor y gozo y miedo y culpa, los gritos de celebración y alivio y de alguna manera sabe que conectar esos hilos es lo que se supone que debes hacer y los negocios se encargarán de ellos mismos.[55]*

Lo anterior no sólo ilustra a un líder que elige hacer lo correcto en lugar de simplemente y siempre hacer las cosas bien, también da evidencia de que hay muchos líderes que valoran el amor en el corazón del liderazgo que también poseen la convicción de que no es mutuamente exclusivo para el lucro. Explotan el mito de que "los buenos chicos terminan al último", y de hecho, defenderían que el liderazgo creativo y que cuida, es decir, el amor ágape, tiene el poder de producir muchos beneficios para las organizaciones cuando se ejerce apropiadamente. También dirían que el amor en el liderazgo es personalmente gratificante, ya que se convierte en una extensión del líder mismo, permitiéndole existir constantemente en el mundo para su mejoramiento. Permite que el líder duerma un poco más fácil por la noche al cuestionar lo que se asume que uno debe sacrificar la integridad y la paz de la mente en favor del éxito de la organización.

La Influencia en la Comunidad

El liderazgo bíblico siempre existe para lograr un propósito que glorifica a Dios, y la realización de este propósito involucra a líderes y seguidores que trabajan en relación unos con otros. Jesús no simplemente les dijo a los discípulos que se presentaran en el templo una vez por semana, y allí les daría una conferencia. Jesús vivió con los que él dirigía. Juntos sirvieron en el ministerio itinerante (Mateo 9:35-39, Marcos 2:15,

Marcos 9:30, Lucas 10:38), hubo momentos poderosos y de celebración (Mateo 7:28-29, Mateo 14:13-21, Mateo 28:1-10, Lucas 17:11-19, Juan 11:38-44), tiempos confusos y desconcertantes (Mateo 16:23, Marcos 8:14-21, Marcos 14:50, Juan 13:21-30), y muchas interacciones normales y cotidianas. Compartieron alegrías y dificultades por igual. Jesús escogió impartirse a *sí mismo*, no sólo su enseñanza. Fue en el contexto de esta comunidad entre él y sus discípulos, experimentando fracasos y victorias por igual, que lograron algo de gran valor juntos. Por lo tanto, la calidad de las relaciones entre los líderes y a los que dirigen, con frecuencia determinará el nivel de éxito que logren. *La gente está mejor influenciada y produce mayores logros dentro de la comunidad cristiana.*

Como Jesús y sus discípulos sirvieron en el ministerio itinerante, hubo momentos poderosos y de celebración, tiempos confusos y desconcertantes, y muchas interacciones normales y cotidianas.

Características de la Comunidad Cristiana

Puesto que el liderazgo bíblico triunfa mejor dentro del contexto de la comunidad cristiana, las relaciones sólidas y unificadas proporcionan el terreno donde la semilla del liderazgo florece. Lo opuesto también es cierto. Cuando hay desunión e insatisfacción, el liderazgo se tambalea. Es por eso que, es importante para los líderes, que se preocupen no sólo por la misión que ellos buscan lograr a través de otros, sino también por las relaciones entre aquellos que están involucrados en alcanzar esa misión. Los buenos líderes administran tanto la tarea a la mano, como la calidad de las relaciones que posee la gente que hace la tarea.

En Hechos 2:42–47, la Escritura proporciona una imagen bella y convincente de la comunidad cristiana. Esta foto de la iglesia primitiva ofrece una plantilla para la comunidad cristiana que todos los líderes bíblicos deben buscar seguir. Si los líderes edificaran estos rasgos en las relaciones entre los que dirigen, no sólo inspirarían pasión en la gente para lograr la misión, sino también Dios honraría y bendeciría tal comunidad.

1. Devoción Completa a Cristo y a Su Causa

Y se dedicaban continuamente a las enseñanzas de los apóstoles, a la comunión, al partimiento del pan y a la oración. (v. 42)

Los líderes deben ser usados para modelar y enseñar la verdad que las personas poco entusiasmadas y no muy comprometidas raramente logran alguna cosa de valor. Parte del carácter de una comunidad que honra a Dios es su total devoción y pasión hacia las cosas que más importan. La gente no es inspirada por los líderes que ponen delante de ellos causas indignas o que esperan cualquier cosa menos que lo mejor de ellos para lograr la misión.

2. Expectación de la Obra Sobrenatural de Dios

Sobrevino temor a toda persona; y muchos prodigios y señales eran hechas por los apóstoles. (v. 43)

La gente quiere ser parte de algo del tamaño de Dios. En verdad, Dios está listo para obrar en y a través de una comunidad dispuesta. Aquí en Hechos 2, las personas oraron y esperaron a que Dios respondiera. Debemos formar equipos y organizaciones que piensen y oren para lograr lo que sólo puede ser logrado a través del poder sobrenatural de Dios.

3. Un Fuerte Compromiso de Uno a Otro

Todos los que habían creído estaban juntos y tenían todas las cosas en común. (v. 44)

Los líderes reproducen exactamente en su gente los valores que ellos mismos poseen. Esto ocurre más bien en un nivel subconsciente. Las historias que los líderes dicen, las energías que gastan, los comportamientos que ellos modelan; todos estos comunican a otros lo que es importante en la mente y el corazón del líder, y por ende lo que no es importante. Los líderes deben valorar auténticamente a las personas y las relaciones, no sólo a las tareas y los resultados. También deben enseñar a los que dirigen, la prioridad de las personas y las virtudes que expresan esa prioridad, incluyendo tales cosas como la lealtad, la confianza, el apoyo mutuo, el respeto y la gracia hacia otros.

4. La Generosidad en Satisfacer las Necesidades

vendían todas sus propiedades y sus bienes y los compartían con todos, según la necesidad de cada uno. (v. 45)

En el transcurso del trabajo y el logro de la misión, las necesidades dentro de los individuos surgen. La gente llega a desanimarse. Ellos experimentan angustia. Ellos incurren en dificultades personales que superficialmente pueden tener poca conexión al trabajo que están haciendo. Los líderes bíblicos entienden que las personas, ya sea consciente o no, traen sus asuntos personales con ellos en cada área de sus vidas. Por lo tanto, en la comunidad bíblica, las personas no están ciegas a las necesidades de otros, y ellos responden buscando ayudar, animar y generosamente llenar las necesidades. En grupos altamente efectivos, el cuidado sincero y la preocupación toma lugar entre los miembros del grupo.

5. Risa y Compañerismo

Día tras día continuaban unánimes en el templo y partiendo el pan en los hogares, comían juntos con alegría y sencillez de corazón. (v. 46)

La gente en la comunidad cristiana saludable disfruta del tiempo libre. Ellos saben que deben dar esfuerzo y trabajo duro, pero también pasan una porción de tiempo en compañerismo y relajación. Ellos comen juntos, ríen juntos y persiguen intereses comunes fuera del trabajo o "ministerio". Esto proporciona ligereza para compensar el trabajo a veces difícil que la gente está haciendo y también les permite conocerse en un contexto más allá del ambiente de trabajo. Esto cosecha el beneficio de una mayor unidad y compromiso.

6. Una Sensación de Destino Compartido de Dios

> *... alabando a Dios y hallando favor con todo el pueblo. Y el Señor añadía cada día al número de ellos los que iban siendo salvos. (v. 47)*

Junto con el sentimiento de temor que resultó de ver a Dios responder a la oración, aquellos en la primera iglesia vieron la evidencia que Dios estaba haciendo algo fuera de sus peticiones o expectativas. Ellos vieron que Dios estaba haciendo una obra propia y que estaban conectados a un poder más allá de ellos. Esta era una obra que transcendió sus esfuerzos y los conectó al propósito eterno de Dios. Dios fue transformando la vida real de las personas a través de la salvación divina y llevándolos a esta iglesia. Me imagino que a medida que fueron testigos de vida tras vida, persona tras persona viniendo a la fe, esto creó un sentimiento de destino compartido, un sentimiento por el cual estaban siendo arrastrados por la corriente del Espíritu Santo de Dios para algún propósito soberano y fueron unidos por Dios mismo a su plan eterno.

Este último rasgo de comunidad es uno que no puede ser fabricado por un líder o su gente. Es de hecho un resultado divino de la comunidad, en otras palabras, un regalo de gracia. Pero asegúrese que, si bien es cierto que la gente no puede producir este sentimiento de destino compartido, pero si puede socavarlo o impedir que surja. Ellos hacen esto al no buscar el tipo de comunidad auténtica que Dios desea entre sus hijos. La comunidad cristiana es el receptáculo para la obra soberana y sobrenatural de Dios.

La Comunidad y el Líder

Tristemente, el liderazgo hoy en día es a menudo asociado con la soledad. Los líderes olvidan que también son humanos, que también necesitan comunidad. Creen que a diferencia de otras personas en el mundo, pueden funcionar en maneras sobrehumanas, donde semana tras semana sus necesidades de aceptación, compañía y apreciación no se cumplen.

Mientras que los líderes y los seguidores deben observar niveles apropiados de intimidad y discreción, los líderes bíblicos no deben sentirse aislados de aquellos que guían. De hecho, en el ministerio de Jesús vemos exactamente lo opuesto. Él estuvo íntimamente involucrado en la relación con un pequeño grupo de hombres, y en un sentido humano, él dependía del poder que recibía de esas relaciones (Juan 13–15).

La comunidad cristiana es el receptáculo para la obra soberana y sobrenatural de Dios.

Jesús estableció niveles apropiados de intimidad y apertura en las relaciones que él disfrutó. Algunos estaban en relación con Jesús en un nivel superficial. Muchos de las grandes multitudes que lo siguieron caían en esta categoría. A otros Jesús les permitió relacionarse más profundamente en comunidad con él (por ejemplo, Pedro, Santiago y Juan). Jesús fue más vulnerable, confiado y abierto con aquellos en el círculo más cercano que con los otros. Estos niveles permitieron límites apropiados y protección, pero también proporcionaron a Jesús (como totalmente humano) la habilidad de ser alimentados y estimulados por la amistad y el amor.

Para los líderes de hoy, lo que es compartido y dado a aquellos en el nivel exterior de la relación debe parecer diferente de la apertura y vulnerabilidad hacia aquellos más cercanos a él.

¿Cómo se ve esto en un sentido práctico? A nivel congregacional o de una organización mayor, los líderes pueden compartir historias personales, gozos y dificultades, aun hacerlo sin dar detalles íntimos. Por ejemplo, un líder auténtico puede admitir que él aún está aprendiendo a amar a su esposa sin compartir detalles de la discusión que tuvieron la semana pasada. Hay una necesidad para algo de apertura aun con aquellos en una organización más grande. Esto permite que un líder no se sienta como una falsificación ante su gente y también permite a todos los miembros de la organización sentir que él o ella es una persona real como ellos. Este enfoque, cuando se maneja adecuadamente, otorga credibilidad al líder

La autenticidad en cada nivel es el objetivo. Sin embargo, la autenticidad no significa compartir todos los detalles obscuros con todos y llevar cada emoción en la manga de uno. *La autenticidad significa no distorsionarse uno mismo ante los demás,* es decir, no engañar a la gente para que ellos piensen que el líder es algo que no es. Los líderes pueden ser auténticos sin ser sobre expuestos o inapropiadamente vulnerables con la gente.

El nivel de apertura entre los líderes y los que ellos dirigen incrementa a medida que las relaciones se acercan al líder, siempre que por supuesto, haya seguridad en esas personas y las relaciones. Las relaciones seguras son la clave. Los líderes deben de alguna manera encontrar conexiones donde estén seguros para comunicar de manera que alumbren en lugares oscuros de sus corazones, permitiéndoles admitir sus heridas y su dolor y confesar sus equivocaciones o sus pecados o de lo que puedan sentirse avergonzados, y también celebrar con otros cuando los éxitos ocurran.

Niveles de Comunidad

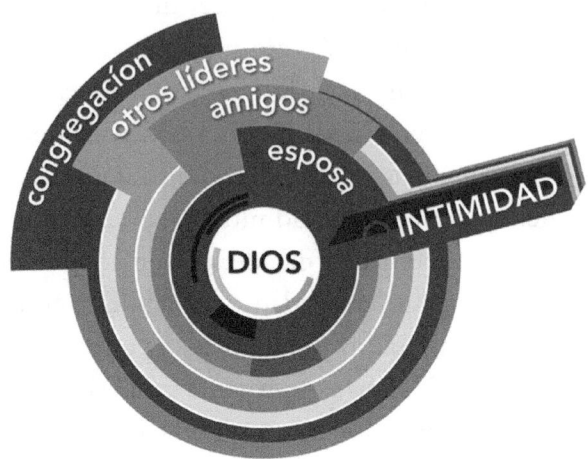

Este tipo de amor profundo e intimidad es esencial para los líderes como seres humanos; sin embargo, sólo debe ser compartido con unos pocos y la discreción es necesaria. Como dice el proverbio: "El hombre de *muchos amigos* se arruina, pero hay amigo más unido que un hermano". (Proverbios 18:24, énfasis mío). Enfrentémoslo, no toda la gente es segura. Muchos de nosotros hemos tenido que sentir el dolor de la traición y el rechazo de aquellos que pensamos que eran leales y dignos de confianza. Esta realidad amenaza un daño particular en los líderes, quienes pueden perder seguidores o reputación debido a una persona que usa información íntima para propósitos dañinos.

Algunos líderes que han sido quemados retroceden hasta el punto del aislamiento. Ellos determinan que es mejor estar aislados que arriesgar ser heridos. En sus mentes, el riesgo a la vulnerabilidad y a la sobre exposición es muy grande. Pero los riesgos simplemente no deshacen el hecho que las relaciones profundas son críticas para cada líder. Ellos proveen vida relacional, salud emocional, y a largo plazo poder de permanencia. ¿Cuántos líderes conoce usted que pudieron haber salvado sus matrimonios, familias o posiciones de liderazgo si sólo tuvieron relaciones verdaderamente abiertas e íntimas con alguien más? ¿Qué pasaría si hubieran confesado a un amigo seguro una lucha financiera, una tentación de coqueteo, un comportamiento adicto, una profunda herida o su cansancio personal en el liderazgo? ¿Cuántos de ellos pudieron haberse salvado de un colapso interno?

Los líderes deben practicar lo que el apóstol Santiago afirmó: "Por tanto, confesaos vuestros pecados unos a otros, y orad unos por otros para que seáis sanados. La oración eficaz del justo puede lograr mucho" (Santiago 5:16).

Los líderes deben encontrar conexiones donde estén seguros para alumbrar en lugares oscuros de sus corazones.

Construyendo la Comunidad

Los líderes tienden a pensar que la tarea a la mano es la cosa más importante en las mentes de aquellos que guían, comenzar una nueva iglesia, desarrollar un programa ministerial, planear para construir un edificio, etc. Ellos creen que la gente siente la misma motivación que ellos acerca del objetivo de una misión particular. En realidad, *la misión puede obtener que la gente se una a usted, pero las relaciones son las que previenen que la gente lo deje.* Los líderes deben aprender esto. ¡Aquellos a los que dirigimos desean comunidad! La comunidad es el poder de permanencia de servir en el ministerio, más que el logro de una importante meta o tarea. La gente se siente inspirada como un resultado de trabajar con otros. Esto es porque las causas que buscamos lograr deben ser perseguidas en el contexto de una comunidad cristiana. De lo contrario, no estamos reflejando la intención de Dios en la realización de las cosas a las cuales él nos llama: es decir, para fortalecer a la gente en el proceso de realizar tareas. También arriesgamos la posibilidad de perder gente a largo plazo. En Cristo, mientras logramos algo juntos también nos *convertimos* en algo juntos (Hechos 2:42-47). ¡Nos convertimos en una comunidad que honra a Dios, usados por él para lograr algo de gran valor!

Dios busca hacer algo entre la gente mientras él hace algo a través de ellos. Cuando la gente que ministra junta sienten una conexión común y comparten sus vidas uno con otro en el transcurso de la realización, ellos permanecen inspirados. Dicho de otra manera, puede ser por una razón que la gente comience una tarea. Es por la comunidad que la gente aguanta en esa tarea y se siente recompensada al final.

Dado que el liderazgo bíblico toma lugar en el contexto de la comunidad cristiana, ¿Cómo un líder realmente construye el tipo de relaciones unificadoras que logran las metas que honran a Dios? ¿Cuáles son las prácticas y dinámicas a desempeñar?

Dios busca hacer algo entre la gente mientras él hace algo a través de ellos.

El Valor de la Confianza

En el fundamento de cada relación está la dinámica de la confianza. Sin ella, no se tiene la relación. La confianza es la moneda invisible de la relación: está en el centro de lo que es intercambiado entre la gente. Damos confianza a otros y la recibimos de otros. Confiamos que la gente nos acepte, nos escuche, nos valore, nos ayude y que actúe en maneras que son las mejores para nosotros. En consecuencia, el nivel de confianza entre la gente determina el grado de conexión y comunidad que ellos sentirán. Cuanto mayor es la confianza, más profundo es el amor y la unidad.

Como líder, si la gente confía en ti, te seguirán. Si no confían en ti, no te seguirán, por lo menos no al largo plazo. Por lo tanto, puede ser dicho que la confianza es el valor principal del liderazgo bíblico. Es lo que los líderes deben crear para poder ganar el permiso inherente de otros para inspirarlos e influenciarlos en la manera más parecida a Cristo.

Retrocediendo al capítulo 2, la Teoría Social del liderazgo fue presentada. Esta es la idea de que liderazgo viene de intercambios sociales mutuamente beneficiosos entre los líderes y los seguidores. Ampliando sobre esto, los teóricos han retratado todo el liderazgo como construido sobre una diada (definición que consiste de dos elementos), o para usar una frase más técnica, *vinculación diádica vertical*.[56] Simplemente puesto, esto significa que la efectividad del liderazgo está correlacionada a la calidad de la relación diádica entre el líder y el seguidor. Esto también explica cada líder, ya sea que conozca realmente a un seguidor o no, tiene una relación con el seguidor porque el seguidor percibe que la relación existe. Independientemente de cómo trabaja mucha gente en una organización o del grado al cual el líder realmente conoce a los individuos en ella, esto individuos mantienen alguna forma de confianza y relación con el líder. Esto es el porqué de que la percepción pública del CEO (jefe ejecutivo, por sus siglas en inglés) de una corporación grande es de vital importancia, o la manera en que el pastor de una iglesia grande es percibido. Ya sea que los líderes conozcan a cada uno en la organización o no, cada uno siente que ellos los conocen. En consecuencia, no solo los líderes necesitan construir la confianza con la gente que ellos actualmente conocen e invertir en ellos (aquellos en el corazón de la organización), también deben actuar en maneras que construyan la confianza a través de la organización. Esta es su *persona de confianza*, si lo desea y es de vital importancia. ¡Ojalá!, sea auténtico a quienes ellos realmente son.

No solo los líderes necesitan construir la confianza con la gente que ellos actualmente conocen, también deben actuar en maneras que construyan la confianza a través de la organización.

Piense de este manera, un líder mantiene una "cuenta" mancomunada con cada persona en la organización. Podemos llamarla la cuenta de la confianza. Justo como en una cuenta bancaria, los líderes deben depositar y/o retirar de la cuenta de la confianza de manera regular. Los depósitos incluyen tales cosas como actuar competentemente, mostrar integridad, preocupándose y cuidando de otros, ofreciendo sacrificio personal y proporcionando buena comunicación. Los retiros pueden incluir iniciar el cambio, esperar sacrificio y trabajo extra, guiando iniciativas intrépidas hacia aguas inexploradas, corregir comportamientos erróneos o preguntar a las personas a aguantar a través de tiempos difíciles en lugar de rendirse. Muchos líderes hacen más retiros que depósitos en su cuenta de la confianza. Consecuentemente, cuando llega el tiempo que un líder necesita que su gente confié y siga a pesar de la falta de razón y recursos, los seguidores no lo hacen. Al igual como una cuenta bancaria, más retiros que depósitos iguala a fondos insuficientes. El cheque de la confianza rebota.

Los líderes inteligentes hacen depósitos de confianza de manera regular. Hacen esto principalmente porque es la cosa correcta a hacer bajo Dios. Pero también entienden que hay un beneficio secundario importante. Cuando llega el momento de empujar, los líderes que han construido la confianza (es decir, han actuado de manera confiable) son en los que confiarán. La gente dirá: "Tal vez no lo veo de esta manera o no estoy de acuerdo con el líder, pero confío en esta persona y lo seguiré".

Los líderes bíblicos entienden que la confianza se gana no simplemente se da. Los líderes construyen la confianza en cuatro maneras principales:

1 **Carácter** – Una Confianza de Consistencia: Cuando los líderes actúan en integridad, son creíbles y por lo tanto confiables. Cumplen acuerdos, se comportan consistentemente, actúan con justicia y se sacrifican por el bien de los demás y de la organización. Muestran carácter moral.

2 **Cuidado y Preocupación** – Una Confianza con Respecto a Otros: cuando los seguidores perciben que los líderes cuidan de ellos, los escuchan, se preocupan por ellos y genuinamente tienen en mente sus mejores intereses, confían en estos líderes.

3 **Competencia** – Una Confianza de la Capacidad: Los líderes que toman buenas decisiones y ejercitan la habilidad son los líderes que

construyen credibilidad. Son vistos como confiables porque poseen competencias en lo que están haciendo y estas competencias ayudan a que la organización tenga éxito. Los líderes que tienen un historial de éxito habilitan a los seguidores a tener confianza en ellos para el futuro. Su historial de competencia genera confianza. Una historia de incompetencia hace que la confianza sea difícil para los seguidores.

4 **Comunicación** – Una Confianza de la Autenticidad: Compartir información sobre la organización, compartir información sobre uno mismo, decir la verdad, admitir errores, dar retroalimentación constructiva, mantener la confidencialidad; estos construyen la confianza recíproca, porque al comunicarse con los seguidores, un líder confía en ellos. (Ver capítulo 4 y la "Habilidad de Comunicación" para más detalles sobre la comunicación).

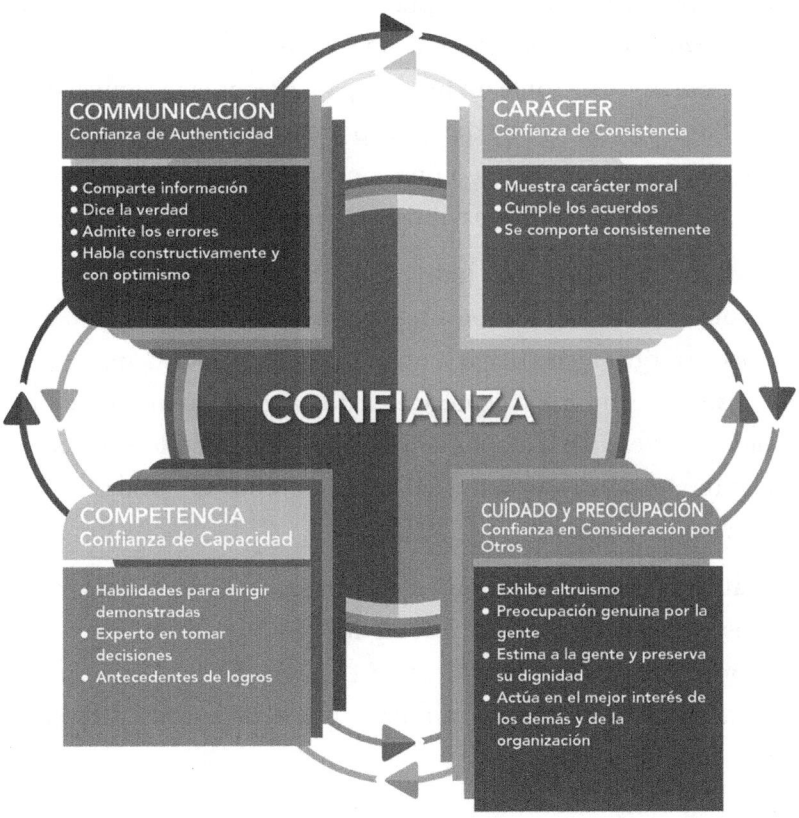

Construcción Práctica de la Comunidad

Con una base de confianza establecida, la comunidad puede ser construida. Varias acciones y principios prácticos ayudan a los líderes a construir el tipo de comunidad auténtica que hace que el liderazgo personalmente cumpla y bendiga a aquellos con los que trabajan.

1 **Construya una relación de la comunidad a la vez.** Realmente no hay atajos para construir la comunidad. Toma tiempo para sentarse con las personas, conocerlos y probar que a usted genuinamente le importa. Enviando un correo electrónico o teniendo una junta en grupo ayuda a comunicar información, pero no sustituye el conseguir conocer a una persona real.

2 **Haga tiempo para tiempo libre.** Apartando tiempo planeado para "construir relaciones" puede parecer forzado o programado. *Construya la relación todo el tiempo en breve, las interacciones cotidianas con la gente.* Tome un minuto para preguntar a alguien cómo le va. Diga hola a la gente que pasa por el pasillo. Esto puede parecer básico, pero una palabra o una sonrisa admirable puede hacerle el día a alguien. En otras palabras, *sea amigable y haga una conexión.*

3 **Escuche más de lo que habla.** Los líderes son famosos por gustar escucharse hablar ellos mismos, y por hablar mayormente de ellos mismos. Busque escuchar a otros más que hablar (Santiago 1:19). Si usted pregunta a la gente acerca de su vida y su mundo y toma el tiempo de escuchar atentamente, se sentirán atraídos a usted y más fácilmente confiarán en usted. Esto significa un cuidado sincero, no fingir escuchar.

4 **Trate de recordar los nombres.** Usted se sorprenderá de la respuesta si usted recuerda el nombre de alguien después de reunirse con ellos la primera vez. Esta práctica atrae a la gente hacia el líder como casi nada más. Esto muestra su interés en la otra persona y dignifica su presencia con usted.

5 **Vaya a donde está la gente.** Si usted quiere construir comunidad, usted tiene que ir a los lugares que las otras personas van: días de campo, parques, eventos, fiestas, patios de juegos, juegos de pelota juveniles, etc. No se aísle usted mismo de la gente. Ellos importan.

6 **Acepte a las personas como son.** Algunos líderes comunican de maneras subconscientes que otros simplemente no miden. Los líderes que constantemente critican y vienen de un lado a otro como jueces son líderes que nadie quiere a su alrededor.

7 **Trabaje con las personas; no las utilice.** No es auténtico formar relaciones sólo para conseguir que la gente haga cosas para usted. Este acercamiento no funcionará a largo plazo porque la gente se sentirá usada. Los líderes deben abordar relaciones con integridad. Formamos relaciones porque nos interesan genuinamente y porque compartimos una misión común. Por supuesto, no podemos ser amigos de todos. Determine el nivel apropiado de una relación, estableciendo límites con ella y actuando auténticamente dentro de esos límites. *Sin embargo, recuerde: cuanto más pida a alguien, mayor necesidad hay de tener una relación con esa persona.* Hacer demandas de la gente sin una medida de cuidado preocupación y confianza por ellos, crea resentimiento.

8 **Sea relacional; no sólo actúe relacional.** La gente rápidamente aprende si usted disfruta genuinamente de la gente o si la gente lo molesta. Otra vez, los límites apropiados son necesarios porque hay muchas demandas por el tiempo de un líder, pero cómo es percibido usted *es* importante y la percepción fluye desde lo que realmente está en el corazón del líder. Pida a Dios que le dé un amor genuino por las personas. Si usted genuinamente disfruta a las personas, ya sea que pueda pasar mucho tiempo con ellos o no, otros serán atraídos por su actitud.

9 **Una nota acerca del tiempo.** No es lógico asumir que los líderes pueden pasar tiempo de calidad con cada persona en la organización.

Sin embargo, los líderes bíblicos determinan la gente clave con los que ellos tendrán relaciones de calidad e invierten en ellos por el ejemplo de Jesús. Este número puede normalmente no ser mayor que diez o doce (note que Jesús se comprometió con doce discípulos). Más allá de este número, el tiempo es una restricción y las relaciones entran en una categoría diferente de intensidad e intimidad. *En otras palabras, usted no puede construir comunidad con todos, pero usted debe tenerla con unos pocos.* Normalmente, muchas de esas personas clave serán aquellos con los que el líder interactúa sobre la misión y de manera regular. Mientras que los líderes deben ser genuinos con todos, es sabio invertir a este nivel con personas que llevan a cabo papeles esenciales en una organización. Este asunto de diez o doce no sólo se alinea con el ancho de banda del tiempo de los líderes, sino también con el ancho de banda emocional. Sólo tenemos una cantidad máxima de tiempo para estar disponibles para invertir en este número de relaciones, pero también poseemos un máximo de capacidad emocional que llega al tope más o menos al mismo número. La mayoría de nosotros no poseemos los recursos emocionales para cuidar genuinamente, preocuparse por, y construir relaciones auténticas con más que esos. Entender estas limitaciones realmente ayuda a los líderes a ser más efectivos hacia aquellos que Dios les ha dado.

10 **Construir Relaciones.** Finalmente, los líderes deben darse permiso a ellos mismos para tener lo más profundo de las amistades y es saludable que estas relaciones existan fuera de la iglesia o la organización. Estos tipos de amistades proporcionan tiempo libre y compañerismo, consejo sabio fuera del bucle de la organización, rendición de cuentas saludable y soporte amoroso durante temporadas de dificultad. Un buen patrón para el liderazgo saludable parece ser una o dos amistades seguras y profundas con personas del mismo sexo y que están fuera del grupo central del líder, la iglesia o la organización.

La Gente es lo Importante

Una vez escuché acerca de un pastor a quien le encantaban las multitudes, pero la gente no le gustaba tanto. Tristemente, esto puede ser dicho de muchos líderes. Ellos quieren gente a su alrededor porque necesitan que la gente haga cosas para ellos. Sin embargo, realmente no le importan a ellos. Tales líderes no consideran su propia efectividad en términos de como servir y mejorar la vida de esas personas. Un líder bíblico es un individuo llamado por Dios para interactuar con la gente e impactarla. El liderazgo bíblico no es primeramente acerca de desarrollar un programa ministerial, sentarse detrás de una computadora, crear una póliza o construir un edificio. No es acerca de ganancias, promociones o del tamaño de la organización. Estos pueden ser medios hacia un fin de transformación a la gente, pero nunca son el fin en ellos mismos. En vez, *la gente es el resultado principal del liderazgo bíblico, la gente que es influenciada, impactada y transformada.*

El Sermón del Monte en Mateo 5–7 contiene la enseñanza más profunda que el mundo haya conocido. Las palabras de Jesús fueron radicales, relevantes y reveladoras. Introdujo conceptos alarmantes y de cambio de vida acerca de Dios, la vida en el reino de Dios y la manera en que las relaciones deben funcionar entre los humanos. Su mensaje sobre la ladera ese día ha ganado la reputación de ser el mejor sermón de la historia. Mateo registra eso: Cuando Jesús terminó estas palabras, las multitudes se admiraban de su enseñanza; porque les enseñaba como uno que tiene autoridad, y no como sus escribas. (Mateo 7:28–29). De hecho, fueron tan admirados que Jesús inmediatamente se convirtió en una celebridad: "Y cuando bajó del monte, grandes multitudes le seguían." (Mateo 8:1). Jesús pudo haber tomado el espectáculo sobre el camino, grandemente incrementó el número de personas que le seguían y energizó su popularidad aún más. Algunas personas viven para tal oportunidad ¡de gloria! Imagino que sus discípulos estaban pensando que el cielo era el límite en cuanto a la popularidad de Jesús y el poder que ellos podrían obtener por ello.

> En lugar de aumentar las multitudes después del Sermón
> del Monte, Jesús cambió a ministrar hacia individuos.

Jesús, sin embargo, hizo algo dramáticamente diferente de lo que la mayoría de la gente esperaba. En lugar de continuar construyendo su popularidad e incrementando el tamaño de sus multitudes, la Biblia nos dice que después de ese momento brillante Jesús se retiró. Él evitó las multitudes y buscó desvanecerse del ojo público. (Mateo 8:18). *En lugar de incrementar su popularidad, cambió a ministrar hacia individuos.* Él amorosamente tocó a un leproso y lo sanó (Mateo 8:1–4). Él restauró al siervo de un centurión (Mateo 8:5–13, Lucas 7:1–10). Él presenció un funeral que tomaba lugar y vio a una mujer en la procesión que no sólo era viuda, sino que también estaba enterrando a su único hijo (Lucas 7:11–15). Lucas dice que cuando la vio, "tuvo compasión de ella" (Lucas 7:13). La palabra griega usada aquí es *splanchnidzomai*, y es una palabra fuerte denotando una reacción visceral, a nivel del intestino.[57] Esta no fue una emoción fugaz que Jesús sintió. Puede ser traducido como, "Su corazón estaba con ella".

Es bastante asombroso que después del gran momento de Jesús él notaría a personas y sus necesidades individualmente. Alguien pensaría que su fama y popularidad crecientes serían lo importante para él. Ciertamente lo fue para muchos otros. *Pero para Jesús, la gente individual no lo desvió de lo importante. Ellos fueron lo importante.* Aún con multitudes alrededor de él, tuvo la visión de ver a otros no sólo como multitudes o grupos , sino como individuos para ser amados. Estaba fuera de esta visión que él buscara verterse en ellos por su beneficio. Aunque las muchedumbres fueron cambiadas y las multitudes seguidas, la visión de Jesús fue vida por vida, persona por persona.

Al igual que Jesús, debemos recordar que el liderazgo bíblico es acerca de la gente. En la Escritura, cada vez que Dios llamó a un líder para la tarea del liderazgo, su propósito fue redimir y restaurar a su pueblo a través del instrumento del líder. Los líderes que no evalúan sus liderazgos en estos términos, quienes no disfrutan de la gente o quienes no se centran ellos mismos en ser usados por el bien de otros son líderes que no reflejan el corazón de Dios en su liderazgo. Los líderes que celebran a la gente, cuentan historias de cambio de vida y son movidos por la obra de Dios en otros, son líderes que "lo asimilan" cuando se trata del corazón de Dios.

Jesús tuvo la visión de ver a otros no sólo como multitudes o grupos, sino como individuos para ser amados.

Todo esto apunta a un concepto final importante. No sólo es primordial en la mente de un líder bíblico que vea las vidas de la gente cambiadas por el poder de Dios, es el gozo principal de un líder. Nada gratifica al líder bíblico como las relaciones con la gente, la satisfacción de ver a la gente darse ellos mismos completamente a Cristo y a su causa, y observar a otros florecer a través del uso de sus dones y habilidades en el reino.

Un retrato en el Nuevo Testamento captura mejor que ningún otro el poder y la belleza de la relación que es posible entre un líder y sus seguidores. En Hechos 20, el apóstol Pablo dice adiós a los ancianos de Éfeso. Después de pasar tres años en esta iglesia, el tiempo ha llegado para que él aborde el barco y salga. Él les recuerda de su audacia para declarar el evangelio "con lágrimas y con pruebas" (vs. 18-21) y anuncia que él está yendo a Jerusalén "sin saber lo que allá me sucederá, salvo que el Espíritu Santo solemnemente me da testimonio en cada ciudad, diciendo que me esperan cadenas y aflicciones." (vs. 22-23) Pablo les dice que no volverán a ver su cara de nuevo, les advierte de la llegada de falsos maestros y en sus palabras finales los encomienda "a Dios y a la palabra de su gracia" (vs. 32).

Entonces el escritor Lucas describe una bella escena en el puerto cerca de Éfeso, donde Pablo y el pueblo que él guio y amó, y que a cambio lo amaron profundamente, lo abrazaron, lloraron y se arrodillaron juntos en oración.

> *Cuando terminó de hablar, se arrodilló y oró con todos ellos. Y comenzaron a llorar desconsoladamente, y abrazando a Pablo, lo besaban, afligidos especialmente por la palabra que había dicho de que ya no volverían a ver su rostro. Y lo acompañaron hasta el barco.*
>
> —HECHOS 20:36-38

¡Qué cuadro tan majestuoso! Es el retrato del potencial por la gente que trabajaron juntos sobre la misión (líderes y seguidores por igual) para llegar hacer algo juntos en el proceso. Y al final, más allá de todas las cosas buenas que fueran logradas, los aspectos más gratificantes del trabajo del líder bíblico son la gente a la que él amó y dirigió.

Pablo ciertamente entendió esto. Para él así como para Jesús, ellos fueron lo importante y su gran gozo y logro fue ministrar a ellos y con ellos.

"Porque ¿quién es nuestra esperanza o gozo o corona de gloria? ¿No lo sois vosotros en la presencia de nuestro Señor Jesús en su venida? Pues vosotros sois nuestra gloria y nuestro gozo."

—1 TESALONICENSES 2:19-20

Preguntas de Repaso del Capítulo

1   Explique cómo los líderes se desvían a administrar cosas en lugar de dirigir a personas.

2   ¿Por qué muchas organizaciones están sobre-administradas y poco dirigidas?

3   Describa cinco diferencias entre administración y liderazgo.

4   ¿Estar ocupado es lo mismo que ser efectivo?

5   Dé un ejemplo de cuando Jesús escogió hacer lo correcto en oposición a hacer las cosas de la manera correcta.

6   Explique tres manera en las que la comunidad cristiana está en el corazón del liderazgo bíblico.

7   Explique una de las características del amor ágape y su relevancia al liderazgo.

8   ¿El amor en el liderazgo es exclusivo de ganancias? Explique cómo podría el amor beneficiar realmente el resultado de una organización con fines de lucro.

9   Liste seis características de comunidad cristiana de Hechos 2 que todos los líderes deberían aspirar a alcanzar en sus grupos u organizaciones.

10 Explique la autenticidad en el liderazgo y su relación con los diferentes niveles de comunidad.

11 Explique extensamente el concepto de la "cuenta de la confianza" en el liderazgo.

12 ¿Cuáles son tres maneras principales en que los líderes construyen la confianza?

13 ¿Qué significa decir que la gente es el principal resultado del liderazgo bíblico?

14 Dé un ejemplo bíblico de cómo las personas individualmente fueron lo importante para Jesús.

15 ¿Qué rasgos en el liderazgo de Pablo le permitieron crecer para amar a los que él dirigía y para que ellos lo amaran a él?

CAPÍTULO SIETE
Cristo: El Poder Del Líder

"No es un gran hombre quien cambia el mundo, sino un hombre débil en las manos de un gran Dios".

–BROTHER YUN

Una reciente investigación de Amazon.com, el vendedor de libros más grande del mundo, reveló más de doscientos mil libros actualmente impresos que tratan específicamente con el tema de liderazgo. Una búsqueda en Google de la palabra clave *liderazgo* arrojó más de un millón de páginas web y artículos en línea. Cada año incontables talleres, foros y seminarios de capacitación en empresas, iglesias y organizaciones sin fines de lucro son oficiados para equipar gente para ser mejores líderes. Sobre las últimas décadas, la comunidad académica ha ofrecido una multitud de teorías científicas sobre el fenómeno del liderazgo. Los centros de liderazgo, certificaciones y títulos educacionales y entrenadores y consultores de liderazgo están de moda.

Nunca ha habido más información, literatura y capacitación acerca del tema de liderazgo. Sin embargo, la moral de la nación decae y la falta de influencia de la iglesia en nuestra cultura sugiere que el liderazgo nunca ha sido más pobremente practicado. En verdad, los líderes no necesitan más conocimiento. *Ellos necesitan más poder para dirigir como Cristo.*

El verdadero poder para dirigir viene de algo más grande que el aprendizaje acerca del liderazgo. Es lo primero acerca de experimentar el poder. La influencia potente y transformadora después del patrón de Cristo está más allá que el intelecto y la fuerza de cualquier individuo. Para dirigir como un siervo, administrador y pastor; para influir a otros desde un sentido de un llamado y un propósito profundos; para expresar competencias, que son divinamente autorizadas; y para impactar eternamente las vidas de personas que importan a Dios, debemos golpear ligeramente una fuente sobrenatural. Cristo mismo es el poder por el cual el líder bíblico vive, ama y dirige.

Una Relación de Poder

Como una cuestión de registro histórico, dos mil años atrás un grupo de discípulos rabinos fueron devastados cuando su líder, Jesús, fue crucificado. En su muerte, ellos fueron confundidos, esparcidos y atemorizados. Y entonces algo pasó. El domingo pasó. ¡La resurrección sucedió! Ya sea que uno sea seguidor de Jesús o no, todos deben admitir que algo históricamente ocurrió que cambió todo con este grupo. Estaban completamente disponibles a ellos. Estuvieron completamente convencidos que el mismo poder que levantó a Jesús de la tumba estaba ahora disponible para ellos para una vida humana real. Esta convicción los cambió, y literalmente cambió el mundo.

La revolución que vino sobre los talones de la resurrección de Jesús fue principalmente efectuada desde adentro. El cristianismo no era (y no es) sobre la conformidad externa con un conjunto de normas. Cuando Jesús resucitó y ascendió al cielo, no dejó atrás una religión para practicar. Él no dejó meramente un código moral, una lista de normas y reglamentos o un conjunto de valores por los cuales vivir. En cambio, impartió la persona misma del Espíritu Santo para morar en los creyentes. Su idea era potenciar a sus seguidores desde ese día a través de *una relación viva con un Dios amoroso*. Se pretende que esta relación sea personal, íntima y transformadora. La resurrección significa vida, verdaderamente vida para Jesús, pero también vida disponible para nosotros. En Cristo, ¡existe la promesa de poder!

> *Y el Dios de paz, que resucitó de entre los muertos a Jesús nuestro Señor, el gran Pastor de las ovejas mediante la sangre del pacto eterno, os haga aptos en toda obra buena para hacer su voluntad, obrando Él en nosotros lo que es agradable delante de Él mediante Jesucristo, a quien sea la gloria por los siglos de los siglos. Amén.*
>
> —HEBREOS 13:20-21

> *... porque Dios es quien obra en vosotros tanto el querer como el hacer, para su beneplácito.*
>
> —FILIPENSES 2:13

La gloria de la vida cristiana es que Dios nos llama a hacer su voluntad y luego nos da la habilidad para hacerla. Dios nos llama a la santidad y después da el poder para esa santidad por dentro. Dios nos llama a servir, a dirigir y a obedecer; y después habilita esas respuestas en nosotros por su propia fuerza y presencia. En otras palabras, cuando Dios da su voluntad, también imparte el poder por el cual alcanzarla. Esta realidad hace al cristianismo más que una religión, una ética o un sueño libre. Dios mismo se convierte en la misma energía para cada expectativa que establece: "Cristo en vosotros, la esperanza de la gloria" (Colosenses 1:27).

¡Cristo mismo es el poder para vivir, amar y dirigir!

El poder que mora en Cristo proporciona enormes promesas y beneficios. La palabra griega *parakletos,* la cual Jesús usa en Juan 14:26 para describir al Espíritu Santo, tiene varios matices del significado, sin embargo, todos representan la misma realidad poderosa del papel que el Espíritu desempeña en nuestras vidas: "abogado" (NTV), "ayudante" (TLA), "consolador" (RV1960, NVI), "consejero" (PDT). La presencia de Dios está siempre dentro de nosotros para obligar, convencer, consolar y aconsejar. Nunca estamos solos, nunca sin potencial, nunca más allá de la gracia, nunca sin crecer y nunca necesitando lograr ninguna cosa que dependa en nuestra propia fuerza, intelecto o voluntad.

No es ningún secreto que a pesar de esta verdad, muchos líderes cristianos se sienten impotentes. Nuestro problema no es que el Espíritu nos haya dejado, sino que las dificultades de la vida y el liderazgo drenan nuestra consciencia de la presencia del Espíritu Santo fuera de nosotros. Olvidamos que él está dentro. Cuando lo hacemos, comenzamos a operar en la carne y para caminar sin depender de Dios. Comenzamos a esforzarnos y a demandar ciertos resultados. El liderazgo llega a ser acerca de nosotros en lugar de acerca de Dios y su pueblo. Con el tiempo experimentamos fracaso, frustración o una especie de éxito temporal y superficial no nacido de Dios.

En consecuencia, el grado al cual estamos conscientes del Espíritu Santo en nosotros y disponibles a él es el grado en el cual él nos llena de poder.

Consciencia y Disponibilidad

El liderazgo bíblico empieza y termina en la relación personal con Cristo. Cada día, y en cada paso durante el día, debemos "andar en el Espíritu" (Romanos 8:4; Gálatas 5:16, 25), recordándonos a nosotros mismos que la presencia de Dios anda con nosotros y vive en nosotros. Esta realidad dinámica y viva permite a un líder obtener la paz, la perspectiva y la fuerza a lo largo de dirigir a otros. Los mantiene enfocados en lo que más importa, proporciona la capacidad para la respuesta sin ansiedad a los obstáculos, da poder a una identidad en Cristo que transciende los desafíos a la seguridad interna, guía a través de tiempos y de decisiones de liderazgo difíciles y permite a los líderes ver con ojos espirituales las posibilidades increíbles que pueden llegar por medio de la fe y el valor en Cristo.

Esta consciencia constante del Espíritu Santo, sin embargo, no viene naturalmente. La naturaleza pecaminosa busca hacernos vivir en nuestro propio poder y andar independientemente de Dios. Por lo tanto, para tener una consciencia de Dios, debemos ponernos a disposición de Dios. *La consciencia viene de la disponibilidad.* Esto es verdad para cualquier relación. Sólo puedo tomar consciencia del amor y valor de mi matrimonio mientras me pongo a disposición de mi esposa. El grado en que yo camino en relación con ella es el grado en que la conozco más y crezco en amarla más. En verdad, la calidad de cualquier relación está determinada por nuestra disponibilidad para ella.

Aunque esta lista no es exhaustiva, hay unos pocos canales específicos a través de los cuales estamos disponibles para Dios y conscientes de su obra en nosotros. La oración, guardar el día de reposo y el estudio devocional de la palabra de Dios son particularmente importantes en el contexto del liderazgo.

Cuando Dios da su voluntad, él también imparte el poder para lograrla. El liderazgo bíblico empieza y termina con la relación personal con Cristo.

La Oración

El verdadero poder de la oración comienza con la disposición del corazón cuando reconocemos que genuinamente necesitamos a Dios y creemos que separados de él no podemos hacer nada (Juan 15:5). Este tipo de desesperación frecuentemente resulta del dolor de tratar de hacer las cosas a nuestra manera. Con el tiempo, y después de algunos fracasos, empezamos a desear verdaderamente a Dios porque aprendemos que verdaderamente lo necesitamos. Esta necesidad crea un anhelo de diálogo sincero con el Padre. Entonces, cada día comienza con oraciones de adoración, confesión, acción de gracias y peticiones hechas conocidas para Dios (Filipenses 4:6-7). También conduce a un estilo de vida de oración constante y dependencia en Dios, donde a lo largo del día y en todas las situaciones "oramos sin cesar" (1 Tesalonicenses 5:17). El resultado es que siempre estamos conscientes de la presencia de Dios porque siempre estamos volviéndonos hacia él y hablando con él (Juan 15:4-5). Como el Hermano Lawrence lo dice maravillosamente, "Sólo necesitamos reconocer a DIOS íntimamente presente con nosotros, dirigirnos a él en cada momento, para rogarle su ayuda para conocer su voluntad en las cosas dudosas y para ejecutar correctamente aquellas que claramente vemos que él requiere de nosotros, ofreciéndolas a él antes que las hagamos y dándole gracias cuando las hayamos hecho".[58]

La oración nos cambia de una manera que va más allá que conseguir lo que queremos de Dios. Nos permite parar en medio de nuestra existencia apresurada e impulsiva y reflexionar en lo eterno. En la oración, pensamos acerca de la perspectiva de Dios sobre las cosas y lo que él desea. Con la madurez, llegamos a entender que la oración no es acerca de poner a Dios a ver las cosas a nuestra manera o de que nos ayude a hacer lo que queremos; sino más bien, la oración alinea nuestros corazones a sus deseos y su voluntad. La oración nos permite transcender lo temporal y lo carnal y conectarnos a un poder profundo. Cuando oramos por cosas y Dios concede las peticiones, no sólo nos regocijamos en lo que en su soberana voluntad proveyó lo que pedimos, pero nuestros corazones crecen más confiados y cercanos a él. Dios no sirve como un dador distante, es decir, un genio cósmico que concede deseos. Sino que a través de la oración crecemos en amor y gratitud a través de un corazón sumiso. Cuando nuestras peticiones no son concedidas como esperábamos, Dios tiene una manera de cambiar nuestra perspectiva acerca de esas peticiones, incitándonos a cambiar nuestras oraciones y dándonos la fortaleza para aceptar su voluntad en vez de demandar la nuestra. Esto es porque nosotros confiamos en su corazón y creemos que él conoce lo mejor.

El poder de la oración para los líderes es que une nuestros corazones al del Padre, permitiéndonos conectarnos al pulso espiritual de Dios y a su actividad en el mundo. Da a los líderes un sentimiento de la obra de Dios y de cómo el líder puede ser usado para influir en el pueblo de Dios para unirse a esa obra. De esta manera, un líder reconoce el llamado y la visión. La oración asegura los pensamientos, motivos, acciones y decisiones del líder en los propósitos de Dios. La oración corrige al líder en el pensamiento y la actitud, conforta al líder en las pruebas y las dificultades, convence al líder en qué hacer y cómo hacerlo, y obliga al líder a avanzar en la fe y el valor. Nada es más importante para el tipo de liderazgo espiritual que debemos ofrecer que el dialogo personal diario con Dios.

Guardar el Día de Reposo

Con las exigencias continuas y el ritmo de vida, todos nosotros debemos encontrar ritmos por los cuales vivir. Debemos aprender cuando trabajar, cuando jugar y cuando descansar y ser restaurados. Esto es particularmente importante para los líderes por los desafíos únicos asociados con el liderazgo, todo lo cual puede estar drenando espiritual y emocionalmente.

- **El liderazgo es una actividad muy pública.** Los líderes están al frente, señalando a la gente hacia un futuro que tal vez no entienda completamente o acepte. Los líderes por lo tanto deben tomar decisiones que impacten a otros y a veces no son muy populares. Dado que esto es cierto, los líderes son un blanco natural para la crítica y el cuestionamiento. Son frecuentemente mal entendidos. Sus vidas son vividas delante de otros y mucho de todo lo que hacen es sobre un exhibidor público.

- **El liderazgo está concentrado en la gente.** Enfrentémoslo, la gente puede ser la mayor recompensa del liderazgo y también la mayor frustración. La gente está manchada de pecado, confusa y estropeada, algunas veces egoísta y mezquina. Sin embargo, ellos son a los que los líderes son llamado a amar e influir. Esto puede ser exhaustivo y emocionalmente agotador.

- **El liderazgo significa presión.** Los líderes son juzgados por los resultados. Su eficacia se mide en términos de lo que se produce, no por lo que se pretendía o por lo duro que trabajan. Aunque primero debemos vernos y medirnos como líderes por diferentes estándares (la obediencia a Dios, los resultados cualitativos, etc.), los que nos rodean esperan desempeño y resultados.

- **El liderazgo significa siempre hacer lo correcto.** Los líderes bíblicos no tienen el margen para errores que otros disfrutan. Otros pueden evadirse con completamente "perderlo" emocionalmente, teniendo ataques de egoísmo o respondiendo con enojo cuando son atacados. Pueden ser capaces de cometer errores sin consecuencias. Los líderes no pueden. Ellos no pueden decir lo que quieren decir o hacer lo quieren hacer. Cristo nos obliga a actuar de manera diferente como líderes. (1 Timoteo 3:1–13). Muchos cuentan con nosotros para algo más grande de lo que todos los demás están haciendo. Además cuando los líderes fracasan, deben aceptar su error y corregirlo para salvar la confianza. Esto es diferente para otros que a menudo no tienen que admitir sus errores o enfrentar los resultados de sus acciones. Un episodio de enojo, una gran equivocación o una decisión egoísta, independientemente de cuán justificado sea, podría arruinar a un líder y causarle perder en un minuto la credibilidad que tomó años construir. Los líderes siempre deben estar "en su juego" y hay poco margen para el error.

- **El liderazgo a menudo acompaña el impulso personal.** Conozco pocos en el liderazgo que son perezosos. La mayoría en su lugar son dinámicos. Ellos trabajan duro y están dispuestos a ir más allá para ser usados por Dios para hacer una diferencia. Sin embargo, este dinamismo tiene una tendencia de salirse de control. El trabajo bueno y duro se convierte en adicción al trabajo y los deseos nobles por los resultados piadosos se desarrollan en compulsiones carnales que deben ser seguidas a toda costa. Los líderes que naturalmente son impulsados son particularmente susceptibles al agotamiento y aniquilación.

Por todas estas razones y más, el liderazgo puede ser mermado físicamente, psicológicamente, emocionalmente y espiritualmente; lo cual entonces nos roba el poder de Cristo. Es por eso que el principio de guardar el día de reposo es tan vitalmente importante para cualquiera en el rol del liderazgo. El día de reposo no sólo significa un día de descanso cada semana, sino también las nociones más profundas de lo que Dios destinó a través de ese día de descanso. La idea del día de reposo incluye encontrar *retiro*, participar en *recreación*, disfrutar *relaciones* que revitalizan y experimentar actividades que traen *restauración*. Cuando son puestas en práctica, estas dimensiones del día de reposo ayudan a un líder a durar a largo plazo. El liderazgo es un maratón, no una carrera. El día de reposo nos permite la fuerza para aguantar ayudándonos a llegar a estar conscientes y disponibles al Cristo vivo dentro de nosotros.

Una Base Bíblica

Debido a que el día de reposo es tan importante y sin embargo muy pobremente practicado por muchos líderes y porque tiene tales beneficios potenciales para los líderes en particular, un fundamento bíblico y una explicación exhaustiva de la práctica es necesaria.

La palabra Sábado viene de la palabra hebrea *Shabbat,* que significa "cese" o "tiempo de descanso".[59] El texto del reporte de la creación proporciona la base de todos los decretos para la práctica del día de reposo (el sábado):

> *Así fueron acabados los cielos y la tierra y todas sus huestes. Y en el séptimo día completó Dios la obra que había hecho, y reposó*

en el día séptimo de toda la obra que había hecho. Y bendijo Dios el séptimo día y lo santificó, porque en él reposó de toda la obra que Él había creado y hecho.

–GÉNESIS 2:1–3

Ningún mandamiento para descansar para *nosotros* es dado en este pasaje, sólo el hecho que Dios descanso. Las palabras *Día de Reposo* ni siquiera son usadas. Sin embargo, el séptimo día es separado y hecho santo porque este es el día cuando Dios descansó de su obra. Es distinguido y santificado por Dios mismo.

La primera aparición del término *día de reposo* y el primer mandato para que Israel observara una práctica del día de reposo de cualquier tipo es encontrada en Éxodo 16:22–30. Aquí, Día de Reposo es mencionado en el contexto del maná provisto por Dios en el peregrinaje del desierto. Dios proveyó doble el sexto día y ordenó a su pueblo descansar en el séptimo día. El maná no era recogido en el séptimo día porque era un "día de reposo para el Señor" (vv. 23, 26). Por lo tanto, lo que Dios hizo en la creación es ahora transferido a sus hijos. Deben descansar en el séptimo día.

Éxodo 20 contiene los Diez Mandamientos dados a Moisés para el pueblo de Israel. El cuarto mandamiento cristaliza el deseo de Dios para sus hijos para que descansen y sean restaurados en el séptimo día. El mandamiento es claro y convincente:

Acuérdate del día de reposo para santificarlo. Seis días trabajarás y harás toda tu obra, mas el séptimo día es día de reposo para el Señor tu Dios; no harás en él obra alguna, tú, ni tu hijo, ni tu hija, ni tu siervo, ni tu sierva, ni tu ganado, ni el extranjero que está contigo. Porque en seis días hizo el Señor los cielos y la tierra, el mar y todo lo que en ellos hay, y reposó en el séptimo día; por tanto, el Señor bendijo el día de reposo y lo santificó.

–ÉXODO 20:8–11

Es interesante que los israelitas no son llamados a santificar el día de reposo, sino a protegerlo de no convertirse en no santificado. Fue hecho santo por Dios en la creación, pero la forma en que los hijos de Dios se condujeron por la manera de laborar en el séptimo día pudo profanarlo delante de Dios.

La idea principal del Día de Reposo es el cese de trabajo. El lenguaje todo inclusivo ("tú, tu hijo o hija, tu siervo o sierva, tu ganado o el extranjero") significa cuán importante fue para Dios la terminación del trabajo en este día. El resto que fue mandado aquí eventualmente haría el camino para que la adoración ocurriera en el Día de Reposo (ver las celebraciones religiosas ordenadas en Levítico y Números). Con el tiempo, la adoración se convertiría en una parte de este día santo, hecho posible porque el trabajo estaba ausente de él.

El Día de Reposo es distinguido y santificado por Dios mismo.

¿Por qué la correlación entre la ausencia de trabajo y la santidad? Aunque por naturaleza el trabajo es difícil en un mundo manchado por el pecado (Génesis 2: 17-19), puede ser un cumplimiento personal, así como una extensión de nuestra adoración a Dios. Podemos ser llamados por Dios a ciertas profesiones y emplear esos llamamientos a través de los dones y habilidades dados por Dios. Estos traen la posibilidad de la nobleza y la piedad al trabajo. Algunos aman el trabajo por estas razones. Sin embargo, las mismas cualidades que dan al trabajo tal potencial para lo bueno también pueden traer daño. El trabajo se vuelve dañino cuando el amor por él es llevado al extremo y cuando perdemos la capacidad de alejarnos de él. Entonces trabajamos demasiado, llegamos a estar preocupados por el trabajo y con lo que produce. "Hay felicidad en el amor al trabajo; hay miseria en el amor a la ganancia".[60] Parte de la táctica de Satanás es tomar este regalo bueno de Dios y pervertirlo. El trabajo invade cualquier otra dimensión de la vida, no permitiéndonos separarnos de él. Cuando esto ocurre, el trabajo incluso se interpone en el camino de la adoración. Trabajar en un día que se separa para el descanso santo es la adoración al trabajo. En otras palabras, podemos adorar el trabajo o adorar a Dios, pero no ambos.

El principio del Día de Reposo es el ingenioso mandamiento de Dios para ayudarnos a trazar límites alrededor del trabajo y vivir una existencia emocional y espiritual saludable. El Día de Reposo significa que una vez por semana, durante veinticuatro horas, dejamos todo— cada preocupación y cada pensamiento de cada preocupación. Cuando es practicado apropiadamente, el Día de Reposo que la mente, el cuerpo y el espíritu sean restaurados y restablecidos.

La verdadera madurez espiritual requiere que imitemos a Dios. "Y bendijo Dios el séptimo día y lo santificó, porque en él reposó de toda la obra que Él había creado y hecho" (Génesis 2:3). Cuando nosotros "guardamos el día de reposo", hacemos lo que Dios hizo. Esta es la esencia de la piedad.

Retiro

El diccionario proporciona varias definiciones de la palabra *retiro* que tienen la aplicación particular a guardar el día de reposo. Ponga especial atención en la número 4 abajo:

> *Retiro: (1) la retirada forzada o estratégica de un ejército o una fuerza armada ante un enemigo; (2) el acto de retirar, como en la seguridad o privacidad; jubilación; reclusión; (3) un lugar de refugio, reclusión o privacidad; (4) un asilo, como para dementes.*[61]

Retiro en este contexto significa escapar de la actividad normal y continua para participar en lo que está fuera de lo común y restaurativo. Esto es evidentemente una cosa buena en sí misma. Sin embargo, los líderes a menudo encuentran dificultad para retirarse por estas razones:

- **Una adicción al logro.** Hay algunos que verdaderamente se sienten culpables cuando se relajan. Ven la relajación como egoísta, irresponsable e indisciplinada. Por lo tanto, tienen una preocupante sensación de que siempre hay "mejores cosas" que hacer que relajarse. Cuando ellos observan el día de reposo, creen que no están logrando nada. Esto, por supuesto es incorrecto. Ellos están logrando algo de gran valor en relación con el descanso y la conexión con Cristo, bueno tanto para el cuerpo como para el alma.

- **"Aún hay trabajo por hacer"** Raramente terminamos en una semana todo el trabajo que sentimos que necesitamos terminar. De hecho, si usted es un pastor, sabe que siempre hay algo que puede ser hecho para mejorar a la iglesia. Hay gente para aconsejar y gente enferma para visitar. Siempre hay la necesidad de más oración, más pensamiento estratégico, más construcción de relaciones y más estudio para los sermones, aún en las tardes de domingo. Después de todo, sólo hay pocos días hasta el próximo sermón. ¡El domingo viene con asombrosa regularidad!

- **Demandas de los demás.** A veces las demandas del cónyuge, los niños, la familia y los jefes se anteponen a la elección para descansar y restaurarse de los líderes. En esta mentalidad, sentimos que hemos perdido la capacidad de elegir por nosotros mismos lo que hacemos con nuestro tiempo. Una sensación de atrapamiento y pérdida de control se establece en lo que a su vez conduce a la amargura.

- **"Las cosas estallarán y se quemarán si yo me alejo".** Tenemos la creencia de que si no estamos comprometidos con el trabajo en todo momento, entonces las ruedas proverbiales se caerán. Las cosas no se hacen, la gente no tendrá cuidado de, y la vida será peor con el día de reposo que sin él.

Sin embargo, la Biblia es clara. Dios no es ambiguo en este mandamiento. Debemos observar el día de reposo para obedecer a Dios, y con el fin de reposar debemos retirarnos de la vida que vivimos los otros seis días de la semana.

Recreación

La recreación significa literalmente volver a crearnos a nosotros mismos. Significa hacer lo que da vida en cuerpo, mente y espíritu, no lo que lo drena. Por lo tanto, debemos investigar y luego afirmar aquellas actividades que no sólo son diferentes de la rutina sino que también nos devuelven la vida después de seis días en que el liderazgo la agota.

Hable con alguien que regularmente hace ejercicio, ya sea caminar, correr, andar en bicicleta, levantar pesas, yoga, entrenamiento o cualquier otro tipo de disciplina física regular; y ellos le dirán que la ruptura del músculo restaura y reconstruye el cuerpo. Un sentido de recreación física es el resultado. Los beneficios físicos y mentales de tal ejercicio son bien establecidos y no necesitan ser listados aquí. El beneficio espiritual también está presente, como lo que Pablo diría, "porque el ejercicio físico aprovecha poco" (1 Timoteo 4:8) y "vuestro cuerpo es templo del Espíritu Santo" (1 Corintios 6:19). Hacemos bien a nuestras almas cuando guardamos nuestros cuerpos bien. Algunos piensan que el día de reposo significa acostarnos en el sofá mirando televisión todo el día el domingo. Sin embargo, además de tener una buena siesta y suficiente descanso, este día puede legítimamente incluir trabajar el cuerpo de manera diferente a lo que lo hace el resto de la semana. Jardinería leve, tareas a mano disfrutables, caminar, correr un poco; tales actividades no son "trabajo" proporcionado, son diferentes a su rutina de sus seis días a la semana y no demandan o drenan pero en cambio son restaurativas. La actividad física en el día de reposo no significa hacer ejercicio rigurosamente al menos que sea restaurativo para usted. Pero tampoco yacer inactivo por horas y horas raramente restaura nuestros cuerpos. Experimentamos mejor el día de reposo si buscamos recrear nuestros cuerpos así como también descansarlos.

Recreamos nuestras mentes al leer libros, disfrutar del arte y participar en actividades mentales. Novelas (libros que no se relacionen con el trabajo), películas, música, teatro, arte, museos; todo esto crea escapes que pueden renovar la mente. Las actividades mentales tales como el ajedrez, juegos de barajas, rompecabezas y juegos de mesa pueden encender partes de la mente que a menudo yacen inactivas. Sin embargo, tenga cuidado, porque hay formas de actividades mentales que no son restaurativas de ninguna manera. Hay una diferencia entre involucrar la mente y meramente entretenerla. Aunque posiblemente inofensivos, algunos tipos de actividades de entretenimiento incluyendo ciertas películas, video juegos, programas de televisión, música y todo lo demás, no llevan a la agudeza mental y restauración. ¿Cuántas veces se ha sentado por cinco o seis horas a ver televisión sin sentido y al final de eso dijo, " Me siento vivo y restaurado"? La transformación viene por renovar nuestras mentes, no por entretenerlas (Romanos 12:2).

Recrearnos espiritualmente va de la mano con renovarnos en cuerpo y mente. Después de todo, somos personas enteras y no meramente partes. Por lo tanto, más allá de las disciplinas de oración y estudio bíblico diarios, en el día de reposo debemos perseguir simplemente lo que nos ayuda a *disfrutar* a Dios. Alabar y servir debe ser espiritualmente restaurador aun para aquellos en el ministerio. Todos nosotros debemos descubrir alguna dimensión restauradora para adorar en domingo, aunque seamos los que dirigen el tiempo juntos. También debemos incluso en el ministerio, encontrar gozo en servir a otros y a Dios en el día de reposo.

También hay ocupaciones fuera de la iglesia que tienen un gran potencial para restaurar espiritualmente. El arte, la poesía y la música pueden provocar emociones espirituales y comprensiones de Dios que son inspiradoras y curativas. Nos permiten reflexionar sobre el maravilloso amor de Dios, en su carácter y poder; y en la multitud de bendiciones espirituales que poseemos. Estas son las actividades que nos mueven a estar gozosos en Dios. Involucrar a la naturaleza disfrutando de la vista de las montañas u océanos, ir de excursión por un sendero natural o contemplar un campo florido o las estrellas, puede causarnos considerar la grandeza de Dios y proporcionarnos una perspectiva segura y profunda para enfrentar los desafíos de la vida y el liderazgo.

Cuando veo tus cielos, obra de tus dedos, la luna y las estrellas que tú has establecido, digo: ¿Qué es el hombre para que de él te acuerdes, y el hijo del hombre para que lo cuides? ¡Sin embargo, lo has hecho un poco menor que los ángeles, y lo coronas de gloria y majestad! (Salmos 8:3–5)

La observación del Día de Reposo que inspira y restaura, de la manera que nos hace conscientes y más dispuestos a Dios, incluye pasar de la actividad normal de trabajar a la actividad especial de reflexionar en la obra de Dios.

La transformación viene por renovar nuestras mentes, no por entretenerlas.

Relaciones

Ciertas personas nos drenan. Otras personas restauran la vida para nosotros. En el día de reposo, los líderes deben rodearse con gente que ellos realmente disfrutan. El poder recreador de las relaciones consiste en aprovechar el tiempo con aquellos que nos ayudan a vivir con paz y gozo. En el día de reposo, pase tiempo con la familia y amigos pero hágalo de manera diferente que como lo hace durante la semana. El tiempo aquí debe ser con el propósito de conversaciones vivificadoras y las actividades familiares, no las agotadoras. Hable diferentemente con su cónyuge e hijos en el día de reposo. Vea a ellos con amor en este día. Disfrútelos y encuentre gozo en ellos. Regocíjese en su corazón por el regalo de la familia que Dios le ha dado. Si pasa tiempo con amigos, asegúrese que sean personas restauradoras, no las difíciles. El mandamiento "Acuérdate del día de reposo para santificarlo", significa tomar pasos para protegerlo de la ruina. Este es su día y su tiempo. Resguárdelo de cualquier cosa o persona que lo pueda hacer impío en el sentido de profanar su propósito de descanso y renovación.

Restauración

Con el tiempo, los líderes pueden desarrollar un tipo de cansancio que no puede ser curado con una buena noche de sueño. La fatiga espiritual es un cansancio del alma donde los recursos emocionales y espirituales necesarios para sustentar la vida y el liderazgo están agotados. Aquí, la demanda excede al suministro.

El día de reposo no sólo da descanso a nuestros cuerpos, pero cuando es practicado apropiadamente, trae restauración a nuestras almas. En el día de reposo, las labores cesan. Pero el día de reposo no necesariamente significa terminar con el trabajo. Raramente completamos todo nuestro trabajo en una semana dada. En cambio, el día de reposo significa estar *libre de la necesidad interna de trabajar*. La idea es descansar *como si* todo su trabajo estuviera hecho.

El día de reposo nos separa de la noción de que el mundo no puede sobrevivir sin nosotros. Sirve como el antídoto para la idea de que yo soy indispensable para el mundo y de que las cosas en el mundo, a las cuales me doy seis días a la semana, son indispensables para mí.

Citando parcialmente a su padre, Abraham Joshua Herschel acertadamente afirma:

> *Necesitamos el día de reposo para sobrevivir a la civilización: "Gallardamente, sin cesar, silenciosamente, el hombre debe luchar por la libertad interior", para permanecer independiente de la esclavitud del mundo material. "La libertad interior depende de estar exento del dominio de las cosas, así como el de las personas... Este es nuestro problema constante, cómo vivir con la gente y permanecer libre, cómo vivir con cosas y permanecer independientes.*[62]

El tiempo y el dinero son dos activos principales de nuestras vidas. Aparte de Dios y de la gente, nada es probablemente más importante para nosotros. Hay similitudes asombrosas en los mandamientos de Dios hacia la administración de nuestro tiempo y de nuestro dinero. El

Día de Reposo y el diezmo son instrucciones claras de un Dios amoroso para administrar estos preciados recursos:

- **Ambos imitan a Dios.** En dar y en descansar, estoy haciendo lo que Dios mismo hizo.

- **Ambos me acercan a Dios.** Mientras hago lo que Dios hizo, tengo profunda comunión con él entendiendo sus caminos e identificándome más en la relación con él.

- **Ambos son un antídoto para la cultura.** Diezmar se coloca como antídoto para la codicia y el materialismo; el Día del Reposo se coloca como un antídoto para el trabajo adictivo y la indispensabilidad.

- **Ambos me regresan bendición.** La ironía es que aunque doy mi dinero al diezmar y mi tiempo en el día de reposo, tengo suficiente dinero y suficiente tiempo para vivir. Dios provee en retorno por lo que al dar recibo y mis necesidades son adecuadamente suplidas. Es asombroso ver cuán eficiente y efectivo llega a ser mi tiempo en los otros seis días de la semana cuando guardo el día de reposo en el séptimo. Lo mismo es verdad para mi dinero cuando diezmo.

- **Ambos fijan mis prioridades en el lugar adecuado.** Al diezmar y guardar el día de reposo, no permito que mi dinero y mi tiempo me manejen. En cambio, yo los manejo. Esto los mantiene en la perspectiva adecuada para vivir saludablemente. Las disciplinas detienen el poder invasivo del tiempo, el dinero y la obsesión asociada con cada uno. El diezmar y el día de reposo evitan que el tiempo y el dinero se conviertan en ídolos de la adoración.

- **Ambos son proporcionales.** El día de reposo es un séptimo de mi semana; el diezmo es un décimo de mi dinero. Mientras que todo mi tiempo y todo mi dinero son suyos, yo prácticamente doy a Dios para un propósito específico en proporción a todo lo que él me ha dado.

- **Ambos son sistemáticos.** Yo doy de lo primero de mis ingresos y de lo último de mi semana.

- **Ambos son sacrificiales.** El tiempo y el dinero son recursos preciados y limitados; por lo tanto no son fácilmente dados a Dios, y es exactamente por lo cual Dios los requiere.

- **Ambos revelan mi nivel de confianza en Dios.** El diezmar y el guardar el día de reposo son un recordatorio constante y concreto de que Dios es el dueño de todo y de que puedo confiar en él con las porciones más importantes de mi vida. Ellos me recuerdan que él es el proveedor y que repondrá cualquier cosa que pueda faltar a través de dar y guardar el día de reposo. Rechazar el día de reposo o negarme a dar significa no confiar o creer en Dios en el sentido más práctico. No dar y no guardar el día de reposo es ateísmo práctico. Cuando doy y cuando descanso como Dios lo prescribió, muestro mi confianza en él, mi creencia que él sabe mejor y mi dependencia en él para todo en mi vida.

El Día de Reposo por lo tanto, es un acto de fe. Significa confiar en Dios en el liderazgo de nuestra organización en nuestra ausencia; confiar en él en nuestra necesidad para descansar (ya sea que pensemos que lo necesitamos o no); y confiar en él en la necesidad de la adoración semanal consistente. El Día de Reposo no es una sugerencia. No es una recomendación agradable de Dios. Es un mandamiento claro. Pero es un mandamiento de un Padre amoroso que busca lo mejor para sus hijos y que desea para los líderes que experimenten un poder auténtico desde el interior de ellos.

> *Permanezca en el lugar secreto hasta que los ruidos alrededor comiencen a desaparecer de su corazón y un sentido de la presencia de Dios lo envuelva. Escuche la voz interior hasta que aprenda a conocerla. Dése usted mismo a Dios y entonces sea lo que es y quien es sin importar lo que otros piensen.*[63]

El Estudio Devocional de la Palabra de Dios

Mi esposa y yo rutinariamente tenemos una noche de cita. Pero esa rutina no es para el propósito de decir que hemos tenido una noche de cita como las buenas parejas debieran hacerlo. En lugar, su propósito y práctica es para permitirnos crecer más en nuestro amor uno con otro. Si tenemos una noche de cita y no logramos ese fin, hemos practicado la ley de cita sin cumplir su espíritu. La noche de cita proporciona una estructura y disciplina en la cual podemos lograr un propósito. Es un canal a través del cual el amor es expresado y crece en nuestro matrimonio.

La disciplina de leer la Palabra de Dios es similar. A todos nosotros se nos ha dicho que necesitamos tener un tiempo devocional a diario que incluye leer la Biblia. Eso es lo que hacen "los buenos cristianos". Sin embargo, la disciplina de leer la Palabra de Dios debe dar crecimiento a un espíritu de amor para Dios en nuestros corazones, no para cumplir un requisito legalista. No lo practicamos para que simplemente lo borremos de nuestra lista. Ni tampoco lo practicamos para que simplemente obtengamos información acerca de Dios, justo como yo no llevo a mi esposa meramente para obtener más información acerca de ella. Cualquier conocimiento que adquiramos de la Biblia debe transferirse en una apreciación y reconocimiento profundos de Dios. Como Pablo dijo: "Pero el propósito de nuestra instrucción es el amor nacido de un corazón puro, de una buena conciencia y de una fe sincera" (1 Timoteo 1:5).

Leer la Palabra de Dios devocionalmente en lugar de legalistamente, clínicamente o sólo por el beneficio de conocimiento, significa mantener nuestros corazones enfocados en el resultado deseado. Esto no es para decir que toda la lectura y el estudio de la Biblia debería ser devocional en naturaleza. El estudio formal y teológico de la Palabra de Dios para el conocimiento y la visión es un gran beneficio para el desarrollo espiritual y preparación de sermones. Pero esto no debe tomar el lugar al costo de la relación amorosa para Dios a través de su

Palabra. Como Michelle DeRusha escribe: "Es tentativo perderse en el estudio, volverse a los libros y a los grupos de estudio y las clases, para saber todo acerca de Dios, pero no conocer a Dios mismo; para leer acerca de la Biblia en lugar de leer la Biblia misma".[64]

Si leemos la Biblia sin crecer en el amor para Dios, hemos practicado la ley de la devoción sin cumplir su espíritu.

Las maneras de leer la Biblia que nos colocan en un contexto para amar a Dios incluyen:

- **Leerla personalmente.** Esto significa permitir que Dios me hable *personalmente* a través de las palabras. Entender el significado de la Palabra de Dios significa primero entender su significado en su contexto original y sus oyentes originales, pero eso no es el fin del estudio de la Palabra de Dios. La Biblia no es sólo acerca de la gente, el tiempo y las situaciones en el tiempo que fue escrita. Esos significados también aplican a nosotros. Aplicar la Palabra de Dios personalmente a las dimensiones más profundas y prácticas de nuestras vidas nos permiten crecer más en el amor para con Dios.

- **Leerla en oración.** Eso significa a permitir que Dios hable a usted en el impulso de su corazón y después usted hable a Dios mientras lee. Esto también incluye orar y pedir al Espíritu Santo su guía, entendimiento y su iluminación acerca de la escritura; orar las palabras reales del texto bíblico cuando sea posible; y orar por otros mientras piensa en ellos cuando lee.

- **Leerla auténticamente.** Ser auténtico en leer la Palabra de Dios significa estar dispuesto a ponerla en práctica. Mientras leemos la Biblia, pausamos una y otra vez, preguntándonos si realmente vivimos esas palabras y si realmente creemos las palabras que acabamos de leer. Para leer la Palabra de Dios sin un deseo auténtico y profundo de ponerla en práctica es engañarse a uno mismo. Como Santiago dice: "Sed hacedores de la palabra y no solamente oidores que se engañan a sí mismos" (Santiago 1:22).

Leer la Palabra de Dios devocionalmente permite que se filtre en nuestros corazones y así protegernos de un enfoque meramente superficial y clínico a ella. Esto hace a la Palabra de Dios viva para nosotros y nos mueve para ver a Dios a través de ella. Cuando esto ocurre, llegamos a estar más conscientes del Padre y más dispuestos a él, y poseemos un mayor sentido de su poder y su presencia en nosotros. Como el profeta Jeremías lo describe, cuando la Palabra de Dios es colocada profundamente dentro de nosotros, tiene el potencial tremendo para cambiarnos, capturarnos con gozo y ayudarnos a reconocer el poder de Dios y nuestro lugar en la relación con él:

> *Cuando se presentaban tus palabras, yo las comía; tus palabras eran para mí el gozo y la alegría de mi corazón, porque se me llamaba por tu nombre, oh Señor, Dios de los ejércitos.*
>
> —JEREMÍAS 15:16

Dios Desarrolla el Poder para Dirigir

Experimentar el poder de Dios involucra muchas dinámicas. En un nivel básico, requiere que el líder se involucre en un proceso de crecimiento y desarrollo. La experiencia del poder de Cristo en el liderazgo no es heredado sino desarrollado.

Podemos leer acerca de los líderes en la escritura y tratar de pensar que ellos nacieron con o simplemente dotados con los rasgos de fe, valor y otras cualidades para la efectividad. Parecen ser heroicos naturalmente. Este es un entendimiento incorrecto.

Abraham fue llamado a dejar su tierra para ser usado por Dios para crear una nación. Él es conocido como el "padre de nuestra fe" y es aclamado como un héroe de la fe y un hombre usado por Dios para un gran propósito. Pero la fe de Abraham vino en forma de semilla y se desarrolló con el tiempo a través del fracaso como también del éxito. Aunque le fue dicho dejar a su familia, él inicialmente se comprometió al llamado de Dios al traer consigo a su sobrino, Lot (Génesis 12:4). Cuando la promesa de Dios de un hijo fue retrasada, Abraham y Sara tomaron los asuntos en sus propias manos e idearon un esquema fuera de la provisión de Dios por el cual un hijo pudiera ser nacido (Génesis 16). Cuando fue puesto en una situación de presión, Abraham mintió acerca de la naturaleza de su relación con Sara (Génesis 20:1-2). Todos son ejemplos de una falta de creencia. Sin embargo, por último, después de años de vacilación en asuntos de fe, Abraham aprendió que él verdaderamente pudo confiar en Dios con todo. Finalmente estuvo convencido. Su fe en que puedo confiar en Dios fue ejemplificada por su disposición para sacrificar a su hijo Isaac en el altar del Monte Moriah (Génesis 22).

El poder en el liderazgo no es heredado sino desarrollado.

Moisés fue un fugitivo y recluso cuando llegó el llamado de Dios. Él creció en la riqueza y la realeza pero escapó de Egipto después de cometer un asesinato. Para el tiempo en que la zarza ardiente apareció, él había pasado cuarenta años en retiro, cuidando ovejas con su suegro. Sin embargo Dios lo llamó para ir de regreso a Egipto y ser usado para liberar al pueblo que había estado en esclavitud por cuatrocientos años. Moisés estaba renuente, por decir lo menos, y ofreció muchas excusas para no ir (Éxodo 3–4). Después de algo convincente, este hombre dudoso, armado sólo con la presencia de Dios, confrontó a la persona más poderosa del planeta. Grandes milagros ocurrieron y el pueblo de Dios estuvo finalmente fuera de Egipto. Sin embargo, a través de una larga experiencia de peregrinajes en el desierto debido a la falta de fe del pueblo, el propio enojo y la impaciencia de Moisés a menudo obtuvieron lo mejor de él. (Éxodo 32, Números 16). La furia de Moisés incluso lo descalificó para guiar al pueblo dentro de la Tierra Prometida (Números 20:1–13). Al final, sin embargo, este hombre turbado con la duda y el enojo fue más grandemente caracterizado por el valor y la fe (Hebreos 11:24–27). Él fue usado por Dios para lograr un propósito asombroso y para influir en otros para la gloria de Dios.

Este cuadro de líderes imperfectos pero creciendo, continúa a través de la Biblia. El apóstol Pedro fue conocido por hablar palabras de gran fe y lealtad, sin embargo cuando vino el tiempo de prueba, él no pudo seguir a través de este (Mateo 16:16, 26:33, 26:69–75). El problema de Pedro no fue uno de sinceridad. Fue un problema de integridad, a él le faltaba la fortaleza de carácter para practicar en su vida lo que él proclamó con sus labios. Jesús trató de advertirle de esta falta de carácter cuando él predijo las negaciones de Pedro (Mateo 26:30–34). Sin embargo, como sucede con nosotros, Pedro tuvo que aprender a través de la experiencia lo que no estuvo dispuesto y fue capaz de aprender a través de la instrucción. En el momento de su tercera negación de Jesús, él despertó a la espantosa verdad que él no era la persona que dijo ser. En ese punto él tuvo que reconocer su falta de valor y admitir lo que era la dolorosa verdad acerca de él. Pero, ¡el fracaso nunca es definitivo en Cristo! Jesús estaba por cambiar a Pedro desde dentro.

En Juan 21:15–19, después de su resurrección, Jesús le dio a Pedro una oportunidad para jactarse aturdidamente una vez más acerca de su devoción: "Simón, hijo de Juan, ¿me amas más que éstos?" (v. 15). Esta es una referencia obvia a la afirmación de Pedro de permanecer devoto a Jesús cuando otros no lo harían (Marcos 14:29). Pedro no respondió de la misma manera. En lugar de decir, "Si. Te amo más que estos", él contestó humildemente, exactamente y honestamente, "Si, Señor; tú sabes que te amo". Este intercambio ocurre tres veces, simbolizando el perdón y la restauración de Pedro sobre sus tres negaciones de Jesús. El Señor usa este intercambio como una manera de confirmar la vergonzosa realidad para Pedro, mientras al mismo tiempo restaurarlo para la utilidad en el ministerio y el propósito para el futuro. "Apacienta mis ovejas" él le dijo en el v. 17, y "Y habiendo dicho esto, le dijo: Sígueme". (v 19).

La efectividad futura de Pedro como un líder en el ministerio dependió en su caminar a través de esta experiencia, aceptando su falta de integridad y aprendiendo de ella. Después, él habló audaz y valientemente por el nombre de Cristo y sufrió por eso (Hechos 2:14–41, 3:12–26, 5:29–32, 4:1–3, 5:17–42, 12:1–5).

¡El fracaso nunca es definitivo en Cristo!

La Biblia también proporciona muchas revelaciones dentro de las luchas internas así como también los éxitos externos del apóstol Pablo. Conocido como Saulo antes de su conversión, él estaba obsesionado con el cumplimiento de la estructura de poder de la religión judía (Hechos 7:59–8:3, Gálatas 1:13–14, Filipenses 3:4–11). Como un fariseo poderoso, él obtuvo mala fama, privilegio, alabanza y riqueza. A través de un proceso que comenzó con una luz cegadora del cielo (Hechos 9:3), La identidad y el destino de Pablo fueron cambiados por Cristo. Una vez basó su vida sobe logros externos, ahora ha sido hecho justo por medio de la fe y seguro solamente en Cristo.

Sin embargo cuando miramos de cerca la experiencia Cristiana del apóstol Pablo, vemos luchas intensas con el poder del pecado (Romanos 7), una disputa severa y fuera de lugar con el consolador Bernabé (Hechos 15:36–41), conflicto constante con oponentes del evangelio (Gálatas 1:6–9, Filipenses 3:2, 1 Timoteo 1:18–20, 2 Timoteo 4:14), sufrimientos tremendos (2 Corintios 12:23–33), y un molesto "aguijón en la carne" que recurrentemente lo atormentaba (2 Corintios 12:7). La vida y el liderazgo fueron difíciles para Pablo. Pero estos sufrimientos y luchas no fueron oposición para su habilidad de influenciar a otros. Más bien, estaban inextricablemente ligadas al crecimiento de Pablo como creyente primeramente y después como un líder. A través de estas experiencias y sólo a través de ellas, Dios le dio el crecimiento a Pablo y lo empleó como el más grande misionero en la historia de la fe cristiana.

En cada caso, los líderes en la Biblia estuvieron lejos de ser perfectos; y su poder para dirigir creció sobre un periodo de tiempo a través del dolor, el desafío y aún el fracaso. Lo que hizo a estos líderes heroicos fue su compromiso con Dios en un proceso de toda la vida. Este proceso fue lleno de fracasos y éxitos por igual, incluyendo tiempos cuando ellos cuestionaron y hasta desobedecieron a Dios. Sus trayectorias fueron caracterizadas por múltiples años de crecimiento para finalmente cumplir la voluntad de Dios. Este crecimiento no fue inmediato y no tomó lugar en una manera lineal. A veces ellos avanzaron mediante el valor y la sumisión; otras veces retrocedieron con renuencia, miedo y rebelión. Al final, no obstante, dos cosas los hicieron exitosos: su imperiosa disposición para crecer y aprender; y el hecho que ellos no se rindieron.

Aquellos que quieran ser usados por Dios como líderes deben comprometerse ellos mismos a un peregrinaje de desarrollo de por vida, caracterizado por la humildad y la capacidad de ser enseñados. Ellos también deben determinar que ellos nunca dejarán de seguir a Dios en este trayecto.

La Santificación y el Liderazgo

El llamado primario del líder bíblico es conocer y amar a Cristo. Es nuestra principal pasión (Filipenses 3:10). En un contexto bíblico, ser un líder es ser un discípulo auténtico de Jesús. El liderazgo bíblico significa que los líderes primero encuentran el poder de Cristo y después expresan el poder de Cristo. El apóstol Pablo resumió este pensamiento cuando dijo: "Lo que también habéis aprendido y recibido y oído y visto en mí, esto practicad" (Filipenses 4:9). Pablo implica que el liderazgo efectivo, que honra a Cristo no es primero acerca de dirigir, sino acerca de seguir. Si los líderes bíblicos son llamados a dar a Cristo a otros (como realmente lo son), entonces ellos como líderes deben seguirlo, amarlo y servirlo primero. Usted no puede dar a otros lo que no posee. Sin duda estamos llamados a considerar para nosotros mismos la gloria de Dios y después reflejarla para otros. ¡Esto es dirigir!

> **Nuestro llamado primario es conocer y amar a Cristo. Ser un líder bíblico es primero ser un auténtico discípulo de Jesús.**

Porque esto es cierto, a medida que uno crece como creyente, tiene el potencial de crecer como líder. En verdad, no crecemos como líderes bíblicos a menos que crezcamos espiritualmente. Esto significa que el proceso de santificación y el proceso de desarrollo del líder van de la mano. Son concurrentes, inextricablemente ligados y ellos se afectan uno al otro significativamente. Por ejemplo, a medida que crecemos en la semejanza a Cristo, los rasgos asociados con tal desarrollo— humildad, sumisión, confesión, compañerismo, confianza en Dios y el resto—todos crean una capacidad dentro de nosotros para ser usados como líderes por el Padre. Dios es capaz de llenar de poder y de emplear a alguien ¡completamente sujeto a él. Del mismo modo, el deseo por la santidad crea una persona humilde, enseñable y dispuesta — características necesarias para que los líderes potenciales aprendan las habilidades que no vienen naturalmente, o para continuar aprendiendo y creciendo a través de la prueba y el conflicto. La santidad personal se opone al liderazgo arrogante.

Al mismo tiempo, Dios usa el liderazgo, con sus llamados y desafíos asociados, como herramientas para hacernos más como Cristo. De hecho, las cosas que forman parte de la función del liderazgo, tal vez en especial las cosas difíciles, se convierten en los mismos instrumentos usados por Dios para hacernos crecer en la fe y la santidad. En este sentido, el liderazgo cumple un propósito divino *dentro* del líder, no sólo uno *a través de* él. Los desafíos del liderazgo nos sacan de nuestra zona de confort, crean desequilibrio y causan que nos cuestionemos la suficiencia de nuestras propias habilidades. Estas circunstancias conducen a la fe en Cristo en vez que en uno mismo. De hecho, *el Dios que busca hacer una obra a través de nosotros es el que busca hacer una obra en nosotros.* Encontramos esto verdad para cada líder mencionado en la Biblia.

Como J. Oswald Sanders afirmó:

> *Ha sido dicho que para lograr su propósito en el mundo, el método de Dios siempre ha sido un hombre. No necesariamente un hombre noble o un hombre brillante, pero siempre un hombre con la capacidad para una fe creciente. Aceptado esto, parece ser que no hay límite para los dolores que Dios está dispuesto a tomar en su entrenamiento. Él no está limitado ni por la herencia ni por el ambiente.*[65]

En consecuencia, el liderazgo bíblico, siendo capaz de ser usado poderosamente por Dios para influenciar a otros para su gloria, no se trata principalmente sobre la *habilidad* de un líder. Más bien, es primero acerca de su *disponibilidad* para con Dios, la voluntad de crecer en la fe y seguir a Cristo completamente. Los discípulos pueden no haber sido las personas más astutas. Ciertamente no fueron los más educados ni los más calificados externamente. Sin embargo, hicieron una cosa que muchos en sus días no hicieron. Dijeron sí a Jesús. Siguieron a Cristo cuando los llamó. Los líderes de hoy, similarmente dicen a Dios, "Estoy dispuesto. La respuesta es sí. Ahora Dios, ¿Cuál es la pregunta?"

En Conclusión

Los líderes mundanos operan en su propia fuerza y en su propia sabiduría y pueden ser capaces de realizar cosas buenas y hasta nobles. Incluso los líderes cristianos se dispusieron a hacer grandes cosas *para* Dios. Sin embargo, en verdad, Dios no quiere ni necesita que actuemos en su nombre. Él busca hacer algo grande *a través* de nosotros por medio de la fe viva en él.

El liderazgo bíblico produce resultados eternos porque proviene de una fuente diferente. No se basa en la sabiduría del mundo o en los escasos recursos humanos del líder. Estas fuentes sólo pueden lograr lo que se puede explicar de maneras naturales y humanas y a través de las habilidades limitadas del líder. Por el contrario, el combustible interior, la guía y la fuerza en el trabajo para el líder bíblico es el mismo poder de Cristo.

Una verdadera fe viva en Dios es su más alto deseo por nosotros como su creación. "Y sin fe es imposible agradar a Dios; porque es necesario que el que se acerca a Dios crea que él existe, y que es remunerador de los que le buscan" (Hebreos 11:6). El liderazgo y sus efectos, como Dios quiso, son sólo subproductos de una vida rendida a él. No amamos a Dios para dirigir mejor. Amamos a Dios porque lo amamos. El liderazgo saludable y eficaz es sólo una de las posibles manifestaciones de un amor y una fe sinceros.

Mientras que amar al Padre y vivir en fe sensible a él no es perseguido con el propósito de ser un líder bíblico efectivo, esta relación *es* un requisito previo para ello. Cuanto más amamos a Jesús, más capacidad tenemos de ser utilizados por él. Por lo tanto, la calidad de nuestro liderazgo depende de la calidad de nuestra relación con Cristo. Nada es más importante.

Cuando Cristo es primero, logra a través del líder humilde y dispuesto lo que sólo puede atribuirse a la capacidad de Dios. Al final, el líder ve las posibilidades ilimitadas de lo que se puede lograr. Cuando la tarea se completa, es Dios, no el líder, quien recibe el crédito. Continuamos dando a Dios la gloria; él continuara dándonos su poder.

> *"Por esta causa, pues, doblo mis rodillas ante el Padre de nuestro Señor Jesucristo, de quien recibe nombre toda familia en el cielo y en la tierra, que os conceda, conforme a las riquezas de su gloria, ser fortalecidos con poder por su Espíritu en el hombre interior; de manera que Cristo more por la fe en vuestros corazones; y que arraigados y cimentados en amor, seáis capaces de comprender con todos los santos cuál es la anchura, la longitud, la altura y la profundidad, y de conocer el amor*

de Cristo que sobrepasa el conocimiento, para que seáis llenos hasta la medida de toda la plenitud de Dios. Y a aquel que es poderoso para hacer todo mucho más abundantemente de lo que pedimos o entendemos, según el poder que obra en nosotros, a Él sea la gloria en la iglesia y en Cristo Jesús por todas las generaciones, por los siglos de los siglos. Amén".

—EFESIOS 3:14–21, NVI 1984

Preguntas de Repaso del Capítulo

1 ¿Cuál es el significado de la resurrección para llenar de poder el liderazgo de hoy?

2 Este capítulo afirma que Dios da el poder para cumplir su voluntad. ¿Cómo esto separa al cristianismo de las religiones del mundo o de las estructuras seculares exitosas?

3 Liste varias traducciones de la palabra griega *parakletos* que iluminan el papel del Espíritu en nuestras vidas.

4 ¿Está de acuerdo en que nuestra consciencia y disponibilidad determinarán el grado al cual el Espíritu nos llena de poder? ¿Por qué si, o por qué no?

5 Liste al menos cinco maneras en las cuales una vida de oración regular afecta la transformación interior.

6 Liste las cuatro actividades clave del día de reposo y describa su resultado combinado.

7 Describa la bondad inherente del trabajo y los peligros que también le asisten. ¿Cómo nos permite el día de reposo experimentar la bondad del trabajo sin sucumbir a sus peligros? Explique.

8 ¿La adicción al logro le impide practicar y disfrutar del día de reposo? ¿Qué cambio de perspectiva o prioridad es necesario para ver el valor en esta práctica?

9 Liste las similitudes entre guardar el día de reposo y diezmar. ¿Cómo estas disciplinas nos hacen más conscientes y disponibles a Dios?

10 ¿Cuáles son tres maneras de leer la Biblia que nos coloca en un contexto para amar a Dios?

11 ¿En qué sentido puede ser dicho que los sufrimientos y las luchas incrementan nuestra habilidad de influir en otros?

12 ¿Cuál es el llamado principal del líder bíblico?

13 Describa la confluencia de crecer como un creyente y crecer como un líder.

NOTAS

1. Pew Research Center. "Nones on the Rise." Accessed 9/11/14 from *http://www.pewforum.org/2012/10/09/nones-on-the-rise/*. October 9, 2012
2. George Barna and David Kinneman, eds. *Churchless: Understanding Today's Unchurched and How to Connect with Them.* Carol Stream, IL: Tyndale, 2014.
3. George Barna. *The Power of Vision: Discover and Apply God's Vision for Your Life & Ministry.* Venture, CA: Regal Publishing, 2009.
4. R.H. Welch. *Church Administration: Creating Efficiency for Effective Ministry.* Nashville, TN: Broadman & Holman Publishers, 2005. p. vii.
5. C.A. Schwartz. *Natural Church Development.* St. Charles, IL: ChurchSmart Resources, 1996.
6. The Association of Theological Schools. *Annual Data Tables* (2010–2011). *http://www.ats.edu/*. Includes Fuller Theological Seminary, Southwestern Baptist Theological Seminary, Southeastern Baptist Theological Seminary, Southern Seminary, Dallas Theological Seminary, Gordon-Conwell Seminary, Trinity Seminary, Asbury Seminary, Golden Gate Theological Seminary, New Orleans Baptist Theological Seminary, and Bethel Seminary.
7. Denham Grierson, *Transforming a People of God*, Melbourne: Joint Board of Christian Education, 1984. p. 18.
8. Charles C. Ryrie. *Basic Theology: A Popular Systematic Guide to Understanding Biblical Truth.* Chicago, IL.: Moody Publishers, 1999. p. 13.
9. Thomas E. Cronin, as cited in Lovett H. Weems, *Church Leadership: Vision, Team, Culture, Integrity.* Nashville, TN: Abingdon Press, 1993. p. 16.
10. Peter G. Northouse. *Leadership: Theory and Practice.* Thousand Oaks, CA: Sage, 2006. p. 170.

11. Gary Yukl. *Leadership in organizations*. 5th ed. Upper Saddle River, NJ: Prentice Hall, 2002. p. 253.
12. James MacGregor Burns. *Leadership*. New York: Harper & Row, 1978. p. 2.
13. Warren Bennis and Burt Nanus. *Leaders: The Strategies for Taking Charge*. New York: Harper Collins, 1997. p. 4.
14. Peter Drucker, as quoted in John Pearson, *Mastering the Management Buckets: 20 Critical Competencies for Leading Your Business or Nonprofit*, 2008. pp. 67-75.
15. John C. Maxwell. *The 21 Irrefutable Laws of Leadership*. Nashville, TN: Thomas Nelson, 2007. p. 11.
16. Gary Yukl. *Leadership in organizations*. 5th ed. Upper Saddle River, NJ: Prentice Hall, 2002. p. 8
17. Peter G. Northouse. *Leadership: Theory and Practice*. Thousand Oaks, CA: Sage, 2006. p. 3.
18. Ken Blanchard. *Leading at a Higher Level*. Upper Saddle River, NJ: Prentice Hall, 2007, p. xvi.
19. James M. Kouzes and Barry Z. Posner. *The Leadership Challenge*. San Francisco, CA: Jossey-Bass, 2007. p. 14.
20. Stephen Covey. "The Leader Formula: 4 Things That Make a Great Leader." *www.StephenCovey.com*. Accessed 18 May 2012. http://www.stephencovey.com/blog/?p=6
21. A.W. Tozer. "The Menace of the Religious Movie", Accessed May 21, 2015. http://www.biblebb.com/files/tozermovie.htm
22. Warren Bennis. *On Becoming a Leader*. Reading, MA: Addison-Wesley Publishing Co. Inc., 1989. p. 5.
23. Shakespeare, William. *History of Henry IV, Part II*. Accessed July 10, 2014. http://www.opensourceshakespeare.org/
24. Schein, E. H. *Organizational Culture and Leadership*. San Francisco, CA: Jossey-Bass Publishers, 1987. p. 319.
25. Strong, J. (2001). *Enhanced Strong's Lexicon*. Bellingham, WA: Logos Bible Software.
26. Zodhiates, S. (2000). *The complete word study dictionary: New Testament* (electronic ed.). Chattanooga, TN: AMG Publishers.

27 Strong, J. (2001). *Enhanced Strong's Lexicon*. Bellingham, WA: Logos Bible Software.

28 Swanson, J. (1997). *Dictionary of Biblical Languages with Semantic Domains: Greek (New Testament)* (electronic ed.). Oak Harbor: Logos Research Systems, Inc.

29 Henri Nouwen, *In the Name of Jesus; Reflections on Christian Leadership* (New York: Crossroad, 1989. pp. 81-82.

30 Abraham Joshua Heschel. *The Sabbath*. Farrar, Strous and Giroux, New York. 1951. p. 3.

31 Jimmy Draper. "The Essential Element of Christian Leadership". Accessed May 13, 2015. *http://ftc.co/resource-library/blog-entries/the-essential-element-of-christian-leadership*.

32 Lovett H. Weems. *Church Leadership: Vision, Team, Culture, Integrity*. Nashville, TN: Abingdon Press, 1993, 65.

33 Peter Drucker. "Managing for Business Effectiveness." *Harvard Business Review,* May 1963. pp. 53–60.

34 Antoine De Saint-Exupery, as cited in D. Bray, *A Willful Volunteer: Examining Conscience in an Unconscious World*. Lincoln, NE. iUniverse, 2001. p. 71.

35 Edgar Schein, *Organizational Culture and Leadership* (San Francisco: Jossey-Bass, 2010), 9.

36 John F. Kennedy. Address in the Assembly Hall at Paulskirche. Frankfurt, Germany. June 25, 1963. (Accessed 12.13.14 at *http://www.presidency.ucsb.edu/ws/?pid=9303*)

37 Max Dupree, *Leadership is an Art* (New York: Dell Publishing, 1989), 11.

38 Charles F. Kettering as cited in Richard C. Dorf and Thomas H. Byers, *Technology Ventures: From Idea to Enterprise* (New York: McGraw Hill, 2005), 27.

39 Andy Stanley, *Visioneering* (Colorado Springs: Multnomah Books, 1999), 16.

40 Revised from Maxwell's quote in John Maxwell, *Thinking for a Change: 11 Ways Highly Successful People Approach Life and Work* (New York: Warner Books, 2003), 47.

41 Walt Kelly, *Pogo: We Have Met The Enemy And He Is Us*. 2nd edition. (New York: Simon & Schuster, 1972)

42. J. Swanson, *Dictionary of Biblical Languages with Semantic Domains: Greek (New Testament)*. Electronic ed. (Oak Harbor, WA: Logos Research Systems, 1997)

43. See the following: Irwin G. Sarason, Barbara R. Sarason, and Edward N. Shearin, "Social support as an individual difference variable: Its stability, origins, and relational aspects." *Journal of Personality and Social Psychology*, Vol 50(4), Apr 1986, 845–855. Wm. Matthew Bowler and Daniel J. Brass, "Relational correlates of interpersonal citizenship behavior: A social network perspective," *Journal of Applied Psychology*, Vol 91(1), Jan 2006, 70–82. Susan R. Madsen, Duane Miller, and Cameron R. John, "Readiness for organizational change: Do organizational commitment and social relationships in the workplace make a difference?" *Human Resource Development Quarterly*, Vol 16 (2), Summer 2005, 213–234.

44. As cited in Stephen R. Covey, *The 7 Habits of Highly Effective People: Powerful Lessons in Personal Change*. Deluxe Edition. New York: Simon & Schuster, 2013. 108.

45. K.S. Wuest, *Wuest's Word Studies from the Greek New Testament: For the English Reader*. Grand Rapids: Eerdmans, 1997, c 1984. 110.

46. C. Gore, H.L. Goudge, and A. Guillame, eds. *A New Commentary on Holy Scripture including the Apocrypha*. New York: Abington Press, 1955. 52.

47. Wuest, 113.

48. Ibid., 112.

49. Scott Peck, *The Road Less Traveled: A New Psychology of Love, Traditional Values and Spiritual Growth*. New York: Touchstone, 1978. 82.

50. Ian I. Mitroff and Elizabeth A. Denton, *A Spiritual Audit of Corporate America: A Hard Look at Spirituality, Religion, and Values in the Workplace*. San Francisco, CA: Jossey-Bass, 1999. 155.

51. Denis Waitley, *Empires of the Mind: Lessons to Lead and Succeed in a Knowledge-Based World*. New York: Morrow, 1994. 161.

52. James M. Kouzes and Barry Z. Posner, *The Leadership Challenge*, 3rd edition. San Francisco, CA: Jossey-Bass, 2002. 375–376.

53. Max DePree, *Attributes of Leaders*. Executive Excellence, 1997. 14(4), 8.

54 Stephen R. Covey, *The Seven Habits of Highly Effective People*. New York: Simon and Schuster, 1990. 199.

55 James A. Autrey, *Love and Profit: The Art of Caring Leadership*. New York: Avon Books, 1992. 30–32.

56 G. Graen and J.F. Cashman, "A Role Making Model of Leadership in Formal Organizations: A Developmental Approach," in J.G. Hunt and L.L. Larson (eds), *Leadership Frontiers* (Kent, OH: Kent State University Press, 1975). F. Dansereau, Jr, G. Graen, and W.J. Haga, "A vertical dyad linkage approach to leadership within formal organizations: A longitudinal investigation of the role making process," *Organizational Behavior and Human Performance, 13,* 1975 (pp 46–78). H. Risan, "Dyadic Relationships for Leaders in Facility Management," *International Journal of Facility Management*, Vol.4 (1), 2013 (pps 1–10).

57 S. Zodhiates, *The Complete Word Study Dictionary: New Testament,* electronic ed. Chattanooga, TN: AMG Publishers, 2000.

58 Brother Lawrence, *Practicing the Presence of God*. Holicong, PA: Wildside Press, 2010. 10.

59 E.J. Young and F.F. Bruce, "Sabbath," in D.R.W. Wood, I.H. Marshall, A.R. Millard, J.I. Packer, and D.J. Wiseman (Eds.), *New Bible Dictionary,* 3rd ed. Leicester, England; Downers Grove, IL: InterVarsity Press, 1996. 1032.

60 Abraham Joshua Herschel, *The Sabbath*. New York: Farrar, Strauss, and Giroux Publishers, 2005. 3.

61 *http://dictionary.reference.com/browse/retreat*. Accessed April 17, 2015

62 Herschel, 77.

63 A.W. Tozer, *Tozer on Christian Leadership: A 366-day devotional*. Camp Hill, PA: WingSpread, 2001. 128–129.

64 Michelle DeRusha, *Spiritual Misfit: A Memoir of Uneasy Faith*. New York: Convergent Books, 2014. 207.

65 J. Oswald Sanders, *Robust in Faith*. Chicago, IL: Moody Press, 1965. 9.

Made in United States
Cleveland, OH
21 November 2024